DROEMER

ANDREAS MATLÉ

DEUTSCHE DINGE

Eine Geschichte in 75 Objekten

DROEMER

Besuchen Sie uns im Internet:
www.droemer-knaur.de

MIX
Papier | Fördert gute Waldnutzung
FSC® C018236

Originalausgabe Oktober 2024

Ein Imprint der Verlagsgruppe
Droemer Knaur GmbH & Co. KG, München
Dieses Werk wurde vermittelt durch
die Michael Meller Agency GmbH, München

Covergestaltung: ZERO Werbeagentur, München
Coverabbildung: Picture Alliance
Satz und Layout: Adobe InDesign im Verlag
Druck und Bindung: Drukarnia Dimograf Sp. z o. o.,
Bielsko-Biała, Polen
ISBN 978-3-426-56112-6

2 4 5 3 1

INHALT

VORWORT

Die Geschichte der Bundesrepublik Deutschland ist auf mancherlei Weise erzählt worden. Am Beispiel von Menschen und Ereignissen, aufgeblättert in Fotobänden und natürlich in der klassischen Form einer Zeitgeschichte.

Dieses Buch skizziert die Geschichte des Landes zu seinem 75-jährigen Bestehen mithilfe von Objekten, die jeweils in einem bestimmten Jahr prägend für viele Menschen waren. Es erweckt diese Gegenstände zum Leben, rückt über deren Aneignung, Gebrauch und Ablehnung die Menschen in den Mittelpunkt, spricht über deren Wünsche und Bedürfnisse, erinnert an Haltungen und Gesinnungen und wird so zur Chronik sich wandelnder Mentalitäten. Dabei versucht es, bis 1990 stets auch einen Blick auf Entwicklungen in der DDR zu werfen. Herausgekommen ist ein gesellschaftliches Panorama, das abbildet, wie sich das Land in den vergangenen 75 Jahren verändert hat, es dokumentiert Zeitläufe, Umbrüche und Kontinuitäten.

Wir begegnen den Objekten in Küchen, Schlaf- und Wohnzimmern, in Gärten und Garagen, auf Straßen und in Fußgängerzonen, im Kaufhaus und im Supermarkt, im Büro, im Wald, im Urlaub, in öffentlichen Gebäuden. Wir scheuen uns nicht vor dem Boulevard und dem Alltag in seiner Trivialität, denn gerade dort tauchen viele dieser Objekte auf, verknüpft mit vielfältigen Erinnerungen.

Es ist ein Schlendern durch die Jahre des Aufbaus und des wachsenden Wohlstands, unterhaltsam, augenzwinkernd, gespickt mit Fakten, die möglicherweise nicht jedem bekannt oder in Vergessenheit geraten sind. Ein Buch also zum Erinnern, zum Entdecken, beim einen oder anderen Objekt Neugierde weckend für das Nachlesen an anderer Stelle. Es ist gut für manche Überraschung, wie der Griff in eine prall gefüllte Wundertüte. Denn prall gefüllt ist dieses Buch. Zwar präsentiert es »nur« 75 Objekte, aber in den einzelnen Kapiteln verbergen sich weitaus mehr Dinge, die zum festen Erinnerungsschatz der letzten sieben Jahrzehnte gehören.

Manche Objekte sind dem Jahr zugeordnet, in dem sie tatsächlich erfunden oder aus anderen Ländern kommend in Deutschland auftauchten und Schlagzeilen machten oder begannen, Wirkung zu entfalten. Und manche Objekte stehen für technologische, gesellschaftliche oder wirtschaftliche Entwicklungen, die weit über das genannte Jahr hinausreichen.

Bevor wir uns auf die Reise durch die Zeit begeben, gilt es noch Danke zu sagen. An Marianne Mosebach für Ideen und Inspiration. An meine Lektoren Denise Schweida und Jürgen Bolz für die vertrauensvolle und konstruktive Zusammenarbeit.

Ich danke Mara Mijolović von der Literaturagentur Meller, die dieses Buch zum richtigen Verlag vermittelt hat.

Friedberg/Hessen, im Mai 2024
Andreas Matlé

1949

SCHELLACKPLATTE »CAPRI-FISCHER«

Das Land lag in Schutt und Asche. Krater gähnten auf den Straßen, sklerotische Gebäude und Geröllfelder prägten das Bild der Städte. Narben an den Fassaden, an menschlichen Körpern und ihren Seelen. Immerhin füllten sich die Schaufenster der Geschäfte nach der Währungsreform ein Jahr zuvor wieder mit Waren, die es davor nur unter der Ladentheke zu ergattern gab. Dennoch schien die Lage auf Jahre hinweg aussichtslos.

Die Deutschen sehnten sich nach Normalität, nach ein wenig Glück, die Vergangenheit sollte ruhen. Da deutete aus der Tristesse heraus der Unterhaltungstenor (er selbst bezeichnete sich als Schnulzensänger) Rudi Schuricke die Sterne, die für die geschundenen Seelen galaxienweit entfernt waren, und er entlockte dem Volk mit seinem Gesang ein kollektives Seufzen des Wohlbefindens. Ein gern erblickter

Hoffnungsschimmer am vom Mörtel des Aufbaus angestaubten Firmament.

»Wenn bei Capri die rote Sonne im Meer versinkt, und vom Himmel die bleiche Sichel des Mondes blinkt, ziehen die Fischer mit ihren Booten aufs Meer hinaus, und sie legen im weiten Bogen die Netze aus. Nur die Sterne, sie zeigen ihnen am Firmament ihren Weg mit den Bildern, die jeder kennt …«, nährte Rudi Schuricke die deutsche Sehnsucht, gepresst auf schweren Schellackplatten, abgespielt mit 78 Umdrehungen pro Minute.

Millionen hockten in beengten Verhältnissen in notdürftig hergerichteten Wohnungen, teils zur Untermiete, teils in Notunterkünften, oder hausten als Flüchtlinge in Lagern. Und Rudi Schuricke wedelte mit seinem Gesang alle Tristesse nonchalant zur Seite, ließ Augen glänzen, belebte die Fantasie, die sich nach jedem noch so schummrigen Glühwürmchenschimmer sehnte. Hatte nicht jeder Hörer diese Ansicht vor Augen? Die bleiche Sichel des Mondes über der für ihre Höhlen bekannten Felseninsel im Golf von Neapel, deren Popularität sich später die Automobil- (Ford Capri), die Getränke- (Capri Sun), die Speiseeis- (schmeckte wirklich lecker), die Modeindustrie (Caprihosen, Capritaschen) und die Gastronomie (Salat Caprese) zunutze machten.

Rudi Schuricke gelang der erfolgreichste Nachkriegsschlager allein schon deshalb, weil er die Italiensehnsucht der Deutschen neu entfachte. Dieser Sehnsucht hatte schon der Beitritt Italiens zur Entente im Ersten Weltkrieg nichts anhaben können, auch nicht die Kapitulation im Zweiten Weltkrieg (über Jahre hinweg Zündstoff für chauvinistisches Geplapper an deutschen Stammtischen à la »Die haben die Absätze vorn«).

Bereits 1943 hatte die Sängerin Magda Hain das Capri-Lied

aufgenommen, kurze Zeit darauf folgte Rudi Schuricke mit dem Orchester des Plaza-Varietés Berlin. Den Text ersonnen hatte der Operettenschreiber Ralph Maria Siegel, der Vater des späteren Schlagerkönigs. Als im Juli 1943 die Alliierten auf Sizilien landeten und sich Italien noch im selben Monat nach dem Sturz Mussolinis vom »Stahl-Pakt«, der mindestens tausend Jahre hatte Unheil stiften sollen, lossagte, wurden die Boote der Capri-Fischer kurzerhand leckgeschlagen, das heißt, die Aufführung des Liedes im Rundfunk wurde untersagt.

Dabei konnte der Text neben den Sehnsuchtsmomenten durchaus auf einer zweiten Ebene verstanden werden, auf der, poetisch verkleistert, der mahnende Zeigefinger in die Luft stach. »Bella, bella, bella Marie, bleib' mir treu, ich komm' zurück morgen früh', bella, bella, bella Marie, vergiss' mich nie.« Stand hinter dem Aufbruch der italienischen Fischer zur Nachtschicht nicht gleichzeitig der Appell an die deutsche Frau zur Treue? Weil sich der Gatte vom Nordkap bis zur Cyreneika, vom Atlantik bis Stalingrad zu bewähren hatte und die Rückkehr keineswegs ausgemacht war?

Für die Capri-Fischer erhielt Rudi Schuricke 1949 als einer der ersten Interpreten Deutschlands nach dem Krieg eine Goldene Schallplatte. Was lag näher, als auf der Erfolgsspur weiter zu singen und das Italien-Klischee weiter zu bedienen. »O mia bella Napoli«, »Lass uns träumen am Lago Maggiore« und »Frühling in Sorrent« ließen Rudi Schuricke weiter auf der Erfolgswelle schwimmen. Kein Wunder, dass auch zahlreiche Kollegen trillernd und musizierend jenseits der Alpen ihr Glück suchten – wie René Carol, Gerhard Wendland, Lys Assia und Vico Torriani. Ebenso wenig überrascht es, dass zahllose Kollegen die Capri-Fischer nachsangen, von Vico Torriani über Peter Kraus bis hin zum Neue-Deutsche-

Welle-Interpreten ZaZa. Nicht ausbleiben konnten bei einem derartigen Erfolg mannigfaltige Parodien. René Carol persiflierte das in der Nachkriegszeit populäre Kohlenklauen mit den Zeilen: »Bella, bella, bella Marie, halt den Sack hoch, der muss voll wie noch nie«.

Deutsche Touristen standen bald schon Porträt für neue Abziehbilder. Sie bevölkerten Italien ab den 1950ern in der Urlaubszeit. In den ersten Jahren nach dem Krieg war es – wenn überhaupt – nur an Nord-, Ost- und Titisee oder nach Ruhpolding gegangen. Mit Motorrädern, Wohnwagen und Omnibussen, später in vollgestopften Zügen, stürmten sie nun über die Alpen: an den Gardasee, nach Riva und Jesolo, nach Venedig und natürlich in die Blaue Grotte von Capri. Feinsandige Strände und die nicht unterzukriegende Sonne, neue kulinarische Abenteuer wie Spaghetti, Pizza, Brokkoli und Zucchini, ein wenig Pflichtkultur, Dolce Vita und die Aufmerksamkeit, welche die deutschen Fräuleins bei den Papagalli genossen, von denen so mancher seiner *bella donna* beim tränenreichen Abschied ins Ohr gehaucht haben dürfte: »Bella, bella, bella Marie ... Heidrun ... Gabriele ... Helga ... vergiss mich nie.«

Die Italiener gewöhnten sich schnell an die Devisen. Die Wirte versprachen in ihrer Trattoria »Man spricht Deutsch«, man nahm hin, dass die *Tedeschi* im Ausland sich nicht unbedingt an Verbotsschilder hielten, modisch eigenwillige Wege wählten, so geschildert in einer Reportage des Hessischen Rundfunks von 1959: »Bunte Hemden und kurze Hose. Wie sie darin aussehen, ist ihnen gleichgültig.« Verschiedentlich erreichten sie nicht unbedingt entspannt den Ferienort. (Eine deutsche Reiseführerin in genannter Reportage: »Wenn 300 ankommen, sind 280 genervt«).

Durch das deutsche Reisewunder war Italien schon bald

nichts mehr Besonderes, ja, geriet wegen des Teutonengrills sogar ein wenig in Verruf. Neue Sehnsuchtsorte blühten auf – auch musikalisch: »In der Mitte von Samoa«, »Auf Cuba sind die Mädchen braun«. Bis auch Pauschalreisen in die DomRep eher mitleidig belächelt wurden. Dann ging es wieder zurück nach Mallorca – siehe, das Gute liegt so nah.

Doch die Capri-Fischer durchpflügten über die Jahrzehnte hinweg unermüdlich das Meer unter der bleichen Sichel des Mondes. Nur Rudi Schuricke, der später in München einen Waschsalon betrieb, geriet in Vergessenheit. Bis er 1970, drei Jahre vor seinem Tod, tatsächlich noch einmal die Hitparade erklomm mit »Und wenn Schnee fällt auf die Rosen«. Doch auf ewig wird er unter der bleichen Sichel des Mondes vor Capri segeln.

1950

HENKELMANN

Müsste man sich bloß nicht jeden Tag entscheiden. Gemeinsam um die Ecke zum Italiener oder eine Sushi-Box vom Asiaten? Vielleicht doch in die Kantine? Ach nee, schon wieder die Krautwickel an Zwiebelsoße. Dann doch lieber das Huhn-sauer-Fertiggericht aus der Mikrowelle. Und wenn gar nichts geht, das geht immer: die Sammelbestellung über Lieferando, Foodora oder Deliveroo. Stärkt nebenbei das Zugehörigkeitsgefühl der Abteilung.

Mit gut gefülltem Magen zurück in die Arbeitswelt – in den 1950ern entsprach die Auswahl an kulinarischen Möglichkeiten der Zugehörigkeit zu bestimmten Berufsgruppen. Ingenieure und Konstrukteure waren damals am weißen Kittel zu erkennen. Büroarbeiter am gediegenen Anzug mit Krawatte. Für Sekretärinnen war das Kleid Pflicht. Monteure und

Fabrikarbeiter schlüpften in den von der Firma zur Verfügung gestellten blauen oder grauen Overall, Straßen- und Bauarbeiter gingen ihrer Maloche in Privatkleidung nach.

Diese Unterschiede setzten sich nahtlos in der Mittagspause fort. War keine betriebseigene Kantine vorhanden, öffneten die Büroangestellten auf ihrem Schreibtisch die nierenförmige Brotdose aus Blech, in welche die Gattin morgens belegte Brote verstaut hatte. Je nach Wunsch bestückt mit einem gekochten Ei, Radieschen, Gurkenscheiben, Apfelschnitzen. Um den Durst während des achtstündigen Arbeitstags (sechs Tage in der Woche) zu stillen, war die Thermoskanne mit Kaffee oder Tee gefüllt und die heute kaum zu befriedigende Lust auf Wasser, die dadurch zum Ausdruck kommt, dass viele Menschen stets eine volle Flasche mit sich herumtragen, unbekannt.

Jene, die außerhalb des Büros ihr Brot verdienten, griffen zwecks Nahrungsaufnahme am Arbeitsplatz auf den von Grubenarbeitern erfundenen Henkelmann zurück (in Österreich Menagereindl genannt, in der Schweiz Gamelle). Ein Blechbehälter, teilweise emailliert, manche Exemplare ausgestattet mit mehreren übereinander stapelbaren Behältnissen. Henkelmänner gehörten schon seit vielen Jahrzehnten zur Standardausrüstung des Militärs, dort Kochgeschirr genannt.

Auch im Arbeiterhaushalt trug die Hausfrau Verantwortung für die Versorgung des Mannes, des »Ernährers«. Da jene, die nicht den Stift in der Hand führten oder auf der Schreibmaschine tippten, sondern mit Hammer, Schaufel und Hobel schufteten und viele Kalorien verbrauchten (51 Prozent der Erwerbstätigen waren Arbeiter), füllte die Hausfrau den Henkelmann mit Deftigem: Suppen, Kartoffeln, gehaltvolle Soßen, Eintöpfe und dergleichen. Lagen Wohnung und Arbeitsplatz nicht weit voneinander entfernt, brachten Kinder oder Gattin Papa den Henkelmann zur Mittagspause ans Fabriktor, zwecks besserer Isolierung mit Zeitungspapier oder Stoff umwickelt. Mit der Zeit boten größere Betriebe ihren Arbeitern an, ihre morgens abgegebenen Speisen in der Fabrikkantine zu erwärmen. Einige Unternehmen verfügten über Wärmeapparate zum Erhitzen der Henkelmänner im Wasserbad.

Der Henkelmann war auch ein wichtiges Utensil für die Schulkinder, die in diesen kargen Zeiten zuweilen versuchten, das Hungergefühl mit »Brot lutschen« zu überlisten. Wo Schulspeisungen angeboten wurden (und sei es nur Milch oder warmer Kakao), mussten sie das Essgeschirr mitbringen.

Ebenso Bestandteil der »mobilen« Ernährung, ob am Arbeitsplatz oder im Urlaub: der Tauchsieder. Von einem isolierten Griff führte ein kurzer Metallstab zu der elektrischen Heizspirale, die es ins Wasser zu tunken galt, um es für Tee oder Instantkaffee zu erhitzen. Die heute gebräuchlichen Wasserkocher funktionieren nach dem gleichen Prinzip, nur wird die kein Mensch in den Betrieb oder mit in den Urlaub schleppen wollen. Ein wenig außer Mode gekommen ist die Kühltasche. Heute brutzelt an jeder Ecke ein Imbiss vor sich hin. Kein Freizeittreffpunkt ist ohne das Minimalangebot einer Futterkrippe denkbar, ja, würde Empörung unter den Ausflugshungrigen hervorrufen. In den 1950ern hielten die Menschen das sauer verdiente Geld trotz des wirtschaftlichen Aufschwungs beisammen. Außerdem standen Kioske und Imbisse noch nicht Spalier. Stattdessen wurde die mit Kühlelementen versehene Kühltasche gepackt, wenn es ins Freibad oder auf den Fahrradausflug ging. Nudel- oder Kartoffelsalat, gekochte Eier, belegte Brote und die Thermoskanne. Süßgetränke für die Kinder. Coca-Cola oder Bluna? Da musste einiges zusammenkommen, dass der Vater für derartigen Luxus sein Portemonnaie öffnete.

Die Zahl der Kantinen nahm stetig zu, nicht selten mit zweifelhaftem Ruf, was Geschmack und Qualität betraf. Die berühmteste ihrer Art war jene des Magazins *Der Spiegel* im Verlagsgebäude an der Brandstwiete in Hamburg, eröffnet 1969. Die in kräftigen Orange-, Violett- und Rottönen gehaltenen Räume mit eigens entworfenen Möbeln, Leuchten, Wandobjekten und Kassettendecken verursachten bei einigen Besuchern Aquaplaning im Auge, da geriet das Essen fast zur Nebensache. Beim Umzug in einen Neubau stellte der Verlag 2011 die Reste der ursprünglichen Einrichtung der Stadt Hamburg zur Verfügung, die sie einem Museum übergab.

Ein Novum, fristet doch kaum eine Kantine ihren Ruhestand in einem Museum.

Wenn es das Budget erlaubt, versucht der moderne Arbeitgeber ohne psychedelische Experimente seinem Arbeitnehmer ein Wohlfühlambiente zu bieten, damit er Kraft tanken kann für den Rest des Arbeitstages. Trotz aller Bemühungen, aller Aufklärung, trotz der selbst auferlegten Pflicht, »gesundes« Essen anzubieten – vegetarisch, vegan, glutenfrei, proteinreich –, die Kantinenfavoriten sind nach wie vor unbestritten: Currywurst könnte es für viele jeden Tag geben, gefolgt von Spaghetti Bolognese und Wiener Schnitzel. Ebenso gern verspeist: panierter Seelachs und Pizza.

Als Retter der Currywurst in den Kantinen trat 2021 Altbundeskanzler Gerhard Schröder auf den Plan. VW wolle die Wurst aus den Kantinen verbannen, hatte es geheißen (tatsächlich war nur von einer von vielen Kantinen die Rede). Vegetarische Ernährung sei gut, räumte Schröder ein, offenbar unter dem Einfluss seiner fünften, aus Südkorea stammenden Frau. »Ich selbst mache das phasenweise auch.« Aber: »Currywurst mit Pommes ist einer der Kraftriegel der Facharbeiterin und des Facharbeiters in der Produktion. Das soll so bleiben.« Basta! Medienwirksam hatte Schröder hinter die Forderung den Hashtag #rettetdieCurrywurst gesetzt. Zu den »Ärmsten der Armen« hatte er, nach eigenem Bekunden, in Kindheit und Jugend gezählt. Offenbar jedoch keine guten Erinnerungen an den Henkelmann. Ansonsten hätte Schröder, der Sozialdemokrat im Brioni-Anzug, längst schon den Hashtag #rettetdenHenkelman in die Welt posaunt. Allein schon, weil der 1979 von VW – wo er viele Jahre im Aufsichtsrat gesessen hatte – vorgestellte Golf Cabrio wegen seines massiven Überrollbügels augenzwinkernd Henkelmann oder Henkelmännchen genannt wurde.

1951

LEBERTRAN

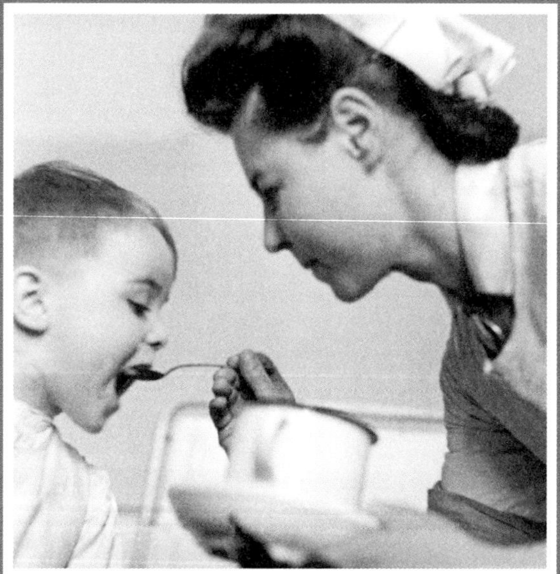

Das Wohl des Kindes stand auf dem Spiel, da gab es keine Nachsicht. Armes Kind! Die Tortur im Angesicht, verpuffte der elterliche Appell »Das ist nur zu deinem Besten«. Kopf wegdrehen, Augen schließen, Gesicht verzerren – keine Ausflucht möglich. Mund auf, Löffel rein. Der Geruch unverdächtig, süßlich. Aber dann: ölig, tranig, fettig. Der Abgang derart ekelerregend, dass er sich Stunden im Mund hielt. Die Erinnerung daran bleibt ein Leben lang im Gedächtnis und erzeugt bis heute eine Mischung aus Übelkeit und Schaudersüße bei den Betroffenen. Ein Löffel Lebertran – täglich – sei so nahrhaft und stärkend wie ein Liter Milch, hieß es. Es hatte sich herumgesprochen, dass sich schon die Wikinger mit Lebertran für den Kampf gegen Natur und fremde Völker gestärkt hatten. Im 18. Jahrhundert empfahlen Ärzte das Öl zur Behandlung von Nachtblindheit, Rheumatismus und Rachitis, einer Knochenkrankheit, auch genannt »englische Krankheit«, zurückzuführen auf einen Mangel an Vitamin D.

Spillrige Kinderkörper waren das Resultat der Mangelernährung in der Nachkriegszeit. Um die kindlichen Körper zu stärken und Kinderkrankheiten vorzubeugen, setzte man auf den Wikingertrank. Das Kinderhilfswerk UNICEF schipperte den aus der Leber von Kabeljau, Dorsch oder Hai gewonnenen Extrakt in riesigen Metallbehältern herbei. Allein 1948 schwappten 416 Millionen Tonnen – »Gut für die Knochen« – nach Deutschland, dazu 56 Millionen Vitaminpillen, 96 Millionen Lebertrankapseln und neuntausend Kilogramm Milchpulver. Einiges wurde unternommen, um die Kinder auf den Damm zu bringen. Je nach Besatzungszone boten die Behörden zu unterschiedlichen Zeitpunkten Schulspeisungen an. In der DDR trotz schwieriger Ernährungslage bereits 1945, in der britischen Zone ab 1946, in der amerikanischen ab 1947 und in der französischen erst ab 1949. Regelmäßig wurden die Kinder gewogen und gemessen.

In den Erinnerungsknäueln dieser Generation ist neben Glücksmomenten wie den Rosinenbombern, Chewinggum und Cadbury-Schokolade mindestens genauso reißfest der Tran aus der dunkelbraunen Flasche eingewebt. Die Abneigung war derart nachdrücklich, dass sie Eingang in eine Parodie einer Strophe aus Schillers »Lied von der Glocke« fand: »Gefährlich ist's, den Leu zu wecken, verderblich ist des Tigers Zahn. Jedoch der schrecklichste der Schrecken – das ist dem Kind der Lebertran.«

Die Wissenschaft hat gewisse Vorteile des Lebertrans herausgestellt; er soll dazu beitragen, Entzündungen zu dämmen, Angstzustände zu lindern, die Blutfette zu normalisieren, allerdings besteht bei Überdosierung die Gefahr einer Überversorgung mit Vitamin A. Mittlerweile wird Lebertran in geschmacksneutralen Kapseln verabreicht.

Zu Beginn der 1950er-Jahre löste die tägliche Lebertrangabe eine Schreckensvorstellung aus, ähnlich wie die regelmäßigen Besuche des Zahnarztes in der Schule, wo alle in einer Reihe antraten, um sich vor Mitschülern und Lehrern dem Urteil des Experten zu stellen: brav geputzt oder Karies.

Die Zahnbeschau blieb, Lebertran wurde abgelöst durch den dickflüssigen, in einer dreieckigen Glasflasche abgefüllten Sirup Multi-Sanostol. »Das kindgerechte Multi-Vitamin-Präparat für die Aufbaujahre«, trommelte das Unternehmen 1976. »Schmeckt Kindern gut.« Vom Geschmack her bekömmlich, brannte sich auch der Werbejingle ein: An dessen Ende sangen Kinder, die Stimmen hochgezogen, den Produktnamen »Saanoostooool«. Um am Gewissen der Eltern zu scheuern, zeigte der Werbefilm auffallend aktive Kinder im Gegensatz zu solchen, denen die Lebenslust abhandengekommen schien: »Wenn ein Kind lustlos ist, wenig Appetit hat und oft erkältet ist, braucht es Multi-Sanostol.« Allerdings stellte die Stiftung Warentest 2008 fest, dass Saft und Lutschtabletten wegen der zu hohen Dosierung von Vitamin A »nicht geeignet« seien.

Während die Einnahme derartiger Nahrungsergänzungsmittel mutmaßlich mittlerweile entbehrlich war, lauerten in den Nachkriegsjahren und darüber hinaus ernst zu nehmende Gefahren für die Gesundheit der Kinder. Zu erkennen sind Nachkriegskinder an der Pockennarbe am Oberarm, verursacht durch das Anritzen der Haut mit der Impfpistole. Impfgegnern hielt das Bundesgesundheitsamt 1957 vor: »Die persönliche Freiheit hat dort eine Grenze, wo lebenswichtige Interessen der Allgemeinheit überwiegen.« 1976 wurde die Impfpflicht in der Bundesrepublik abgeschafft, 1982 in der DDR.

Kollektiver Aufmarsch war auch wegen einer anderen Bedrohung angesagt: Tbc, Tuberkulose (früher Schwindsucht). Allein 1950 meldeten die Behörden 137721 Neuinfizierte. Klassenweise traten die Schüler zur Schirmbildreihenuntersuchung im Röntgenbus an – bis 1983 das obligatorische Röntgen des Brustkorbs eingestellt wurde.

Bei Weitem nicht so schlimm wie der Geschmack von Lebertran liegt den Nachkriegskindern der Geschmack der Schluckimpfung im Mund. Tausende Deutsche waren in den 1950ern an Polio erkrankt, der Kinderlähmung. Zu erkennen waren diese Kinder etwa an einem dünnen Bein oder dem mühsamen Fortbewegen. Um geschmacksbedingten Abwehrreaktionen wie beim Lebertran entgegenzuwirken, verabreichten die Ärzte den Impfstoff mit einem Stück Würfelzucker auf einem Teelöffel. »Kinderlähmung ist grausam, Schluckimpfung ist süß«, wurde Eltern und Kindern eingehämmert. Fotos von Kindern, die sich nur mithilfe von mitleiderregenden Gehhilfen vorwärtsbewegen konnten, begleiteten die jahrelange Kampagne. Erst die Einführung eines Lebendimpfstoffs drängte den Erreger entscheidend zurück. 1998 wurde die Schluckimpfung abgeschafft und durch einen weiterentwickelten Totimpfstoff ersetzt.

Schauen wir noch einmal auf das Regal, in dem die Flasche mit dem Lebertran drohte. Daneben stand ab 1953 vielerorts kumpelhaft die Flasche Frauengold, angeblich beruhigend und stimmungshebend. Im Gegensatz zu ihren Kindern verzogen Mütter bei der Einnahme des Herz-Kreislauf-Tonikums nicht den Mund. »Prösterchen« hieß es angesichts von mindestens 16,5 Volumenprozent Alkohol. Bei vielen Frauen kam Frust auf (das Wort war allerdings noch nicht bekannt), weil sie in ihre stereotype Rolle als Hausfrau in den eigenen vier Wänden zurückgedrängt wurden: »Lebensfroh mit Frauengold« und »Nimm Frauengold und du blühst auf!« Auch für den Gatten sollte ein Nutzen abfallen: »Durch eine Kur mit Frauengold wirst du glücklich gemacht – und wirst glücklich machen!« Die Trendwende kam in den 1960ern, als die Doppelbelastung zunahm: In einer Werbung ärgert sie sich über den Chef. »Frauengold nehmen, und man kann über den Dingen stehen und objektiver urteilen«, wurde als Lösung empfohlen. 1981 beendete ein Verbot die goldene Zeit – zu viele krebsfördernde und nierenschädigende Aristolochiasäuren wurden dem alkoholischen Heilmittel attestiert.

So baute sich jeder auf seine Weise auf, vermeintlich. Die Kinder zwangsweise, die Erwachsenen gern den verführerischen Versprechungen der Werbung Glauben schenkend. Tranken Buben und Mädels mehr oder weniger tapfer ihren Lebertran, nahm Vati gerne einen Schluck Eidran zu sich, eine Art Pendant zu Frauengold. »Männer von heute wissen, dass sie auf ihren Kopf bauen müssen, und greifen regelmäßig zu einem Kräftekonzentrat, das das Gehirn und alle seine Leistungen schärft.« Allerdings hielt sich dieses Produkt nicht lange. Weil Getränke mit mehr als 16,9 Prozent Sprit letztlich glücklicher machten.

1952

NIERENTISCH

Der Konzert-Veranstalter Fritz Rau beschrieb 1986 den mit Kriegsende populär werdenden Jazz als »Entnazifizierung an Leib und Seele«. Statt Marschmusik und Gleichschritt nun Individualität, Improvisation, Spontanität und die Verschmelzung unterschiedlicher Elemente. Dieser Drang nach Neuem setzte sich auch in den heimischen vier Wänden durch. Früher war die »gute Stube« oft nur an Sonntagen oder für den Empfang von Besuch zugänglich, überladen mit schweren Möbeln, düster, mit der Anmutung einer Weihestätte. Wer konnte, warf den alten Plunder raus, lüftete sein Wohnzimmer, gestaltete es hell, freundlich und bunter, vermied alles Zackige und Starre, umschiffte Ecken und Kanten, fand Gefallen am Kurvigen, Bauchigen, Asymmetrischen, an Formen, die der Ordnung nicht entsprachen, der bisherigen zumindest.

Stellvertretend dafür, ja stellvertretend für die 1950er-Jahre an sich steht der Nierentisch. Die Gestaltung des nierenförmigen Möbels kam einer kleinen Revolution gleich. Die Platte gefertigt aus unterschiedlichen Materialien – Glas, Metall, Holz, Kunststoff. Unifarben, kunstvoll bemalt oder mit Mosaiken aus Spiegelelementen und bunten Glassteinchen versehen. Er stand, wie zum Hohn auf die gerade untergegangene Welt, nur auf drei Beinen, nicht im rechten Winkel zur Tischplatte, sondern schräg gestellt, diente sowohl als Couch- wie auch als Beistelltisch. Eine Zeitschrift von 1952 beschrieb das so: »Die Moderne regiert. Zweckmäßigkeit ist Trumpf, Wärme und Heimeligkeit geben den Ton an. Nichts soll mehr überfüllt sein. Formschöne und geschmackvolle Objekte haben altertümliche Ungeheuer vertrieben.«

Neben dem Nierentisch schickte die genauso populäre Tütenlampe ihr Licht aus drei tütenförmigen bunten Lampenschirmen. Der Ständer, aus Messing oder messingfarben, eingelassen in einem runden oder nierenförmigen Fuß. Die Lampen selbst waren gefertigt aus Kunststoff, versteiftem Stoff oder Papier und an beweglichen Armen befestigt, die der Wohnzimmerbewohner zur indirekten oder direkten Beleuchtung drehen konnte. Lediglich ein Fleck, ein runder oder ovaler brauner Fleck, verunstaltete nach einiger Zeit die Schirme, da durch die Hitze die Glühlampen schnell schmorten, nicht ohne Gefahr für Heim und Mensch.

Von diesem Makel einmal abgesehen – man wollte es endlich wieder gemütlich haben, auch oder gerade ohne den schweren Prunk der Vorkriegszeit. Zumindest jene, die über eine eigene Wohnung verfügten. Immerhin fehlten nach Kriegsende rund 5,5 Millionen davon. Viele Obdachlose fanden zunächst Unterkunft in den von Amerikanern und Briten aufgestellten Nissenhütten, halbrunde in Fertigbauweise hergestellte Wellblechunterkünfte. Dort kamen bis zu zwei Familien jeweils in einem Raum unter, getrennt durch eine dünne Wand. Der Wohnraumnot wirkte die Regierung 1949 entgegen und erließ ein faktisches Verbot der Kündigung von Bestandsmietern, verfügte die staatliche Vergabe von in Privateigentum befindlichem Wohnraum an Wohnungssuchende und begann mit einer massiven Intervention auf der Angebotsseite – ab 1950 wurden im Laufe des nächsten Jahrzehnts 3,3 Millionen Wohnungen gebaut, 2,7 Millionen entstanden zusätzlich durch private Investoren.

Wer solcher Sorgen ledig war und darüber hinaus in Lohn und Brot stand, der wollte sich auch zu Hause wohlfühlen. Neben Nierentisch und Tütenlampe gefiel ein Arrangement aus Cocktailsesseln, Sofa, Couchtisch, Bücherschrank mit nur wenigen Büchern, dafür im unteren Teil des schlanken, aufwendig behandelten und farbig lackierten Schrankes aus Kiefer, Buche oder Eiche das gute Geschirr für Gäste oder Familienfeiern. Auf dem Nierentisch plätscherte neckisch ein beleuchteter Zimmerspringbrunnen; quasi die Lavalampe des erwachenden Bürgertums. Auf dem Teewagen rollte die Hausfrau Brezel- und Salzlettenhalter aus farbigen Gläschen herein, diese wiederum von dünnen Metallstangen gehalten. Der Mosel lag in einer Flaschenwiege aus Messingdraht oder Korbgeflecht, wenn nicht ein Bowlengefäß auf den Tisch kam und der Hausherr dieses beliebte Getränk in eine einfach gehaltene Henkeltasse schöpfte: Kalte Ente (Zitrone, Weißwein, Sekt) oder Bismarckbowle (dieselbe Mischung zuzüglich Rum). Wichtig: eine Abstellbank, gern als Etagere, für Gummipflanzen, Flamingoblume (wie die Anthurie damals genannt wurde), Känguruwein oder Zimmerrebe. Wer eine solche Pflanze besaß, galt als Kosmopolit und fühlte sich als solcher. Das galt ebenso für den Wandschmuck. Gemälde mit dunkelhäutigen Frauen; Reproduktionen von Künstlern wie Miró und Chagall qualifizierten den Haushalt für die aufgeklärte Moderne, die Nase rümpfend über gängige Bilder wie den röhrenden Hirsch oder bukolische Landschaften.

Was ebenso auffallen würde, beträten wir heute ein solches Wohnzimmer: die Tapeten, die die Wände schmückten. Ins Auge stachen geometrische Muster, oft der modernen Malerei nachempfunden. »tapeten machen die mode mit«, warb 1952 die Gemeinschaft der Tapetenindustrie. Die elegant gekleidete Hausfrau betrachtete sich im Spiegel und konnte nun nicht mehr nur Kleid, Handtasche, Schuhe und Hut farblich abstimmen, sondern auch die passende Tapete zu ihrer Kleidung wählen. Die modebewusste Familie der 1950er wohnte tapeziert und gestaltete ihr Heim in Pastellfarben. Rosa, Türkis, Beige, Hellgrau, Zitronengelb, Olivgrün. Wie bei den Möbeln, so zeigte sich auch bei der Wanddekoration der Wunsch nach Leichtigkeit und Zartheit, ein Ausdruck von Optimismus. Die eigenen vier Wände zu tapezieren, das brachten die meisten Hausmänner hin, damals noch zumindest. Doch warum nicht auch die Decke schmücken? Auf einem Werbeplakat steht eine gezeichnete junge Frau mit Regenhut und Regenschirm: »Ewig unter einem grauen Himmel? Die weiße Decke ist – grau. Ersetzen Sie die graue Eintönigkeit durch freundliche Farben! Tapezieren Sie doch mal diese ›fünfte Wand‹! Das schafft eine neue großartige Raumwirkung! Warum auf die lange Bank schieben?«

Nicht nur der Stil der Möbel war neu, sondern auch ihre Ausrichtung. Zuvor hatte sich die Familie um den Küchen- oder Esstisch gruppiert und lauschte im Radio einem Hörspiel oder zum Sonntagsbraten Franz von Suppès »Leichter Kavallerie«. Nun saß sie andächtig im Halbrund auf Sesseln um den Couchtisch und guckte nach vorn – in die Röhre. 1950 war die ARD gegründet worden und sendete ab 1952. Das Fernsehen gewann rasch an Popularität. Erst recht durch »Straßenfeger« wie die erste Familienserie (»Unsere Nachbarn heute Abend – Familie Schölermann« 1954 und »Die Firma Hesselbach« ab 1960), Roman-Verfilmungen wie »Soweit die Füße tragen« und »Am grünen Strand der Spree« sowie Kriminalistisches wie ab 1958 »Stahlnetz«.

Blick geradeaus, Salzlette in der einen, Bowlenglas in der anderen Hand. Konnte es nicht immer so behaglich bleiben?

1953

JUKEBOX

Sind die weißen Segel gesetzt? Fahren wir jetzt, fahren wir jetzt? Sind die schlanken Boote so weit? Sind sie zur Fahrt bereit? Rote Rosen, rote Lippen, roter Wein und Italiens blaues Meer im Sonnenschein. Rote Rosen, rote Lippen, roter Wein laden uns ein, laden uns ein«, hatte René Carol im Vorjahr erfolgreich geschmachtet. Verschwitzte Erotik in Verbindung mit »Fernweh«, von Lale Andersen gesungen, bis hin zum »Strande von Havanna«, wo ein Mädchen stand, das René Carol dort gesichtet hatte. Gesellschaftliche Zwänge, zerstörte Städte, harte Arbeit, Kriegstraumata, Kriegsangst: Die Hälfte der Deutschen fürchtete, gerade nach dem Koreakrieg, eine atomare Auseinandersetzung. Sozialwissenschaftler beobachteten in den 1950ern einen starken Drang zum »Eskapismus«.

Beliebteste Flucht aus der Wirklichkeit: das Auflegen einer

Schallplatte. Bereits 1953 wurden in der Bundesrepublik 30 Millionen Schallplatten gekauft – fast so viele wie 1929 im gesamten Reichsgebiet. Allerdings mit einer Umkehrung der Genres: nunmehr 90 Prozent Unterhaltungsmusik. »O mein Papa« von Lys Assia, »Sag, wie heißt du, süße Kleine« von Gerhard Wendland und Jupp Schmitz selig schwelgend und liebäugelnd: »Wir kommen alle, alle in den Himmel« – selbst nach der befürchteten Atomapokalypse.

Eine weitere Flucht führte ins Kino. Vom Trümmerlichtspielhaus hin zum Kinoboom mit dem Bau grandioser Häuser, die gern »Gloriapalast«, »Palast Theater« oder »Weltspiele« hießen. Heile-Welt- und Heimat-Filme, harmlose Komödien wie »Briefträger Müller« mit Heinz Rühmann, der das Kunststück fertigbrachte, sowohl in der Nazi- als auch der Nachkriegszeit zum Leinwandstar zu avancieren. Schock-Filme wie »Gefahr aus dem Weltall« und »Invasion vom Mars« durften durchaus als Reflex auf die Angst um den Weltfrieden verstanden werden.

Der Ausbruch aus dem Alltag führte auch zu »Bunten Abenden«, bestritten von tingelnden Truppen. Kleinkünstler, Stepptänzer, Sänger, Artisten, ein Witze erzählender Conférencier. Die Abende trugen Titel wie »Eine Schlager- und Humor-Parade« und »Lass die Sorgen Sorgen sein«. Das Radio übernahm das Konzept, als es noch nicht zum Hintergrundmedium degradiert war (»Wer zuletzt lacht« mit Peter Frankenfeld), später zog das Fernsehen nach: »1:0 für Sie«, nochmals mit Frankenfeld, und »Hätten Sie's gewusst« mit Heinz Maegerlein.

Ein viel und gern besuchter Ort, um dem alltäglichen Trott zu entfliehen, war die Kneipe. Galt in den Familien ein stillschweigendes Übereinkommen, nicht darüber zu sprechen, was geschehen, was gesehen, was getan worden war, so war die Kneipe der Ort für jene, die unausgesprochen wussten, was sie einte. Wut, Selbstmitleid, Scham, Heldenkitsch, mitunter eskalierend im Absingen von Liedern, die die in Schutt und Asche liegende Zeit glorifizierten. Alkohol als Betäubung: Der Konsum stieg in den 1950ern von drei auf zwölf Liter pro Kopf, wobei es sich in der Hauptsache um männliche Köpfe handelte; der Verdauungsschnaps nach dem Mittagessen bei der Arbeit oder das Feierabendbier waren gängig. Das typische Inventar der Kneipe: Soleier, Automaten mit dragierten roten Erdnusskernen, an der Wand hängende Automaten für Geschicklichkeitsspiele wie der O-Bajazzo. 1952 rotierten erstmals die drei Drehscheiben des legendären Rotamint-Spielautomaten. Zeigten die drei Scheiben dieselbe Nummer, ratterte es im Münzauswurf. Die erste, 1953 erlassene Groschenspielverordnung bestimmte, dass jedes Spiel mindestens 15 Sekunden dauern müsse und der Höchsteinsatz zehn Pfennige nicht überschreiten dürfe.

Den GIs folgend tauchte plötzlich in der Kneipe ein neuer Star auf: Die Jukebox, zunächst Musikbox genannt. Das Einwerfen von Münzen erlaubte das Abspielen von Platten aus einem vorgegebenen Sortiment. Wurlitzer und Rock-Ola waren gängige Modelle. Deutsche Hersteller wie Tonomat und NSM-Löwen produzierten ab Beginn der 1950er, die DDR ab 1959. In der Regel erinnerten die ersten Geräte an Möbelstücke im Stil der Zeit, ehe sich Automaten mit Schwung und Schmackes durchsetzten.

Kaum noch zur Ruhe kamen die Tonabnehmer, als die Jukebox ab Mitte der 1950er mit Platten für die Jugend gefüttert wurde, mit Musik, die in den heimischen Radioapparaten kaum zu hören war. Fühlten sie sich durch Freddy Quinn (»Heimatlos«) und Margot Eskens (»Cindy, oh Cindy«) malträtiert, schepperte nun ein rebellischer Sound aus dem

Automaten, der alles bisher Gehörte auf den Kopf stellte, den Körper zu anstößigen Tanzfiguren verleitete, weswegen verächtlich vom »Affentanz« die Rede war. Elvis Presley, Bill Haley, Paul Anka. Unbedingt gehörte die Jukebox in die von jungen Menschen überlaufene Milchbar – natürlich aus den USA kommend (ehe das Eiscafé sie Mitte der 1960er ablöste). Nüchternes Ambiente, Tütenlampen an der Wand, Bar, Barhocker, Stühle, Tischchen, Spiegel und Chrom, Treffpunkt von Halbstarken und Rock'n'Roll-Anhängern und Jugendlichen, die sonst nicht wussten, wohin. Ausgeschenkt wurden Milchgetränke, auch neue Kreationen wie der *Milchshake*. Aber kein Alkohol, denn der durfte erst ab 21 abgegeben werden. Was die Milchbar für Jüngere umso anziehender machte. Hier und in anderen Lokalitäten standen 1957 12 000 Jukeboxes, 1960 waren es schon 50 000.

Beinahe obligatorisch war die Tanzstunde, die allerdings ohne Jukebox auskam. Hoffnung auf Anäugeln, eine flüchtige Berührung, Hoffnung, die große Liebe zu treffen. Da Nylonstrümpfe noch sehr teuer waren (Laufmaschen wurden repariert), trugen junge Frauen gerne »flüssige Strümpfe« auf, die Naht mit Augenbrauenstift aufgezeichnet. Nach der Tanzstunde ging es auf einen *Shake* in die Milchbar oder zu einem in Gaststätten und Vereinsheimen ausgerichteten Tanzabend, wo Musikgruppen, meist Hobbykünstler, auftraten.

In einigen Teilen Deutschlands öffneten in den 1960ern Glastanzdielen. Die Jugend tanzte – die krawattentragenden Jungs in Stoffhose – auf von unten angestrahlten bunten Glasbausteinen. Wenn die Musiker eine Pause benötigten, kam die Jukebox zum Einsatz. Sie kümmerte damals schon ihrem langsamen Tod mit dem Aufkommen der Diskotheken entgegen. Die erste in Deutschland eröffnete wahrscheinlich 1959 in Aachen, die »Jockey-Tanz-Bar«. »Meine Damen und

Herren, wir krempeln die Hosenbeine hoch und lassen Wasser in den Saal, denn ein Schiff wird kommen«, präsentierte der dortige DJ das nächste Lied. Ab 1974 löste die neue Disco-Musik eine Diskotheken-Welle aus. Darüber frohlockte das Magazin *Stern* 1976: »Die Jugend driftet nicht nach rechts oder links. Sie sucht den Weg nach oben.«

Eckkneipen gewährten der Jukebox ein letztes Exil. Nach dem Ende der Produktion 2013 war drei Jahre darauf das Aus des Traditionsunternehmens Wurlitzer in Deutschland besiegelt. Mit dem Vertrieb von Verkaufsautomaten für Grillfleisch und Eis hatten die früheren Jukebox-Helden noch einmal durchstarten wollen, doch die Nadel sprang endgültig von der Platte: Insolvenz und Liquidation.

Die wahre Jukebox gibt es weiterhin. In der Hosentasche steckt heute das Smartphone. 100 Millionen Titel, über den Daumen gepeilt. Natürlich immer noch mit »Rote Lippen, rote Rosen, roter Wein«.

1954

PARKUHR

Seine erste Begegnung mit einer Parkuhr erweckte bei dem späteren Literaturnobelpreisträger Peter Handke unerwartet poetische Gefühle, die er in ein Gedicht packte, als er 1966 in Bayreuth vor der Aufführung von »Tristan und Isolde« erstmals eine Münze in einen Parkautomaten warf. Handke war angetan von der neuen Erfahrung und verspürte sogar einen gewissen Stolz.

So rasch also war ein Dichter mit einer Allerweltsbegegnung zu entzücken, bei der viele Nicht-Poeten in Harnisch gerieten.

Eine ganz andere Erfahrung mit der Parkuhr machte am 4. Januar 1954 am König-Heinrich-Platz in Duisburg eine junge Redaktionsassistentin der Lokalzeitung vor dem ersten »Parkographen« Deutschlands. Ihr Chef, so erinnerte sich Regina Hermbusche Jahrzehnte später, wollte selbst aufs exklusive Fernsehbild, drehte den Zündschlüssel seines Autos, ließ die noch führerscheinlose Assistentin einsteigen und wies sie an, auf die Bremse zu treten, sobald er »Halt« rufe. »Ich verwechselte die Pedale und trat aufs Gas.« Die Lokalzeitung titelte anderntags: »Achtung, Aufnahme: Päng!«

Hatte es bei Regina Hermbusche versehentlich »Päng« gemacht, mussten viele andere Parkuhren im Laufe ihres Daseins einiges Unschöne über sich ergehen lassen, wurden getreten, verklebt, abgesägt oder mit Farbe übergossen. Denn es kam ganz anders, als es Fritz Sewydaack vor der Installation der ersten Parkuhr Deutschlands vorhergesagt hatte: »Die Autofahrer werden bald die größten Befürworter der Parkuhren sein.« Da irrte der Verkehrsdezernent der Stadt Duisburg gewaltig. Von »Wegelagerei« war die Rede. Einige Parkrebellen wiesen vor Gericht darauf hin, das Aufstellen der »Groschengräber« verstoße gegen die Straßenverkehrsordnung. Erst 1956 legalisierte eine neue Verordnung die Parkgebühren.

Auch eine andere optimistische Vorhersage lief ins Leere. »Für den Beamten gibt es keine langen Verhandlungen mehr«, wollte die Duisburger Lokalzeitung wissen. »Er schaut nur auf die Parkuhr und weiß Bescheid« – über das Vergehen von Parksündern. Seit Loriots Sketch »Parkgebühren« von 1978 wissen wir, dass auch das purer Euphemismus war. In einer überdrehten Situation erklärt die Politesse: »Nach Einwurf der Münze in den für den Münzeinwurf bestimmten Münzeinwurf und dem Zurückrasten der im Sichtfenster sichtbaren Kontrollscheibe war der Fahrzeughalter der ordnungswidrigen Unterlassung des rechtzeitigen Münzeinwurfs in den für den Münzeinwurf bestimmten Münzeinwurf …«

Erfunden hatte die Parkuhr Carlton Cole Magee; das erste Gerät, die »Schwarze Maria«, kam 1935 in Oklahoma City zum Einsatz. 1952 stand das erste Modell in Europa, in Basel. Es folgten Stockholm und Duisburg: robuste Uhren auf der stabilen Metallstange mit Münzeinwurf, Drehhebel und Parkzeitanzeige im Sichtfenster, in dem nach abgelaufener Zeit ein roter Warnhinweis erschien, nach dem Motto: »Eine Stunde, ein Groschen.«

Mit dieser neuen Einrichtung versuchte die »Parkraumbewirtschaftung« den zunehmenden Verkehr in den Städten in den Griff zu bekommen. Eine Institution, geboren vom deutschen Amtsschimmel, so wie es die Gebrauchsanleitung der Duisburger Presse von 1954 beschrieb: »Den Groschen müssen Sie in den Schlitz des Apparates werfen, und unverzüglich erscheint unter einer Glasscheibe ein Schild mit dem P auf blauem Untergrund. Ein Uhrwerk dreht die Scheibe nach Minuten ...«

Die D-Mark rollte, und mit ihr schoben sich immer mehr Autos in die deutschen Innenstädte. Für all die Lloyd-Leukoplastbomber, VW-Käfer und Borgward Hansas, die durch die Straßen patrouillierten, fehlte es zunehmend an Parkraum (lediglich das Rollermobil BMW Isetta passte in eine große Einkaufstasche). Keine Seltenheit, dass der Gatte ums Karree karriolte, bis die Gattin im Kaufhaus endlich den gewünschten Hut erstanden hatte. Fuhren 1950 bereits 598 000 Personenkraftwagen über deutsche Straßen, stieg diese Zahl bis 1960 auf 4,5 Millionen und verdreifachte sich bis zur nächsten Jahrzehntwende auf 13,9 Millionen. Die Parkuhren sollten das Dauerparken einschränken – besonders dort, wo Kaufhäuser und der Einzelhandel auf Kunden hofften. Nebenbei entwickelte sich das zunächst symbolisch Groschenhafte zu einer netten Geldquelle für die Kommunen. So flossen 2022 allein 114 Millionen Euro an Parkgebühren und Bußgeldern in den Berliner Stadtsäckel.

Denn selbstverständlich – die menschliche Natur ist stärker als jede technische Errungenschaft – wurde auch gegen die Parkordnung verstoßen, sei es aus Absicht, sei es aus Nachlässigkeit. Kontrolle war also nötig. Was den Beruf des Parkwächters hervorbrachte, zunächst in der Mehrzahl von Frauen ausgeübt. Ab Mitte der 1960er überwachte die Politesse (eine Zusammenfügung aus Polizei und Hostess) den ruhenden Straßenverkehr und verteile »Knöllchen«, wenn die Parkzeit abgelaufen war. In München beispielweise bewarben sich 1965 250 Frauen auf die dort ausgeschriebenen ersten Politessenstellen. Sie mussten zwischen 21 und 30 Jahren alt sein, mindestens 1,60 Meter groß, eine abgeschlossene Berufsausbildung und ein »gepflegtes Äußeres« haben. Polizeipräsident Hubertus Andrä: »Einige hofften, sich an einem Verflossenen rächen zu können, andere wollten in schicker Uniform schneller unter die Haube kommen, manche wollten Morde aufklären.«

Politessen sind immer noch auf den Straßen unterwegs. Allerdings nun zur Kontrolle von Anwohner- und Behindertenparkplätzen sowie von modernen Parkscheinautomaten, die seit den 2000er-Jahren mit der Einführung des Euro weitgehend die mechanischen Parkuhren ersetzten. Heute sind ec-Karte, Handy, Apps angesagt, bei denen das Parken mittels Fingerdruck begonnen und beendet werden kann. Die Verkehrsprobleme von 1954 waren im Vergleich zur Jetztzeit niedlich, als habe es sich damals um ein Playmobil-Land gehandelt – doch schon lange droht den Innenstädten der Infarkt. Für die Parkgebühren werden mittlerweile Preise wie für ein Fast-Food-Mittagessen aufgerufen. Es ist eine Sisyphosarbeit für die Parkraumbewirtschafter, die Interessen von Anwohnern, Geschäftsleuten und -kunden, Radfahrern, Fußgängern und Umweltschützern miteinander zu versöhnen.

Von alldem war in der DDR nie die Rede, derartige »kapitalistische Methoden«, Abzocke auf volkseigenen Parkplätzen, lehnte der Osten rundweg ab. Deswegen konnte sich die dortige Popkultur des Themas nicht annehmen, weil es die Zuhörer schlichtweg nicht wie im Westen juckte. Wie 1984 Herbert Grönemeyer in seinem Song »Mambo«, in dem er klagt, wie er stundenlang seine Runden dreht, ohne Aussicht auf einen Parkplatz, immer die Politessen im Blick, die wie Panther zum Sprung bereit sind, es trommelen die Motoren, es dröhnt in seinen Ohren, er will doch nur zu »ihr«, aber nun steht er hier: »So'n Scheiß« … Und der Hip-Hopper D-Flame schrieb in »Sorry« (vorgetragen von Jan Delay) der Parkuhr eine gänzlich andere Funktion zu: Wenn er mal keinen Bock auf die »Story« eines anderen habe, schicke er ihn einfach zur Parkuhr: »Kostet nur 'ne Mark …« Einquasseln auf eine Parkuhr – womöglich preiswerter und effektiver als ein Therapeut …

1955

TOAST HAWAII

An einem Freitagabend im Jahr 1955, zwanzig nach acht – es gibt wohl nicht viele Rezepte, deren Geburtsstunde so exakt zu datieren ist, wie die des Toast Hawaii. Der Vater des Kult-Sandwichs: Fernsehkoch Clemens Wilmenrod, als er eine neue Folge des fünfzehnminütigen Straßenfegers »Clemens Wilmenrod bittet zu Tisch« eröffnete. Wilmenrod war allerdings kein Koch, sondern Schauspieler und hieß eigentlich Carl Clemens Hahn. Seit 1953 ging er anfangs zweiwöchentlich, später einmal im Monat auf Sendung und begrüßte aus der in einem Bunker in Hamburg eingerichteten Studioküche die Zuseher mit den wolkigen Worten »Ihr lieben, goldigen Menschen«, was er später veränderte in »Liebe Freunde in Lukullus« und »Verehrte Feinschmeckergemeinde«. Wenn er kochte und brutzelte, kamen Zutaten zum Einsatz, die er gerade zur Hand hatte und die von ihm neu arrangiert wurden: »Arabisches Reiterfleisch« (eine Frikadelle, mit Paprikapulver internationalisiert), »Päpstliches Huhn« oder die »Gefüllte Erdbeere«. Stets in treuer Bereitschaft an seiner Seite: der Infrarotgrill Marke Heinzelkoch.

Keine seiner Küchenfantastereien übertraf jedoch den 1955 vorgestellten Toast Hawaii: eine geröstete Scheibe Weißbrot, die mithilfe von amerikanischen Weizenproduzenten und diversen Toaster-Herstellern mit hohem Werbeaufwand als gehobene und »praktische Brotmahlzeit« auf den deutschen Markt gedrückt wurde. Darauf packte Wilmenrod eine Scheibe Kochschinken, einen Ring Dosenananas und weichen Schmelzkäse (sprich: eine Mischung aus Schmelzsalzen und Emulgatoren), gekrönt von einer verführerisch aussehenden Cocktailkirsche. Eine verschwenderische Kombination ganz im Sinne des von Wirtschaftsminister Ludwig Erhard propagierten »Wohlstands für alle«, der sich nun auch in Gaumen, Magen und Darm ausbreitete und den Bauch wölbte. Vergessen der Mangel der Nachkriegszeit, vergessen Steckrüben und Rindenbrot. Die Hausfrau entdeckte ihre Leidenschaft für Buttercremetorte und Falschen Hasen (einen Hackbraten), verzierte Salate mit Mayonnaise und Maraschino-Kirschen, was als Raffinesse galt.

Der Toast Hawaii habe »auf wenigen Quadratzentimetern Weizenbrot die Sehnsucht einer ganzen Epoche gebündelt«, urteilte die Journalistin Gudrun Rothaug. Er war eine seltsame Mischung aus Spießbürgertum und Extravaganz zugleich, in der Schweiz verhöhnt als »Proletentoast«, unbedingt jedoch eine Demonstration neuen Habens und Ausdruck des Sehnens nach der weiten Welt. Die Speise stand für eine wahr gewordene Erleichterung: Wir gehören wieder dazu. Zugleich kam der Toast Hawaii einer kulinarischen Versöhnung mit den USA gleich und einer Vereinigung mit deren freiheitlichem Lebensstil. Nicht nur in Form des Toastbrotes, sondern auch mit der bisher unbekannten Darreichungsform von Gemüse und Obst (Südfrüchte sowie saisonale Früchte) aus der Konserve. Und als Draufgabe wurde Coca-Cola das Kultgetränk schlechthin; besonders Linke und Kommunisten wetterten über die »Cola-Colonisation«. Nicht zuletzt bediente der Toast Hawaii die aufkeimende Südseeromantik (nachdem Italien kein extravagantes Reiseland mehr war), die auch in etlichen Schlagern aufkam (»In der Mitte von Samoa«). Freilich, auch das gehört bei aller Adelung des süßsauren Früchtchens dazu: Brot, Wurst, Kartoffeln und Fleisch blieben weiterhin und für Jahrzehnte Grundnahrungsmittel.

Zehn Jahre dauerte es, bis der Toast Hawaii auch in der DDR auftauchte, dort angepriesen als Karlsbader Schnitte. Jedoch ohne Ananasscheibe, dafür mit Jagdwurst oder Hackbraten statt des in den Läden kaum angebotenen Kochschinkens. Zuvor, 1958, war im DDR-Fernsehen ein Koch, diesmal ein echter Koch, auf Sendung gegangen: Kurt Drummer präsentierte in der Folge über 25 Jahre hinweg 650 Ausgaben der Sendung »Der Fernsehkoch empfiehlt« (bei Wilmenrod blieb bereits ab 1964 die Herdplatte kalt) und kochte 1974 für die DDR-Fußballer während der Weltmeisterschaft in der BRD. Vor den Sendungen musste Drummer herausfinden, was in den Läden gerade verfügbar war. Hausmannskost überwog, exotische Gerichte steuerten die Küchen Kubas und Bulgariens bei. Um der Verschwendung vorzubeugen (oder den Mangel unter der Tischdecke zu halten) empfahl Drummer: »Wenig Öl, denken Sie an die schlanke Linie.«

Vielleicht verstand er das als maliziösen Seitenhieb gegen den Westen, der von der Fresswelle überrollt wurde, abzulesen an immer schwergewichtigeren Bundesbürgern, die zugleich soziale Akzeptanz als Zeichen von Wohlstand erfuhren, Übergewicht wurde mit Gewinn und Erfolg gleichgesetzt. Die Löhne stiegen, die Preise für Lebensmittel sanken, und die lang entbehrten Südfrüchte waren besonders begehrt. Kondensmilch gewann derart an Beliebtheit, dass sie für manche, vor allem für Kinder, eine Delikatesse bedeutete und direkt aus der Dose getrunken wurde. 1954 behauptete eine Fernsehwerbung: »Ach, wie wäre das Leben traurig, gäbe es keinen Zucker mehr. Zucker zaubert ihre Linie, sie bleibt so schlank wie eine Pinie. Zucker zaubert – nimm deshalb mehr.« Dr. Oetker sprach den Hausfrauen ins Gewissen: »Kuchen macht uns Männer sanft und verträglich.«

Es sei dahingestellt, ob sich auch dem Toast Hawaii diese sanfte Verträglichkeit zuschreiben ließe. Oder würden manche nicht eher sagen: eine kulinarische Scheußlichkeit, wenn sich ihr Gesicht allein schon bei der Erwähnung säuerlich zusammenzieht? Kontroverse Meinungen um das Gericht zogen weite Kreise, oder eher gesagt: die Diskussionen um einen gebackenen Teigfladen mit gekochtem Schinken und Ananas. Also um nichts Geringeres als den jüngeren Bruder des Toast Hawaii, den Hawaii-Burger und die jüngere Schwester, die Pizza Hawaii, die um 1962 von einem griechischen Koch im kanadischen Ontario erfunden wurde. Eine Aktivistengruppe der Linken PoC und Migrantifa rief jüngst zum Boykott der Fake-Hawaii-Pizza auf. Der Name solle dem Gericht einen exotischen Touch verleihen, habe aber nichts mit der hawaiianischen Küche oder Kultur zu tun. Zugegeben, die Insel Hawaii spielte noch nie eine große Rolle bei der Ananas-Ernte. Trefflicher wäre eher: Costa-Rica-Toast, benannt nach dem Marktführer der Frucht. Auch wenn das zugegebenermaßen nicht so toll klingt. Oder: Toast mit Ananas? Aber geht es denn noch diverser: Erfunden von einem deutschen Gaukler aus dem Westerwald, der zurückgriff auf eine südamerikanische Frucht, die auch auf einer Pazifik-Insel angebaut wird, der den deutschen Bauernhof mit Schinken einbrachte, ebenso wie die an der kroatischen Küste vorkommende und in den USA haltbar gemachte Maraska-Kirsche, und das alles auf ein Stück nordamerikanischem Brot platziert.

Die Diskussionen um seinen Toast sind Clemens Wilmenrod erspart geblieben. Nach Scheidung und Niedergang seiner Popularität beging er 1967 in einem Münchner Krankenhaus Suizid, weil er überzeugt war, er sei unheilbar krank. Weder Wilmenrod noch seine berühmteste Schöpfung sind in Vergessenheit geraten. 2009 widmete sich der Fernsehfilm »Es liegt mir auf der Zunge« seinem Leben. In den Hauptrollen: Jan Josef Liefers und seine Frau Anna Loos. Wahrscheinlich angeregt von diesem Film, brachte der Sänger und Musikproduzent Alexander Marcus im selben Jahr den »Hawaii Toast Song« auf den Markt: »Spendet in der Not Trost, das ist der Hawaii Toast.« Also: Mitgeschaut, mitgesungen und dazu mal wieder den heimischen Heinzelkoch hochgefahren …

1956

HÖHENSONNE

Es fehlt die Sonne, die gesunde / 2000 Kilo Schmutz pro Stunde / eingeatmet Ruß und Rauch / Benzingestank auch …« Und was befand die Sonne zu diesem Dilemma? »Ein technisches Wunderkind schützt euch vor Krankheit und gibt euch Kraft.« So hieß es in einem Werbespot in den 1950ern für die Höhensonnen »Soliput« und »Alpina«. Als Logo diente der »Höhensonnenmann«, eine stilisierte schwarze Figur, vor der breite Strahlenbündel werfenden Sonne auf einem Gipfel stehend, die Arme in die Höhe geworfen. Als handele es sich um eine Zeichnung der einhundert Jahre alten Lebensreform-Bewegung.

Sechzig Jahre später berichtete das Duo »Die Atzen« von einem gewissen Sonnenstudio »Marion«, das alle Atzen braun verließen. Sänger Mickie Krause behauptete: »Biste braun, kriegste Frau'n«, wobei jene Interpreten dem neuen Gesundheitsgedanken hinterherbräunten.

So wie zwischen dick und dünn gleitet die Geschichte von Schönheitsidealen wellenartig auch zwischen blass und gebräunt von einem Extrem zum anderen. Stand lange Zeit keusche Blässe für erhabenen Müßiggang (eine Frühform der Work-Life-Balance), war vielen Deutschen nach Ende des Krieges die Blässe ins Gesicht geschrieben. Nicht nur wegen der Schrecken des Krieges, sondern ebenso wegen mangelhafter Ernährung, zu wenig Licht und zu wenig gesunder Luft. Als sich zunächst nur wenige Ferien am Mittelmeer und in den Alpen leisten konnten, galt Bräune als neues Statussymbol. Blässe wurde als Merkmal mücken- und ameisenmelkender Stubenhocker ausgemacht. Derweil hatten sich die Ärzte darauf besonnen, gerade Kinder und Jugendliche zur Vorbeugung von Rachitis, einer Knochenerkrankung, mit künstlichem UV-Licht zu bestrahlen und bei unterschiedlichen Infektionskrankheiten wärmendem Rotlicht auszusetzen.

Die Höhen- oder Heimsonne, eine Quecksilberdampflampe, geht auf den Wissenschaftler Richard Küch zurück, der das erste Modell 1905 konstruierte, eingesetzt zunächst zur Hautbräunung und zur Behandlung von Akne sowie Rachitis. Viele Jahre gaben die Lampen erheblich harte Ultraviolettstrahlung von sich, weshalb den Kindern in den Jahrzehnten nach dem Zweiten Weltkrieg der typische Geruch von Ozon noch heute in der Nase liegt.

Doch inzwischen gab es handliche Tisch-Höhensonnen, meist rechteckig, zweckmäßig, aus dem Metallbau abgeleitet, zusammenklappbar. Im Deckel untergebracht der Schirm in einer silbernen Halbkugel mit den drei schmalen Röhren, in die Kinder (und Erwachsene) so lange starrten, bis die vorher eingestellte, im Gerätekorpus integrierte, laut vor sich hin tickende Zeituhr abgelaufen war. Ovale Augengläser, mit einem Gummiband hinter dem Kopf zusammengehalten, schützten vor Blendung und Bindehautentzündung; vorsichtige Eltern tupften zwei Wattebäusche in Nivea-Creme und legten sie zusätzlich unter die Sonnengläser. Ein Kippschalter ermöglichte nach dieser Prozedur den Wechsel zum wärmenden Rotlicht. »Wir alle brauchen Höhensonne!«, postulierte die Firma Hanau und bot an, kostenlos die Broschüre »Lebensstrahlen« zuzusenden.

Zunächst aus medizinischen Gründen eingesetzt, spielten zunehmend kosmetische Gründe und das Prestige, das von Ferienreisen ausging, eine Rolle beim Heimsonnen. Das ließ sich allein aus den Gerätebezeichnungen ableiten: »Sollux«, »Dr. Müller Luxarette«, »Alpinette« – das erinnerte an den Urlaub oder die Vorstellung von einem solchen. Die Modelle »Prinzess« oder »Comtesse« sollten ein wenig vom Glanz des Hochadels abstrahlen – direkt auf die blasse Haut der Bürger. Auch die DDR ließ für ihre Bürger die Sonne strahlen: »Thelta Sonne«, hergestellt im VEB Thelta Elektro-Apparate. Brüder, zur Sonne, zur Freiheit …

So harmlos und die Gesundheit fördernd, wie seinerzeit dargestellt, glühten die Höhensonnen nicht, aber es war nicht die Zeit für Warnhinweise, wie sie heute auf jeder Tiefkühlpackung und jedem Klettergerüst zu finden sind. Es war die Zeit des Aufbaus, des Anpackens. UV-Strahlung galt eher als Beleg für Wissenschaftlichkeit. Wer wollte über Hautkrebs sprechen, wo es darum ging, Stein auf Stein zu setzen, sich die Wohnungen mit Schönem und die Bäuche mit Schmackhaftem zu füllen. Einmal jährlich einen Sonnenbrand, ob in Balkonien oder im Freibad diszipliniert erbrutzelt, galt als Körperfolklore wie das nachmalige unvermeidliche Abziehen sich lösender Hautstreifen. Die Höhensonne erlosch in den Haushalten, spätestens als Heerscharen auf Mallorca landeten oder an die Adria pilgerten, handtuchbreit voneinander getrennt. Pauschal, inklusive Vollverpflegung. War das Leben nicht schön?

Die Frage demonstrativ zur Schau gestellter Bräune schien geklärt. Wer es reizvoll fand, setzte sich der Sonne aus. Ziele gab es genug, selbst im Winter, für relativ kleines Geld. Doch schlichen sich nun Phänomene aus den Tiefen des Unvorstellbaren in den Alltag, die höchstens mit der banalen Vermutung zu erklären waren: »Den Leuten geht es zu gut.« Wasserstoffblond gefärbte Haare, Modern Talking, Tätowierungen, Männer mit Brusthaartoupet, Schulterpolster, Bauchnabelpiercing, goldene Panzerketten, Netzhemden und die Sorge, nach dem Urlaub mit dem Vorwurf konfrontiert zu werden: »Richtig braun bist du aber nicht geworden.« Was bei beträchtlichen Teilen der Bevölkerung Tanorexie hervorrief, Bräunungssucht. Deswegen waren ab den 1970ern Solarien so präsent wie Telefonzellen. Erfunden hatte die Sonnenbank 1975 Friedrich Wolff. Sie sollte, gerade in den dunklen Monaten, das Gemüt aufhellen, so der Tüftler. Dass die Haut braun wurde, war zunächst nur ein Nebeneffekt. Bei den ersten Versuchen, erinnerte sich Wolff später, seien die Lichtanbeter »verbrannt wie die Brathühnchen«.

Neben dem abgleitenden Image – »Proletengrill« – sprach sich herum, dass häufiges Aufsuchen der solaren Klappfabrik der Gesundheit nicht unbedingt förderlich ist. Seit den 1990ern setzt sich die Deutsche Krebshilfe gegen die Nutzung von Solarien zu kosmetischen Zwecken ein, 2002 stellte das BfS (Bundesamt für Strahlenschutz) fest: »Ein großer Teil der untersuchten Solarien wies Bestrahlungsintensitäten auf, die jene der Mittagssonne am Äquator um ein Mehrfaches übertreffen«; seit 2009 stuft die Weltgesundheitsorganisation WHO Solarien als krebserregend ein. Kein Wunder, dass sich die Zahl der Solarien von 7500 im Zeitraum von 2000 bis 2021 mehr als halbierte. Begaben sich 2012 bundesweit noch 14,6 Prozent der Deutschen zwischen 14 und 45 Jahren nach Münzmallorca, waren es 2019 nur noch 8,8 Prozent.

»Wo ist die Sonne denn geblieben, die Strahlen schießen zwar hinab, nur prallen sie am Dunstschild ab«, barmte einst die Werbung für die Höhensonne. Die in Vergessenheit geratene Schlagersängerin Edith Prock hingegen hinkte den Zeitläufen 2005 in ihrem Holperreim-Lied hinterher: »Willkommen auf der Sonnenbank, im letzten Paradies bunter Träume, und die Sonne wärmt mein Herz.« Das mag bisweilen so sein. Empfohlen sei dabei Lichtschutzfaktor 50+.

1957

TRANSISTOR 1

Sie kamen samstags und sonntags auf Plätzen zusammen, in ihrer Mitte ein Gerät, als gelte es einen Kult zu zelebrieren. Bewundert wurden jene Jugendlichen, die im Besitz eines Transistorradios (auch Kofferradio genannt) waren und genug Geld hatten, um sich die Batterien zu leisten. Drang zuvor die Musik aus den schweren Röhrenradios im Wohnzimmer – wobei die Programmhoheit meist in der Hand des Hausherrn lag –, bestand nun die Möglichkeit des gemeinsamen Hörens mit Gleichaltrigen, wo immer sie es hinzog: auf dem Marktplatz, im Schwimmbad, an verborgenen Orten. Das handliche Radio nahm einen bedeutsamen Teil in der Jugendkultur ein und beförderte die Popularität des Rock'n'Roll. 1957 elektrisierten drastische neue Töne die Hörer, wobei die alten schrecklich über die »Negermusik« herzogen. »Tutti Frutti« von Elvis Presley, Bill Hayleys

»Mambo Rock« und die deutsche Version des Rebellentums, Peter Kraus, mit »Susi Rock«.

Hatte 1953 der deutsche Physiker Herbert Mataré das erste Transistorradio vorgestellt, auf den das 6-Röhren-Koffer-Super-Radio folgte, brachte 1957 die Firma Akkord Radio bei der Industriemesse in Hannover das erste Volltransistorradio der Welt auf den Markt: das rote »Akkord Peggie« (die DDR folgte 1959 mit dem Transistorradio »Sternchen«). Kurz darauf zog Braun mit dem »Transistor 1« nach. In jenem Design, für welches das Unternehmen inzwischen berühmt war. Weiß mit schwarzem Trageriemen, oben Drehscheiben und Druckknöpfe, auf der Vorderseite die Skala mit den Kurz-, Mittel- und UKW-Frequenzen, darunter die Schlitze des Lautsprechers, der Korpus aus Thermoplast.

Begonnen hatte die Nachkriegserfolgsgeschichte von Braun 1954. Das Jahr, in dem sich die Deutschen wieder auf die Schultern klopften: Wir sind wieder wer. Der Gewinn der Fußballweltmeisterschaft wurde verklärt als »Wunder von Bern«. Für den Historiker Joachim Fest »die eigentliche Geburtsstunde der Bundesrepublik«. Es wunderte weiter, die Welt wunderte sich über dieses Deutschland, ganz anders als bei den Brüdern und Schwestern in der »Zone«. Die Wirtschaft strotzte nur so vor Kraft.

Dazu gesellte sich ein unersättliches Nachholbedürfnis: Konsum, Reisen, Unterhaltung. Die Kinokassen klingelten, die Menschen strömten zu Sechstagerennen und zu den Catchern, der Fernsehbetrieb wurde aufgenommen. Da der Erwerb eines eigenen Fernsehapparates noch wenigen vorbehalten blieb, traf man sich in Gaststätten zum modernen Lagerfeuer. Im »Handbuch des guten Tons« empfahl Autorin Annemarie Weber: »Falls wir einen Fernsehempfänger besitzen, laden wir zum Fernsehen. Stuhlreihen werden vor dem Gerät aufgestellt, nachdem die Gäste zuvor bewirtet wurden.«

Kein neues Medium war der Radioapparat. Seit der massenhaften Verbreitung des sogenannten Volksempfängers in den 1930ern war der Besitz eines Rundfunkgeräts nicht unbedingt Ausweis von Luxus. Das änderte sich mit dem Röhrenradio »SK 1«, das Braun 1954 auf Sendung brachte. Statt der bisherigen kleinen schwarzen oder braunen aus Holz gefertigten Apparate mit der beigen Stoffbeschichtung verblüffte nun ein quaderartiges Tischgerät mit seinem Aussehen. Ein stoßfestes Kunststoffgehäuse aus Bakelit, weiß, wahlweise in den Pastellfarben Hellgelb, Lichtgrün und Beige, an der Front versehen mit einem lackierten, industriellen Lochblech. Dazu zwei Bedienknöpfe sowie eine kreisrunde Frequenzskala. Das Aussehen brachte dem Röhrenradio bei der Düsseldorfer Funkausstellung die Verniedlichung »Kaninchenstall« ein.

Die Firmeninhaber, Erwin und Artur Braun, waren überzeugt, die Verbraucher hätten die übliche »aufgeblasene Pracht« satt und wünschten sich stattdessen schlichte Gegenstände. Ästhetik holte Funktionalität ein. Stilbewusstsein und Prestigedenken waren Teil dieses »Wir sind wieder wer« und narkotisierte alle Gedanken und Fragen, wie denn das nun gewesen war mit dem Dritten Reich, mit Schuld, Strafe, Reue und überhaupt.

Die Brauns entschieden sich, das 1921 vom Vater gegründete Unternehmen aufzufrischen. Abzulesen an der Weiterentwicklung des Firmenlogos: Der Schriftzug Braun mit dem hochgezogenen »A« und den Viertelkreisbögen der Buchstaben, schlicht und einfach wie die künftigen Produkte, die es zu Weltruhm bringen sollten.

Dem SK 1 folgte 1955 als weiterer Blickfang die Phono-Kombination PK-G, die erste konsequente Komponentenanlage, bestehend aus Radio und Plattenspieler. Zwei Jahre darauf durfte sich die Hausfrau in dem ihr vom Gatten zugeteilten Reich freuen über die KM 3, die den Begriff »Küchenmaschine« prägte. Sie und ihre Nachfolgerinnen gehörten mit ihrem zeitlosen Aussehen zu den meistkopierten Industrieprodukten. Eine weitere Besonderheit ist der 1962 vorgestellte Braun SK 4, ein Radio-Plattenspieler. Ein ganzseitig geschlossenes Gehäuse aus Metall und Holz mit Acrylglasdeckel. Die durchsichtige Abdeckung war ein Novum, der Volksmund sprach vom »Schneewittchensarg«. Es ging weiter, immer weiter mit neuen Augenschmeicheleien. 1965 verschaffte sich die Großlautsprechereinheit L1000 Gehör. Das Gehäuse aus Holz und mit weißer Kunststoffoberfläche, die Front aus gelochtem eloxiertem Aluminiumblech. Kostenpunkt für ein Paar: schlappe 7000 Mark. Bei einem durchschnittlichen Monatseinkommen von 700 Mark kostete ein VW Käfer gerade mal 4500 Mark. Besonders Architekten zählten zur Kundschaft von Braun-Geräten. Nicht nur, weil sie zu den Besserverdienenden gehörten, sondern auch wegen ihres Gens für modernes Design.

Intensiv arbeitete Braun mit der Ulmer Hochschule für Gestaltung zusammen, eine der fortschrittlichsten Universitäten in Sachen Design, die die Ansätze des unter den Nazis verbotenen Bauhauses wieder aufnahmen. Herausragende Köpfe waren Otl Aicher, später Entwickler der Piktogramme für die Olympischen Spiele 1972, sowie Hans Gugelot und Dieter Rams.

Rams formulierte zehn Thesen zur »Guten Form«. Der Begriff, in den 1950ern geprägt, stand für ein Design, das zeitlos sein sollte, funktionell, sachlich, ästhetisch. Und dauerhaft! Gutes Ding sei unaufdringlich, ehrlich, langlebig, konsequent und umweltfreundlich. »Gutes Design optimiert die Brauchbarkeit und lässt alles unberücksichtigt, was nicht diesem Ziel dient«, so Rams. Slogan: »Zurück zum Puren, zum Einfachen!« Weg von schwülstigen Reden und Marschkolonnen.

So ging es weiter, Gerätschaften, denen man ihre Herkunft ansah, bevor man den Markennamen entdeckte. Der Tischwecker phase 1 – die Zahlen der Anzeige auf Walze gedruckt und elektromechanisch angetrieben –, das elektromagnetische Taschenfeuerzeug F1 Mactron, der Taschenrechner ET 33 mit den abgerundeten Tasten. Später hat sich Braun weitgehend dem Design des Mannes zugewandt: Rasur und Haarpflege.

In gewisser Weise war der 1928 als Lutz (sich später in Luigi umbenennend) Colani geborene Designer ein Einzelkämpfer, der auf gleiche Flughöhe wie der Weltkonzern steigen wollte. Er gewann Bekanntheit durch seine aerodynamischen, biomorphen Formen für Autos, Flugzeuge und Gebrauchsgegenstände. Seine organische Formsprache bezeichnete er als »Biodesign«, eine »Humanisierung der Nahtstelle Mensch–Maschine«. Das schoss ein wenig über den Horizont der herkömmlichen Rasur- und Uhrenkundschaft hinaus.

Da hatte es Braun weiterhin einfacher. Beim Sixtant, dem erfolgreichsten Trockenrasierer, wusste der Kunde auch ohne theoretischen Überbau um die Vorteile. Während Colani bedeutungsschwer voranphilosophierte, sprach Braun die Sprache des Volkes, gleich ob für Architekten oder Fabrikarbeiter. »Vereint in vollendeter Weise Tiefe der Rasur und absolute Schonung der Haut.«

1958

HULA-HOOP-REIFEN

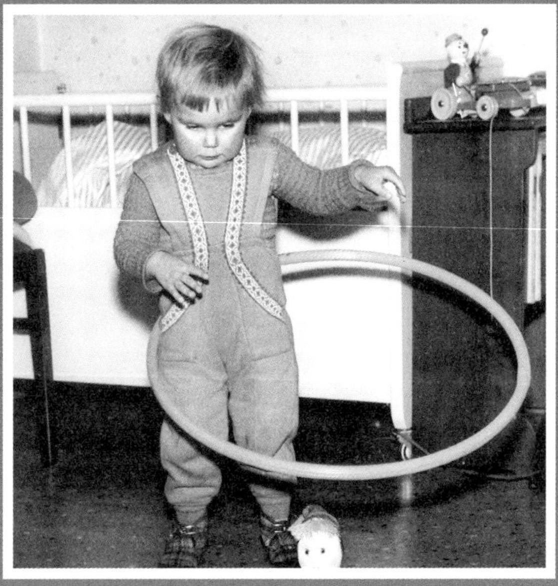

Verschiedentlich bedarf es einer neuen Verpackung, eines neuen – wie heißt es noch auf Neudeutsch? – Narrativs, um einen alten Hut als angesagtes Chichi anzupreisen. Das Reifentreiben oder Reifenschlagen war im 19. Jahrhundert für Kinder ein beliebter Zeitvertreib. Mit einem Stöckchen galt es einen Holzreifen vorm Umfallen zu bewahren oder ihn bei Wettläufen nach vorn zu treiben. Irgendwann hatten die Kinder diese Belustigung über, wie das mit Zeiterscheinungen nun mal so ist.

Bis der Reifen 1958 das Land erneut überrollte: neben den Bluejeans (damals noch als Nietenhosen bezeichnet), Rock'n' Roll und Coca-Cola eine der markantesten Einfuhren aus dem Sehnsuchtsland USA. Die Besitzer der Spielzeugfirma Wham-O hatten davon gehört, dass Kinder in Australien aus Jux und Tollerei Bambusreifen um ihre Hüften kreisen ließen. Da machte es bei Arthur Melin und Richard Knerr klick – wo? Natürlich in einer Garage in Kalifornien. Sie ließen ihre Reifen aus dem zuvor patentierten leichten Kunststoff Marlex produzieren und vertrieben innerhalb von vier Monaten über 25 Millionen Stück. Der verkaufsfördernde Name: Hula-Hoop, in Anlehnung an den hawaiianischen Tanz Hula (Hoop ist englisch für »Reifen«).

Mit der Kunde von diesem Freizeitgerät kam in Deutschland einiges an verkaufsfördernden Argumenten zusammen: Alles, was aus den USA kam, war grundsätzlich eine patente Angelegenheit. Noch dazu, wenn es in der prüden und verklemmten Gesellschaft Anlass gab zu freizügigen Bewegungen wie dem Hüftschwingen, was an das verteufelte Beckenkreisen von Elvis Presley erinnerte. Bewegungen, die zum Rock'n' Roll und zum Lebensgefühl passten. Die Konfrontation mit dem konservativen Pepita-Bürgertum, das misstrauisch die Augenbrauen hob, war vorhersehbar. Wo doch 1958 bereits ein Streit darüber ausbrach, ob der mit dem Rock'n' Roll in Mode gekommene Petticoat länger als das darüber getragene Kleidungsstück und damit für jedermann sichtbar sein dürfe. Der durchschlagende Erfolg des Hula-Hoops war von einer Südsee-Sehnsucht begleitet, von der auch zahlreiche Schlager schmachteten. »Wo meine Sonne scheint« schwärmte Caterina Valente, Gerhard Wendland besang die »Rose von Tahiti«, und die (deutschen) Kihula-Hawaiians sorgten sich um »Das arme Fischermädchen von Hawaii«.

Klar, dass die Populärmusik im Kielwasser des neuen Trends auf Kurs ging. So Ted Herold, die deutsche Antwort auf Elvis. Er reimte 1959 in »Hula Rock«: »Roll, rock and roll den Hula-Hoop, schon in der Schule lernt man Hula-Hoop, denn sogar die alten Lehrer, die sind Hula-Hoop-Verehrer.« Der Film drehte mit und brachte im selben Jahr »Hula-Hopp,

Conny« in die Lichtspielhäuser. »Kein besonders geistreicher Film, aber immerhin munter gespielt«, urteilte das Lexikon des internationalen Films. Viel wichtiger war der Verweis auf den Namen der Hauptdarstellerin im Titel: Die 1943 geborene Cornelia Froboess, eine Jugend-Ikone dieser Jahre, ebenso wie der 1939 geborene Peter Kraus.

Beide brachten in kurzer Zeit einiges an Platten heraus. Conny Froboess sang sich mit dem »Glockengießer Fox«, »Hey Boys, how do you do?« und »Blue Jean Boy« in die Charts, Peter Kraus mit »Hula Baby« und »Sugar Baby« (»Schuggerschugger Baby, sei doch lieb zu mir«). Bis sich vereinte, was zusammengehörte, zumindest auf der Leinwand. Worauf Millionen in die Kinos stürmten, um »Wenn die Conny mit dem Peter« (1958) und »Conny und Peter machen Musik« (1960) zu sehen und, vergebens, auf ein privates Miteinander der beiden hofften.

Mitsingen, mittanzen und wie die Idole den Hula-Hoop-Reifen im Takt der aufregenden Zeit zum Kreisen bringen, ob auf dem Hinterhof, mit Freunden im hauseigenen Keller oder bei einem der zahlreichen Wettbewerbe, bei denen immer geschickter und mit neuen Finessen der Reifen um Bauch, Hals, Beine und Arme in Bewegung gehalten wurde. Allerdings, bei so viel Übermut waren Kollateralschäden unvermeidbar: Orthopäden mussten vermehrt reifenschwungbedingte Bandscheibenbeschwerden behandeln. Besonders bei älteren Hula-Hoopern. Ungesunder Übereifer war indessen nicht der Grund, warum das Plastikspielzug in der Sowjetunion als »Inbegriff der Leere der amerikanischen Kultur« verunglimpft wurde und in die DDR nur als Schmuggelware aus dem Westen gelangte. Bis zu Beginn der 1960er das »Staatliche Komitee für Körperkultur und Sport« volkseigene Betriebe anwies, die Reifen selbst herzustellen.

Da war der Schwung allerdings schon wieder erlahmt. Anfang der 1960er brachte der Hersteller Wham-O erfolgreich die Frisbeescheibe auf den Markt. Deren Flug über den Atlantik nach Deutschland dauerte jedoch länger als der Lauf des Hula-Hoop. Erst Ende der 1970er wurde die Wurfscheibe in der Bundesrepublik populär, in der DDR fantasievoll »Schwebedeckel« genannt.

Aber es soll keiner behaupten, die Deutschen stünden den Amerikanern an Erfindungsgabe nach, jenseits von Maschinen und Motoren, also in der Freizeit- und Nonsenskultur. 1968 erfand Walter Thiele den fleischfarbenen Lachsack, der auf Knopfdruck höhnisches Gelächter abspielte und sich bis heute rund 120 Millionen Mal verkauft hat. Zehn Jahre nach Abklingen des Hula-Hoop-Fiebers brachte der Hamburger Kaufmann Hansjoachim Prahl ein Spielzeug auf den Markt, dass sich weitaus häufiger verkaufen sollte als ehedem der Plastikreifen, nämlich gleich am Anfang allein zehn Millionen Mal nur in Deutschland. Dabei hatte der Hamburger seine Idee genauso wie die beiden Kalifornier weit entfernt der Heimat abgeguckt. In Afrika, wo Kinder zwei Avocadokerne mit einem Strang verbanden, um sich im Geschicklichkeitsspiel zu messen. Daraus entwickelte Prahl das Spiel Klick Klack. Zwei durch eine Schnur verbundene mirabellengroße Plastikkugeln galt es, durch entsprechende Bewegungen schnell und oft aufeinanderprallen zu lassen. Was nicht ohne Verletzungen blieb und den Boulevard folgerichtig zu Übertreibungen herausforderte. So berichtete die *Bild*-Zeitung von angeblich drei Todesfällen in Italien, was allerdings nie bestätigt wurde und Kinder und Jugendliche nicht vom Kugelspiel abhielt. Das Spiel passte wie der Hula-Hoop in seine Zeit. Frei, fast anarchistisch klicken und klacken, das fühlte sich so anders an als das ebenfalls verletzungsanfällige Bockspringen in nach

Schweiß und Gummimatten riechenden Turnhallen. Was den Reiz erhöhte: Auf vielen Pausenhöfen wurde Klick Klack verboten. Weniger wegen der Verletzungsgefahr, sondern vielmehr, weil sich Lehrer von dem maschinengewehrartigen Stakkato einer missliebigen Ohrenfolter ausgesetzt sahen.

Manchmal bedarf es einer neuen Verpackung und eines neuen Narrativs, um ein verstaubtes Objekt zeitvergessen wieder zu beleben – zur Stärkung des Herz-Kreislauf-Systems und der Rumpfmuskulatur, der Anregung des Fettstoffwechsels und der Verbesserung der Koordination: In Kombination mit Pilates, Yoga, Tanz und Bodywork-out feierte der Hula-Hoop-Reifen als hippes Sportgerät jüngst Wiederauferstehung. Workshops und Tutorials in Sportvereinen, Volkshochschulen und auf *youtube* sind die Wegbereiter. Orthopäden seien vorgewarnt!

1959

T-SHIRT

Vorgestellt als »Sondernummer 1« erschien 1959 die Zeitschrift *twen.* Nicht nur Jugendliche blätterten darin, sondern ebenso internationale Art-Direktoren. Das Magazin überraschte mit frischer Optik, aufwendigen Fotostrecken, provozierte, kam fröhlich und frech daher, schrieb über Mode, Urlaub, Partnerschaft, Kultur und Politik. *twen* schied die Geister, die einen liebten sie, die anderen hassten sie. 1961 kletterte die Auflage auf 110 000 – das Organ der Jugend schlechthin, die 1956 gegründete *Bravo* lag bei 530 000 Heften. Es ist anzunehmen, dass jene, die auf Krawall gebürstet waren, die *twen* mit keinem Blick würdigten. Die *Bravo* versuchte anfangs, sich von Halbstarken und Rock'n'Roll abzugrenzen, ehe sie das Image eines gefährlichen Jugendverführers bekam.

Bravo und *twen* kamen zu spät für eine Schlüsselszene, die maßgeblichen Einfluss auf die Jugend-, letztlich auf die Alltagskultur schlechthin haben sollte: Marlon Brando zeigte sich 1951 in dem Film »Endstation Sehnsucht« im damals noch so benannten »Unterhemd«, auch auf dem Filmplakat, muskulös, erotisierend. Nicht weniger rebellisch James Dean 1955 in »Denn sie wissen nicht, was sie tun«. Das weiße Hemd, das zur Unterwäsche zählte, offen zu tragen, galt als anstößig. Allerdings sollte es noch zwanzig Jahre dauern, bis das von den GIs importierte T-Shirt massentauglich wurde. Was sich viele aus den Filmen abschauten: Die Masche, sich Zigarettenpäckchen unter einen umgeschlagenen Ärmel des Hemdes zu klemmen.

Schneller als Mittel der Abgrenzung setzte sich die schwarze Lederjacke durch. Auch dafür spielte Marlon Brando eine bedeutende Rolle: als Anführer einer Rockerbande in dem 1953 erschienenen Film »Der Wilde«. Den Namen für die neue, aus den USA herüberschwappende Subkultur trug die deutsche Filmversion des Rebellentums 1956 im Titel: »Die Halbstarken« mit dem neuen Jugend-Idol Horst Buchholz und Karin Baal in ihrer ersten großen Rolle. Unversöhnliche Welten standen sich nicht nur filmisch gegenüber: Hier »Die Halbstarken«, dort, ein Jahr zuvor herausgekommen, »So war der deutsche Landser«.

Nicht nur jenen, die den deutschen Landser heimlich oder offen verehrten, war die Jugend in karierten Hemden, Halstuch, Lederjacken, Nietenhosen, Haartolle auf dem Kopf und schweren Schuhen an den Füßen ein Gräuel. In »Banden« kurvten sie auf Mopeds und Motorrädern durch die Gegend, trafen sich gruppenweise in Straßen, lässig an Hauswände gelehnt, Zigarette im Mundwinkel, standen breitbeinig in Parks und auf öffentlichen Plätzen, tranken Alkohol, hörten laute Musik, immer für eine Rauferei gut. Nicht weniger provozierend die dazugehörenden Mädchen: dunkel geschminkte Lider, hochtoupierte Haare. Sie gebärdeten sich als Rebellen, die die Gesellschaft als streng und trostlos empfanden. Oft aus der Arbeiterklasse stammend und ohne Vater aufgewachsen, waren sie aber nie politisch. Eine Gruppe, rasch als minderjährige Verweigerer abgestempelt, die nicht in das Bild der verstaubten Adenauer-Ära passte.

Ihre Musik: der Rock 'n' Roll, Ventil für aufgestaute Ängste und Emotionen. Was die Begeisterung für diesen Sound umso mehr steigerte, war die Ablehnung, ja Verachtung der abfällig bezeichneten »Hottentotten-« oder »Neger-Musik« durch die Mehrheit der Bevölkerung. »Mach das Gekreisch« aus, war noch die mildeste Abmahnung in manchem Haushalt. Auslöser war 1955 der Film »Die Saat der Gewalt« mit Billy Haleys »Rock around the Clock« als Titelsong – der »Marseillaise der Teenager-Revolution«, so die Rock-Chronistin Lillian Roxon. Ein Jahr darauf folgte »Außer Rand und Band« mit Bill Haley selbst. Die Handlung: nebbich. Aber Musik und akrobatischer Tanz brachten die Eltern auf die Palme – das zählte.

Am 30. Dezember 1956 machten 4000 »Halbstarke« die Straßen rund um das Kino »Capitol« in Dortmund unsicher, wo »Außer Rand und Band« nicht nur auf der Leinwand gezeigt wurde. Sie belästigten Passanten, warfen Steine auf Autos und legten sich mit der Polizei an. Raus aus der miefigen Enge! Das war aber erst der Anfang. Tumulte folgten auch in anderen Kinos, wo »Halbstarke« das Mobiliar zerlegten. Die Öffentlichkeit war fassungslos ob der »verdorbenen« Jugend. 1958 reiste Bill Haley für Konzerte nach Deutschland. In Essen und Hamburg kam es zu schweren Krawallen, im Berliner Sportpalast stürmte Haley vor der Saalschlacht von der Bühne: 50 000 Mark Schaden, 50 Verletzte, 18 Jugendliche in Polizeigewahrsam. Zwischen 1956 und 1958 wurden mindestens 350 Krawalle registriert. Anlässe waren neben Konzerten und Filmvorführungen Lokalverbote, Rivalitäten zwischen Banden, Scharmützel auf Rummelplätzen, Presseberichte über Tumulte in anderen Städten. Eine Gefahr gehe von diesen Krawallen aus, »schlimmer als die Atombombe«, orakelte die *F.A.Z.* und sehnte sich nach jemandem mit »einem knorrigen Stock und Donnerstimme«, um die Jugend »jenseits von Kinotraum und Groschenroman wieder in unsere Ordnung zurückzuführen«. In einer Reportage des SWR hieß es: »Als Gegenmittel wüsste ich im Moment nur die Wehrpflicht, in der sie etwas Schliff bekommen würden.«

1965 ließen die Yankees sie in ihrem Song »Die Halbstarken« noch einmal hochleben – in der ersten Folge der Fernsehsendung Beat-Club mit Uschi Nerke. Davor hatte der spätere Tagesschau-Sprecher Wilhelm Wieben als Programmansager die Zuschauer höflich um »Verständnis« für dieses neue Format gebeten. »Sie rasen durch die Straßen und die Gassen, sie sind menschenleer. Blonde Bienen mit Bändern in den Haaren und in schwarzem Leder, das sie tragen.« Da gab es aber längst keine »Halbstarken« mehr, eine andere Bewegung hatte sich in Marsch gesetzt.

Zwischen dem Nachhall der Halbstarken und dem Protest der 68er standen im Juni 1962 die Schwabinger Krawalle. Anwohner der Leopoldstraße hatten sich über Straßenmusik beschwert. Die Polizei rückte an, ging – solche Unruhen nicht gewohnt – mit brutaler Härte vor. Es folgten vier Tage Straßenschlacht zwischen bis zu 10 000 Protestlern und teils berittener Polizei. »Gummiknüppel flogen wie die Dreschflegel«, jauchzte die *Bild*-Zeitung.

Jede Jugend sucht rein äußerlich ihre Abgrenzung: Cowboystiefel, blaue und grüne Bomberjacken, farbige Jacken mit den Insignien amerikanischer Universitäten. Einviertelstarke legten sich zeitweise sinn- und nutzlos lederne »Kraftbänder« um das Handgelenk, im Sanitätsgeschäft zu erhalten gegen Sehnenscheidenentzündung.

Geblieben ist allein das T-Shirt. Es hat nichts mehr vom Aufbegehren eines Marlon Brando, sondern ist seit Langem ein alltägliches Kleidungsstück wie das mittlerweile verbrämte Feinripp-Unterhemd (eigentlich gemeint war das gröbere und dehnbarere Doppelripp). Das T-Shirt als Alltagshemd für Arbeit und Freizeit, ist oft auch Litfaßsäule für jene, die sich zu einem Popstar oder Verein glauben bekennen zu müssen oder ansonsten wenig Gehör zu scheinen finden: »Einer von uns beiden ist blöder als ich«, »Saufzeuge – Junggesellenabschied«, »Ich hasse Menschen«. Oder: »Ich spüre das Tier in mir«. Wie die früheren Revoluzzer. Die es aber, zumindest eine Zeit lang, herausließen.

1960

PELIKANO-SCHREIBLERNFÜLLER

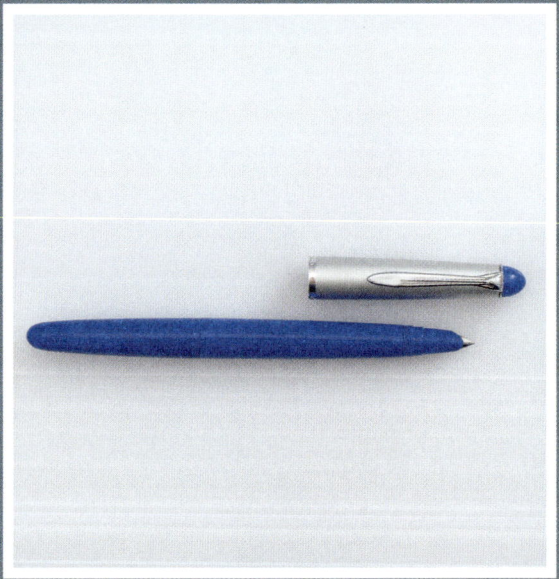

Ein Erkennungszeichen der Babyboomer, jener zwischen 1955 und 1965 Geborenen, ist die Schreibschwiele am Mittelfinger. Entstanden durch den Druck, den der Daumen auf den Füllfederhalter ausübt, um dadurch schöne Schrift aufs Papier gleiten zu lassen und dabei stockenden Tintenfluss und Kleckse zu vermeiden – die blau gefärbte Schreibschwiele schien unvermeidbar. Schönschreiben – in Tagen der wie Derwische auf dem Smartphone tanzenden Finger mag das nach einer gespreizten Marotte aus wunderlicher Zeit klingen. Die Schrift der Babyboomer jedoch wurde in deren Zeugnis einer strengen Bewertung unterworfen und von vielen Eltern zuerst in Augenschein genommen, genauso wie die »Kopfnoten« (so benannt, weil sie weit oben standen gleich einer charakterlichen Präambel – Fleiß, Mitarbeit, Betragen, Ordnung). Deutsch, Rechnen und

Sachkunde folgten im Kleingedruckten. Generationen von Grundschülern hatten sich zuvor beim Erlernen der Schrift mit Gequietsche auf ihrer Schiefertafel (zu der ein Griffel und ein Schwämmchen gehörten) versucht, ehe sie, als nächste Stufe ihres Schülerdaseins, eine Feder in das im Pult eingelassene Tintenfässchen tunken durften. Für Kinderhände eine Kunst für sich, den Weg zum Heft unfallfrei zurückzulegen, ohne Tintenkleckse auf dem Tisch zu hinterlassen, oder den hölzernen Federhalter nicht so ungeschickt auf dem Papier zu führen, dass Muster entstanden, die an einen Rorschachtest erinnerten.

1960 beendete das 1838 zur Herstellung von Tinte und Künstlerfarben in Hannover gegründete Unternehmen Pelikan für Millionen Schüler die Kleckserei. Der »Pelikano« landete als erster auf die Belange von Schulkindern zugeschnittener Patronenfüllfederhalter im Federmäppchen. Pelikan gelang etwas, worüber sich nur wenige Unternehmen ihre Hände reiben dürfen: Ihre Marke ist gleichbedeutend mit dem Produkt an sich. Wer Klebstoff wollte, sagte Uhu, wem die Nase lief, verlangte ein Tempo, und Pelikano war der Klassiker der Schulfüllers. Das heißt: Das Konkurrenzunternehmen Geha zog kurz darauf mit einem funktional vergleichbaren Füllhalter nach. Aber es gibt nun mal eine Markentreue, die sehr, sehr lange, wenn nicht gar ein Leben lang hält: adidas oder Puma, Braun- oder Philips-Rasierer, Gilette oder Wilkinson-Rasierklingen. Der Grüne von Geha oder der Blaue von Pelikano mit der verchromten Aluminiumschraubkappe, mit Schnabelklipp und einem abgerundeten blauen Kappenkopf. Wobei Geha schnell ins Hintertreffen geriet (sinnigerweise seit 1990 unter den Fittichen des Pelikans), vielleicht schlichtweg, weil die Gebrüder-Hartmann-Werke nicht die Ersten am Platz waren. In der DDR, die, jenseits des Sports, außer Konkurrenz stand, bekamen die Schüler bis zur 4. Klasse den als »Pionierfüller« etikettierten Schreiber unter dem Slogan »Heiko gibt der Handschrift Charakter« zwischen die Finger, produziert vom VEB Füllhalterfabrik Wernigerode.

Schon 1964 benutzten Millionen Schüler beim Füllerschreiben, das einiges feinmotorisches Geschick verlangt, den Pelikano. »Der einzige mit Thermikregler – deshalb so klecks-sicher«, strahlte ein Schulbub für die Fernsehwerbung: aufgeräumt im Pelikano-Mäppchen mit aufrichtbarem, eigentlich überflüssigem Stifteständer aus hellgrauem Plastik. »Für die Jugend hat die Zukunft schon begonnen«, jubilierte eine Stimme aus dem Hintergrund. »Im Raketenzeitalter schreibt man doch mit Patronenfüllhalter mit Reservepatrone«, als gelte es mit blauer Tinte den Mond zu erobern, denn nur diese Farbe war den Schülern erlaubt. Ein weiterer Werbejunge, bislang offenbar eher ein Hinterbänkler und nun erstmals mit einem Pelikano beglückt: »Damit schreibe ich beim nächsten Mal sicher eine Zwei.« Um in Erinnerung zu rufen, dass Pelikan auch noch mit Erwachsenen weiter ins Geschäft kommen wollte, fragte in einem Filmchen ein Freund den anderen, was er wohl seinem Vater zum Geburtstag schenken solle. »Mensch, den Pelikan! Den gibt es auch für Erwachsene!« Für Vati und Mutti – sogar mit Goldfeder, wenn das Taschengeld etwas üppiger ausfiel. Ein sachdienlicher Hinweis auf eine weitere zu belächelnde Schrulle jener Zeit: Es wurden noch fleißig Briefe geschrieben; das edle Schreibwerkzeug von Montblanc oder Faber-Castell diente nicht bloß repräsentativen Zwecken oder, maximal, dem Unterschreiben des Kaufvertrags beim Gebrauchtwagenhändler.

Untrennbar gehörte zum Füller der Tintenkiller (älter: Tintentod), dank dessen Fehler sogar Spaß machen konnten. Heißa – wisch und weg, wie Zauberei aus eigener

Hand. Jedoch: verdächtiger Geruch, ekliger Geschmack (es blieb nicht aus, dass jeder Schüler diese Sinne einfach testen musste).

Der Pelikan schlug unentwegt mit den Flügeln und überquerte sogar die deutschen Grenzen. In einem Spot aus den 1960ern ist ein lang gezogenes Pfeifen zu hören, als sei ein Düsenjet im Anflug. Dazu eine schneidende Stimme, die Vollzug meldet: »Achtung: Pelikano landet in Paris.« Einige Clips weiter ziehen Schlittenhunde den Nikolaus durch eine verschneite Landschaft. »Auch die Kinder im hohen Norden haben sich einen Pelikano gewünscht.« Da der ins Bild gerückte Inuit-Junge perfekt Deutsch spricht, liegt der Verdacht nahe, dass es sich bei der Szenerie um eine Voralpenlandschaft handelt und man die Darsteller mit Migrationshintergrund in vermeintlich authentische Pelzjacken gesteckt hatte.

Pelikano ging die Tinte wahrlich nicht aus, ja, das Unternehmen reklamiert gar für sich, 1974 mit Pädagogen die »vereinfachte Ausgangsschrift« für Grundschüler entwickelt zu haben. In den 1970ern kamen neue Töne in die Werbung (»Pädagogisch bewährt«, »Mit der Schönschreibfeder«, »Gewinn beim Preisausschreiben eine Reise nach Amerika«), und die Tüftler tüftelten weiter. 1970 erschien der erste rote Füller, angeblich um dem Wunsch der Eltern nach einem Modell für Mädchen nachzukommen, 1973 dann spezielle Modelle für linke und rechte Hände, stetig verbesserte Griffprofile, 2000 mit einem Schaft in transparenten Farben, 2010 mit stabiler Edelstahlfeder und spezieller »Soft-Griffzone für entspanntes Schreiben in drei trendigen Farben«.

Derlei Neuerungen sind dringend geboten, um das Schreiben mit der Hand einigermaßen attraktiv zu machen. Allen Zeitläufen zum Trotz bietet die Deutsche Bundespost, um ihre Daseinsberechtigung fürchtend, für Grundschulen das »Basispaket Wie schreibt man einen Brief?« an, wohlahnend, dass das Tablet die Handschaft aus dem Leben verdrängen wird. Mögen Fachleute auch betonen, Handschrift sei Ausdruck der Persönlichkeit, sei Grundkompetenz, die eng mit dem Lesenlernen verknüpft sei, helfe, sich Dinge besser zu merken und zu verinnerlichen. Vergebene Mühe! Was den Nicht-mehr-Patronen-Schreibern außerdem entgeht: Das Sammeln der Kügelchen, die sich in den Patronen befanden, um sie vor dem Austrocknen zu bewahren. Nach Gebrauch wurde der Deckel der Patrone abgebissen, um an das Kügelchen zu gelangen, das die Sammlung um ein weiteres ergänzte, wofür auch die vampirblaue Zunge in Kauf genommen wurde. Eine ziemlich sinnlose Sammlerei, zugegeben, aber zumindest verhalf sie zu einer weiteren glückspendenden Kindheitserinnerung, die keiner zu nehmen vermag.

1961

FLAMENCO-PÜPPCHEN

Josef Neckermann, ein lorbeerbekränzter Dressurreiter, aber noch erfolgreicher als Ikone des Wirtschaftswunders, legte den Deutschen die Wunder der Warenwelt nicht nur in seinen Kaufhäusern, sondern überdies im legendären Neckermann-Katalog zu Füßen. Gleich zu Beginn der 1960er hatte er eine weitere famose Idee: Er fügte seinem Katalog ein Heftchen mit durchorganisierten, durchaus erschwinglichen Flugreisen bei. Die Costa del Sol, das Schwarze Meer, Tunesien und natürlich Mallorca schienen nicht mehr unerreichbar. Nie war der Slogan »Neckermann machts möglich!« treffender. 1963 landeten die ersten »Neckermänner« auf Malle. Zwei Wochen pauschal für 336 Mark, alles inbegriffen: »Saubere Zimmer, reichlich Hauptmahlzeiten, eifrige Bedienungen und eine kleine Bar, in der Sie viel für wenig Geld erhalten.« Das war keineswegs übertrieben: Ein Glas Brandy konnte für 22 Pfennig gekippt werden. Da ging noch mehr.

Wer eine derartige, trotz Reisewelle immer noch exotische Fahrt unternahm, war einen Nachweis schuldig. Sich selbst, um die Erinnerung an die populärste Form des Glücks, das Reisen, zu konservieren. Vor allem aber gegenüber den Daheimgebliebenen. Weit oben im Pflichtenheft: Fotos und der Dia-Abend, dabei wurde gern die mitgebrachte bauchige, in Korb gehüllte Weinflasche oder Sherry der Marke Osborne serviert. Verblassten die Erinnerungen der Gäste ob des Gezeigten rasch oder waren sie gar froh, die Fotoschau überstanden zu haben, blieb das empfangene Souvenir von Bestand, zunächst. Entweder abgeschoben in den Schrank der Beschenkten (wobei es tunlichst galt, es beim nächsten Besuch der Geber vorher wieder ans Tageslicht zu holen) oder im eigenen Heim ostentativ auf dem Fernsehapparat platziert, gern neben dem Rauchverzehrer, einer Porzellanfigur, meist in Form einer Eule: eine elektrische Duftlampe, die angeblich die Luft von Zigarettenrauch reinigte. Zumindest leuchteten die Augen der Eule schummrig. Ganz weit vorn als Souvenir bei den Mallorca- und Spanien-Rückkehrern: das Flamenco-Püppchen – Blume im zum Dutt gebundenen schwarzen Haar, Schal mit Fransen, Bluse, auf Taille geschnittenes, leuchtend rotes Kleid, hochhackige Schuhe, den Körper mit Grandezza leicht nach hinten gebeugt. In Konkurrenz dazu stand der schwarze Stier aus Plastik, Stoff oder Holz, der auch auf der Osborne-Flasche stolz die Hörner nach oben richtete. Wenn er Pech hatte, neben sich eine Torerofigur mit Banderillas und Muleta. Man hatte schließlich, das war erste Touristenpflicht, einem Stierkampf auf der Plaza de Toros de Palma auf Mallorca oder in La Malagueta an der Costa de Sol beigewohnt. Andere Völker, andere Sitten, man war der Welt freundlich zugewandt.

»Souvenirs, Souvenirs. Kauft, ihr Leute, kauft sie ein, denn sie sollen wie das Salz in der Lebenssuppe sein«, hatte Bill Ramsey 1959 im Foxtrott-Rhythmus fröhlich gesungen. Den Verschluss von Lolos Bluse, einen Hut von Chevalier, das war etwas zu viel verlangt. Was aber im Kitsch-as-Kitsch-can immer ging: Kuckucksuhren, mit Bollenhut versehene Trachtenpuppen aus dem Schwarzwald – das deutsche Pendant zum heißblütigen Flamenco-Püppchen –, Nippes wie die Loreley als Flaschenöffner, Schneekugeln mit Landschaften und berühmten Bauwerken, Klickfernseher (Gucki), die auf Knopfdruck hintereinander Fotos en miniature zeigten, Muh-Dosen (beim Umdrehen spielte ein Tonband ein Muhen ab), das Panorama oder der Schriftzug des Urlaubsortes auf allen denkbaren Utensilien von der Rückenkratzgabel bis hin zum Wandteller. Ganz wichtig: Wer aus der Schweiz kam, hatte Schokolade mitzubringen, die großen Tafeln, freilich unter Berücksichtigung der gültigen Zollbestimmungen. Eine weitere Pflicht: Ansichtskarten schreiben. War darauf das Hotel abgebildet, wurde mit einem Kreuz jenes Zimmer markiert, in dem der Reisende Unterschlupf gefunden hatte. Ansonsten ein Kurzbericht über Wetter, Verpflegung und Gemütslage.

Mitte der 1950er war das Reisen für etwa ein Viertel der Bevölkerung finanzierbar geworden. Diese Zahl wuchs rapide, denn bis in die 1960er stiegen die Löhne weiter, und die Gewerkschaften handelten längere Urlaubszeiten (von 12 Tagen auf drei Wochen für alle) sowie eine Verkürzung der Arbeitswoche auf fünf Tage aus. Die DDR hatte bereits 1949 das allgemeine Recht auf Urlaub in ihrer Verfassung verankert und förderte das Erholungswesen planmäßig über staatliche Betriebe und Organisationen. Ostsee, Sächsische Schweiz,

Harz und Thüringer Wald waren geschätzt, Auslandsreisen nur in sozialistische Bruderstaaten erlaubt.

Zwar zog es bereits 1956 viereinhalb Millionen Westdeutsche nach Italien (nicht nur in Pensionen, sondern auch auf Campingplätze), aber erstes Massenziel war das oberbayerische Ruhpolding; Nordsee und Alpen erreichte man auf dem Fahrrad oder mit der Bahn, Zelt und Jugendherberge boten sich zunächst für die Übernachtung an. Österreich folgte in der Beliebtheit; Tirol und der Wörthersee, im Winter auf wackligen Holzbrettern die Berge von St. Anton und Kitzbühel hinunter.

Da im Sommer in Deutschland und Österreich Wandern auf dem Programm stand, gehörte der Wanderstock für Eltern und Kinder zum gängigen Zubehör. Um zu dokumentieren, welche Orte man bereits erwandert hatte, galt der Stocknagel als beliebtes Souvenir, gleich einem Wanderskalp. Kleine Blechwappen, die der Besitzer des Souvenirladens auf den Stock hämmerte. Alternativ streiften sich Mädchen Handgelenkkettchen mit kleinen Emailleschildern der Ortswappen über.

Die Deutschen brachen in immer größerer Zahl in die weite Welt auf zu ihren kleinen Fluchten, da mangelte es nicht an gut gemeinten Hilfen. Der Kaufhof-Katalog von 1961 neckte mit der Frage: »Wer ist die Schönste am Strand?«, und hatte im Angebot: »Strandhut aus Stroh, Schwimmshorts aus Perlon, dekorative Badehaube mit Blütendekoration, fröhlich bunter Helanca-Badeanzug«. Der *Stern* titelte 1960 »Urlaub – Liebe inbegriffen«, die *Neue Revue* »Thema Nr. 1 am Strand – Bikini oder Badeanzug?«. Die Ratgebersendung »Der 7. Sinn« mahnte in der ARD: »Lassen Sie Ihre Kinder nicht an der Tankstelle stehen« – ein Schicksal, das im Laufe der Zeit mit Urlausbeginn immer häufiger Haustieren widerfuhr.

Was für viele 1961 noch unvorstellbar war – »Reisen Sie mit den Düsen-Clippern der Pan American nach New York«, wie eine Anzeige lockte –, ist inzwischen Standard. Was aber gibt es heute als Mitbringsel? Arganöl aus Marokko, Pop Tarts aus den USA, echter Südamerika-Kaffee, ein Fläschchen mit selbst abgefülltem Sandstrand, das urinierende Manneken Pis als Schlüsselanhänger, ein Phallus-Amulett aus Thailand … Das alles und noch mehr könnte man als Urlaubsnachweis auch bei Amazon bestellen. Inzwischen gibt es selbst aufklebbare Stocknägel für Trekkingstäbe. Doch die Ansichtskarte ist passé. Die stetig per Whatsapp gesendeten Fotos oder Filmchen sind indessen nicht zwangsläufig Abbild der Wirklichkeit. Ersetzen aber zumindest die Verhaftung zum Dia-Vortrag. Wem es nicht gefällt: Wisch und weg.

1962

DIE PILLE

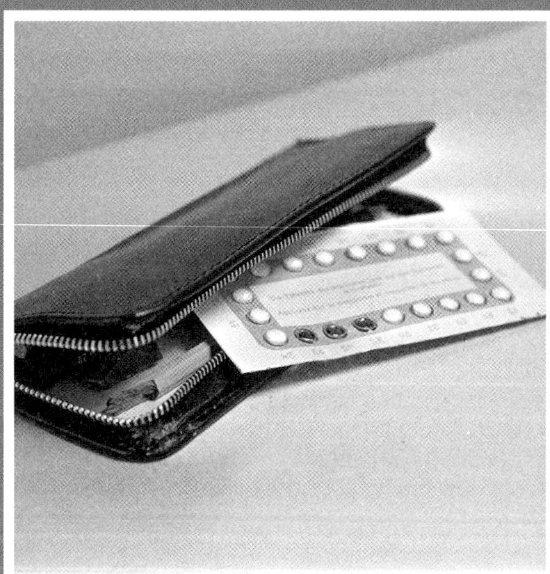

Heranwachsende Männer gerieten in Aufruhr. »Ich lehne die Pille für junge Mädchen ab. Sie sollen erst mal Enthaltsamkeit üben, bis später in der Ehe, wo es darauf ankommt«, hob ein ordentlich frisierter Bursche um die zwanzig in einer Fernsehreportage an. »Ich halte ein Mädchen, das die Pille nimmt, für moralisch nicht standhaft«, pflichtete ein Gleichaltriger bei. Fürsprache leisteten ein lebenserfahrener Recke (»Sie automatisiert die Liebe und versaut die Moral«) und eine Frau um die zwanzig erklärte: »Wenn Jugendliche die Pille nehmen, wird die Sexualität ausschweifend, dann kann von Liebe keine Rede mehr sein.«

Den Untergang von Anstand und Sitte fürchteten die einen, andere sollten das Hormon-Dragee später als Symbol der »sexuellen Revolution« feiern. Die Pille: 1960 in den USA zugelassen, kam sie 1961 in Deutschland auf den Markt, offiziell als Hilfe bei Menstruationsbeschwerden. Nur das Kleingedruckte verriet als Nebenwirkung die Empfängnisverhütung: »Während der künstlichen anovulatorischen Zyklen tritt keine Konzeption ein.« Ärzte taten sich schwer mit dem neuen Präparat. Sie verschrieben es erst nur verheirateten Frauen, besaßen kaum Erfahrung mit hormoneller Verhütung oder lehnten die Pille aus medizinischen oder moralischen Bedenken ab. Zudem hatte der Contergan-Skandal ein Erdbeben ausgelöst. Contergan war von 1957 bis 1961 als Beruhigungs- und Schlafmittel für Schwangere verschrieben worden und führte zu einer Häufung von Fehlbildungen der Gliedmaßen bei Neugeborenen. Vorsicht war daher bei neuen Pillen geboten.

Nicht nur Ärzte empfanden die Bezeichnung als »sprachlichen Missbrauch«: Antibaby-Pille. Das klang so, als gebe es Bedenken gegen Babys an sich. Die DDR ging geschickter vor. Sie bewarb Ovosiston, das ab 1965 ausgegeben wurde, als »Wunschkind-Pille«. Die nun komfortablere Familienplanung kam der Planwirtschaft zupass, spielte die Frau doch eine wichtige Rolle im zupackenden Arbeiter- und Bauernstaat. 1969 waren in der DDR 80 Prozent der Frauen berufstätig, in der BRD nicht einmal die Hälfte. Die gute Kinderbetreuung erleichterte der ostdeutschen Frau die Doppelbelastung.

In der verklemmten westdeutschen Gesellschaft jener Jahre galt es als anstößig, öffentlich über Sexualität zu sprechen. »Unten herum« war selbst für viele Erwachsene Terra incognita. Für die Aufklärung summten, wenn überhaupt, Bienchen durch die blütenstaubbedeckten Kinder- und Jugendzimmer. Beschimpfungen, Boykotte und Stinkbombenattentate hatte 1951 der Film »Die Sünderin« ausgelöst, in dem

Hildegard Knef als Prostituierte minikurz ihren Busen aufblitzen ließ. Vor allem die katholische Kirche galt seinerzeit als oberster Sittenwächter, aber auch das »Evangelische Elternbuch« bestach Ende der 1950er durch stupende biologische Unkenntnis. Zum Thema Onanie, das aus protestantischer Sicht bei Jungs mehr Druck erzeugte als bei Mädchen, wurde empfohlen, zwischen Abendessen und Schlaf stark gesalzene und gewürzte Speisen zu vermeiden. Sittenwächter patrouillierten auch auf der Kirmes. In einigen Orten verfügten die Behörden, bei dem Raupen-Karussell dürfe das Verdeck der Wägelchen nur zehn Sekunden geschlossen bleiben. Denn die Alten wussten nur zu gut: Im Dunkeln ist gut munkeln. Ständiger Zankapfel zwischen Eltern und Töchtern war der Bikini. Noch 1965 musste eine Münchner Schülerin sechs Tage lang in einem Altenheim putzen, weil sie im Bikini durch die Innenstadt gelaufen war.

Bis 1970 war es für ein unverheiratetes Paar kaum möglich, zum Munkeln ein Hotelzimmer zu beziehen – entsprechend dem Verbot, das die Paragrafen 180 und 181 des Strafgesetzbuches, die sogenannten Kuppel-Paragrafen, aussprachen. Der Gesetzgeber pochte darauf, Sex gehöre in die Ehe, alles andere sei Unzucht. Selbst Eltern sahen sich mit empfindlichen Strafen konfrontiert, ließen sie in der Wohnung unzuchtmäßige Schnackseleien zu.

In diese prüde Zeit hinein hatte Beate Uhse 1951 ihr Versandhaus für Kondome und »Ehehygiene« gegründet und eröffnete 1962 in Flensburg den ersten Sex-Shop der Welt. Uhse förderte gewiss die Kommerzialisierung der Sexualität, stritt aber ebenso als Pionier der Aufklärung und Liberalisierung. Da kam die Pille genau recht. Sturm liefen nicht nur Erzkonservative, sondern vor allem die katholische Kirche, die künstliche Verhütung durchweg ächtete. Diese Haltung manifestierte 1968 Papst Paul VI., als »Pillen-Paul« verhöhnt, in der Enzyklika Humanae vitae (deutsch: Über die Weitergabe menschlichen Lebens). Aber nicht nur wegen dieses Bannstrahls dauerte es, bis sich die Pille als bevorzugte Verhütungsmethode durchsetzte. Nebenwirkungen verunsicherten die Frauen (die ersten Pillen enthielten hohe Dosen an Hormonen), Feministinnen reklamierten, die Pille setze die Frau unter Druck, weil der Mann ihre ständige Verfügbarkeit anmahnen könne. Aber erst als die Vereinten Nationen 1968 das Recht auf Familienplanung proklamierten und mehr Studienergebnisse zur Pille vorlagen, rückten deutsche Ärzte von ihrer restriktiven Haltung ab. Ende 1971 verhüteten 25,6 Prozent der Frauen mit der Pille, 1976 waren es bereits 32,8 Prozent – ein Höchstwert.

Der Rückgang der Geburtenzahlen in den 1960ern und 1970ern wurde nach dem Babyboom gern als Pillenknick bezeichnet. Mittlerweile führen Soziologen das eher auf veränderte Lebensmodelle und wachsenden Wohlstand zurück. In der DDR fiel der Geburtenrückgang in den 1970ern wesentlich geringer aus.

Ab 1965 rutschten die Säume der Röcke nach oben, die Sitten lockerten sich. 1968 legte die Kultusministerkonferenz erstmals eine »Empfehlung zur Sexualerziehung an den Schulen« vor, kurz darauf erschien das Schulbuch »Sexualkunde-Atlas« (in der DDR zählte Sexualkunde seit 1947 unter dem Titel »Fortpflanzung« zum Biologieunterricht). Serge Gainsbourg und Jane Birkin stöhnten 1969 erfolgreich »Je t'aime«. Im selben Jahr versprach die neue Reihe »Dr. Sommer« in der *Bravo* Nachhilfe (»Wenn ein Mann im Badewasser einen Samenerguss bekommen hat und danach ein Mädchen in diesem Wasser badet – kann es davon schwanger werden?«). Aber auch die Erwachsenen bedurften weiterer

Fortbildung. Gut, dass es Oswalt Kolle gab. Er schrieb für Illustrierte wie *Quick* und *Neue Revue* Aufklärungsserien. Zwischen 1968 und 1972 präsentierte er seine Aufklärungsfilme wie »Das Wunder der Liebe« und »Deine Frau, das unbekannte Wesen«. Die Zuschauerschlangen an den Kinokassen wurden länger und länger. Wegen viel nackter Haut und überhaupt musste Kolle sich ständig mit der Freiwilligen Selbstkontrolle (FSK) herumschlagen, die jede Szene unter die Lupe nahm. Erst die Fresswelle, dann die Reisewelle und nun die Sexwelle, die auch Ausdruck in dümmlicher, seichter Pornografie fand (»Schulmädchen-Report«). O tempora, o mores, wo sollte das noch hinführen mit Sitte und Moral? Schuld daran hatten die Pille und Verführer wie Oswalt Kolle. Da konnte man durchaus den Vorwurf eines FSK-Zensors verstehen: »Herr Kolle, Sie wollen wohl die ganze Welt auf den Kopf stellen, jetzt soll sogar die Frau oben liegen.«

1963

FETTECKE

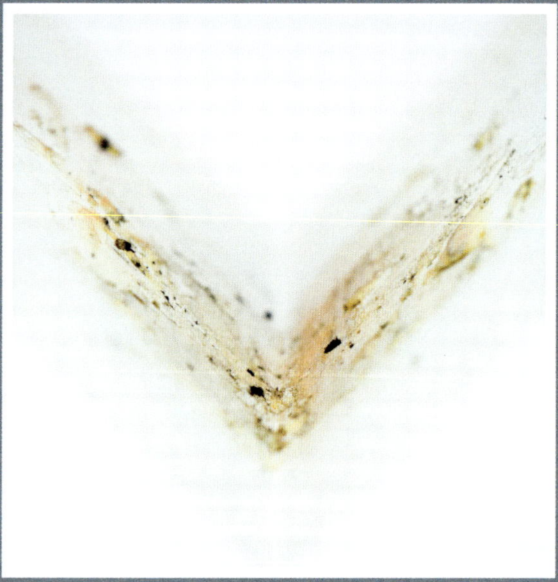

Ein Sturzkampfbomber geriet im März 1944 über der Krim in heftigen Schneefall und zerschellte am Boden. Der Pilot kam ums Leben, Unteroffizier Joseph Beuys erlitt eine Nasenbeinfraktur, Knochenbrüche und ein Absturztrauma. Krimtartaren fanden den Verletzten, pflegten ihn »acht Tage lang aufopfernd mit ihren Hausmitteln«, erzählte Beuys später. Sie salbten die Wunden mit tierischem Fett und hielten sie in Filz warm. Eine Geschichte, die es in sich hat, gerade die Rettung. Nur, eben dieser Teil stimmt so wohl nicht. Beuys wurde vielmehr von einem deutschen Suchkommando bei den Trümmern der Ju 87 gefunden und in ein Militärlazarett verbracht. Selbst Beuys' Ehefrau Eva zog 1996 die Geschichte ihres zehn Jahre zuvor verstorbenen Mannes in Zweifel und führte sie, gnädigerweise, auf »Fieberträume« zurück. Zumindest erklärte der Künstler mit dieser

Legende seine Vorliebe für Fett und Filz als Materialien. »Das Fett nimmt den Weg von einer chaotisch zerstreuten, energieungerichteten Form zu einer Form. Dann tritt es aus in der berühmten Fettecke.«

Eine frühere Fettecke entstand 1963 in einem Winkel seines Ateliers in Düsseldorf. Zuvor hatte er sich schon an einem Stuhl mit Fett ausprobiert und präparierte über die Jahre hinweg wiederholt Ecken von Ausstellungsräumen kiloweise mit Fett.

Beuys, 1921 geboren, rang lange mit seiner durch den Krieg instabil gewordenen Psyche, ehe er den Weg zur Kunst fand. Er besuchte die Kunstakademie Düsseldorf, in der er später als Professor arbeitete, und wurde bekannt als Bildhauer, Medailleur, Zeichner, Kunsttheoretiker und Aktionskünstler. Gerade als solcher stand er dem Publikum vor Augen: Filzhut, weißes Hemd, Anglerweste, Jeans – und immer polarisierend. Seine Devise: »Ein Künstler sollte nicht im Atelier eingesperrt bleiben, sondern rausgehen und die Gesellschaft mitgestalten.« Das goutierten nicht unbedingt jene, deren Kunstverständnis am Landschaftsgemälde in Öl endete und die noch von den Skulpturen eines Arno Breker schwärmten, dessen Stil die NS-Ästhetik geprägt hatte. Selbstkritisch reflektierte Beuys: »Die Sachen mit dem Fett erheben einen großen Anspruch auf Theorie. Und diese Theorie ist vielleicht nicht immer da, wenn Menschen im Museum so eine experimentelle Anordnung sehen.« Früh mäkelte der in Düsseldorf wohnende Kunstkritiker John Thwaites, der Beuys' Praktiken infrage stellte wegen der Kluft zwischen seinen utopischen Idealen und der »schreienden Selbstüberhöhung«. Für die einen hatte er nicht alle Schotten dicht, sie bezeichneten ihn als »Scharlatan« und »Schamanen«, andere hielten ihn für einen zweiten Leonardo da Vinci.

Nach Kriegsende wollte die Kunst sich nicht – wie in den dunklen Jahren zuvor – von der Politik vereinnahmen lassen, sie sah sich heiter, auf keinen Fall politisch. Ein großer Wurf war 1955 die Premiere der einhunderttägigen documenta in Kassel. Die erste Ausstellung widmete sich noch jener Kunst, die ab 1937 als »entartet« diffamiert worden war. Danach entwickelte sich die documenta zu einer der wichtigsten zeitgenössischen Ausstellungen. Da durfte Joseph Beuys nicht fehlen. 1972 kämpfte er den »Boxkampf für direkte Demokratie durch Volksabstimmung« gegen den Bildhauer und Zeichner Abraham David Christian (Beuys gewann nach Punkten), bei der documenta 7 1982 setzte seine Skulptur »Stadtverwaldung statt Stadtverwaltung« den Auftakt einer Aktion, an deren Ende 1987 immerhin 7000 neu gepflanzte Eichen standen.

Die 1960er waren eines der fortschrittlichsten Jahrzehnte für Kunst und Kultur, vergleichbar mit den 1920ern, als sich die Gesellschaft auch im Umbruch befunden hatte. Was nicht ohne Störgeräusche bleiben konnte. 1963 beschlagnahmte die Westberliner Staatsanwaltschaft zwei Ölgemälde von Georg Baselitz, »Die große Nacht im Eimer« und »Nackter Mann« – weil darauf Penisse zu sehen waren. Im selben Jahr löste das Schauspiel »Der Stellvertreter« des Schriftstellers Rolf Hochhuth, das die Haltung des Vatikans zum Holocaust behandelte, die bis dahin größte Theaterdebatte Westdeutschlands aus.

Mit Elan eroberte die Kunst den öffentlichen Raum, Happenings, Konzept- und Aktionskunst, Pop Art, Minimal Art und Arte Povera wurden populär. Gelegentlich provozierten die rührigen Geister bewusst polizeiliche Reaktionen wie 1968 im Kunsthaus von Hamburg. Dem Publikum wurden Mund-zu-Mund-Beatmung, Entblößungen und Haschisch versprochen – die Polizei stoppte kurzerhand das Spektakel wegen Überfüllung und Einsturzgefahr des Gebäudes.

Oft dabei, wenn sich Kunst in die Schlagzeilen drängelte: Joseph Beuys. Als ihm beim »Festival der neuen Kunst« 1964 ein aufgebrachter Student die Nase blutig schlug, baute er die Attacke in die Aktion ein, nahm ein Kruzifix und hielt es dem Publikum vor die Nase. Später zog es Beuys in die Politik, er nahm 1980 am Gründungsparteitag der Grünen teil, entwarf ein Plakat für die Partei, auf dem ein Spielzeugsoldat mit dem Gewehr auf ein großes Kaninchen zielt. Selbst zum Mikrofon griff er: Die Grünen hatten ein Friedenslied in Auftrag gegeben, und Beuys war sich nicht zu schade, »Sonne statt Reagan« vorzutragen. Aus dem Land, das sich selbst zerstört und uns den *way of life* diktiere, da komme US-Präsident Reagan und bringe Waffen und Tod. »Doch wir wollen Sonne statt Reagan ohne Rüstung leben in West und Ost.« Es ist ein kurioses Zeitdokument mit dem herumhampelnden Beuys, das Mikro über den Kopf schwingend, im Vordergrund des Videos ein Girlie-Trio mit Haaren wie geplatzte Sofakissen. »Grottenschlechter Liedtext« attestierte die Kritik damals. Zumindest ist es ein Beispiel dafür, dass »gut gemeint« durchaus ästhetisch einen Schluckauf verursachen kann.

Der Durchbruch auf dem Kunstmarkt war Beuys 1969 gelungen. Seine Installation »The pack« (das Rudel), ein alter VW-Bus mit 24 Schlittenhunden, erzielte 110000 Mark. Vier Jahre später kassierte er 58000 Mark, weil sein Kunstwerk, eine mit Heftpflaster und Mullbinden versehene Badewanne, irrtümlich gereinigt und zum Gläserspülen verwendet wurde – weitere 14 Jahre später wurde die Geschichte vom Reinigungsmittelhersteller Henkel für sein Produkt *ATA* in einem Werbespot persifliert. 1986 rappelte es abermals im

Karton. Vier Jahre hatte Beuys im Atelier fünf Kilo Butter vor sich hinschmelzen lassen. Neun Monate nach Beuys' Tod entfernte der Hausmeister das Fett. Der Künstler Johannes Stüttgen konservierte die zerlaufene Kunst und beanspruchte sie als sein Eigentum, weil Beuys ihm das (hier abgebildete) Kunstwerk einst übereignet hatte. 40 000 Mark Schadensersatz strich Stüttgen am Ende vom Land Nordrhein-Westfalen ein für das »zerstörte Kunstwerk«.

Damit aber war die Fett-Affäre noch nicht ausgestanden. Die zwei Kilo schweren Überreste wurden 2014 im Rahmen einer Perfomance endgültig zerstört, zwei Künstler brannten daraus Schnaps, verkosteten ihn, was die Beuys-Witwe als »unglaubliche Unverschämtheit« verurteilte. Kompromiss: Das Etikett auf dem ausgestellten Glasgefäß wurde geändert in »Geist. Reste der zerstörten Fettecke von Joseph Beuys«.

1964

KARNEVALSKOSTÜM

Kurfürstliches Schloss in Mainz, 5. Februar 1964. Auftritt Ernst Neger, der »singende Dachdeckermeister«, der zum festen Ensemble der Sendung »Mainz bleibt Mainz, wie es singt und lacht« gehörte. Auf 89 Prozent Marktanteil schoss an diesem Abend die Einschaltquote, die höchste, die je im deutschen Fernsehen gemessen wurde. Vom Publikum enthusiastisch gefeiert, betrat Ernst Neger die Bühne. Neger stimmte sein neues Lied »Humba Täterä« an. Was dann geschah, passierte nie vorher und nie mehr danach im deutschen Fernsehen. Neger trat ab, doch das Publikum geriet außer Rand und Band, stieg auf Stühle und Tische und ... sang einfach weiter. Das Programm wurde um eine Stunde überzogen. Neger platzierte sich mit dem Lied unter die ersten 20 der deutschen Charts.

»Die Leute waren wie befreit«, erzählte später eine andere

Ikone der Mainzer Fastnacht, Margit Sponheimer. Kurz zuvor, im Dezember 1963, hatte in Frankfurt der erste Auschwitz-Prozess begonnen – das erste Mal, dass die Deutschen unverblümt und unüberhörbar mit ihrem Barbarentum konfrontiert wurden. Jedes Ventil, das sich anbot, wurde dankbar geöffnet, um damit einigermaßen klarzukommen.

Zurück ins Kurfürstliche Schloss. Im Publikum war kaum ein Besucher verkleidet, abgesehen von den Narrenkappen für Männer und einigen um die Hälse der Damen gewickelten Luftschlangen. Dabei hatte die Präsidentin des Amazonenkorps Düsseldorf in einem Fernsehinterview noch für fantasievolle Kostüme geworben, beispielsweise für das »Früchtchen«, bei dem die Kostümierte nachgebildetes Obst auf dem Kopf und am Leib appliziert trug. Frage: »Man muss schon sehr zierlich sein, wenn man das dieses Jahr mitmachen will. Hat man auch an die fülligeren Damen gedacht?« Beruhigende Antwort: »Oh ja. Wenn jemand eine nette Figur hat, kann er durchaus auch ein Kostüm mit Dekolleté tragen.«

Schwenk zum Kinderkarneval. In den Wochen davor empfahlen wie Jahr für Jahr die Illustrierten Kostüme, teils mit Schnittmuster. Neben Clowns, Gardeuniformen, Chinesen, orientalischen Prinzessinnen und Schornsteinfegern waren »Indianer« und »Cowboys« in der Überzahl. Neben »Räuber und Gendarm« verbrachten die Kinder am häufigsten mit »Cowboy und Indianer« ihre Freizeit auf der Straße und im Wald, wobei die »Indianer« die »Guten« waren. Spätestens seit Karl Mays idealisierten und romantisierenden Wild-West-Romanen war der »Wilde Westen« verankert im populären Kulturgut, avancierte zu einem beliebten Filmgenre der Nachkriegszeit und galoppierte ab 1963 zu einer neuen Sternstunde: in Form der deutschen Winnetou-Filme. Bei »Bonanza« fieberten Kinder und Erwachsene gemeinsam vor dem Fernsehgerät.

Nach dem Krieg waren bis zu 5000 Deutsche auf dem Kriegspfad. Als Blackfeet Indian Club Freiburg, Tipi Gesellschaft München oder als Peace River Mountain Men in Bochum. Diese Verkleidungslust wird nur übertroffen von dem Drang, sich als Mittelaltermensch auszustatten. Auch in der DDR existierten in etwa 60 Orten Laienspielscharen, kamen bis zu 1000 »Hobby-Indianer« zu Pow-Wows in Zeltlagern zusammen, was der Stasi suspekt war. Kein Wunder, dass sie Spitzel wie den »IM Inka« anwarb oder Personenkontrollen wie die OPK »Tomahawk« anleierte.

Mitte der 2010er-Jahre war es mit derlei Folklore in der Fastnacht vorbei. 2021 bekannte die Spitzenkandidatin der Berliner Grünen, Bettina Jarasch, als Kind wäre sie gern »Indianerhäuptling« gewesen. Da brauste medialer Sturm und Hagel über sie hinweg. Sie stellte sich freiwillig an den Marterpfahl und äußerte kleinlaut, es habe sich um eine »unreflektierte Kindheitserinnerung« gehandelt.

Ja, die Wahl des Fastnachtskostüms scheint schwer geworden, manch einer meint, es raube Narrhallesen die Vorfreude und den Kindern ihre Unbeschwertheit am Spiel. Geht noch ein Franzose mit Baguette unter dem Arm? Schottenrock? Pocahontas? Eine Japanerin im Dirndl? Was immer geht: Biene Maja, Helden aus dem Comic-Labor wie die Ninja Turtles, Avatar, Ameisenbär, Avocado, Hexe (na ja, obwohl ...) und natürlich das Windrad.

»Humba Täterä« hat den 1989 verstorbenen Ernst Neger überlebt. Hätte er die Kostümklauberei noch mitbekommen, hätte er sich dazu wahrscheinlich ein Schunkellied ausgedacht ...

1965

BUNGALOW

Der Aufsichtsbeamte hat sich vor dieser Sendung vom ordnungsgemäßen Zustand des Ziehungsgerätes und der 49 Kugeln überzeugt.« Gerade wenn es um die Herausforderung des Glücks geht, muss in Deutschland alles seine Ordnung haben, und deshalb gehört dieser Satz zur deutschen Fernsehgeschichte. Zum ersten Mal sprach ihn Karin Dinslage im September 1965 bei der ersten vom Fernsehen übertragenen Ziehung der Lottozahlen. Premiere für eine Lotto-Fee, ein Adelsprädikat, das viel mehr noch Karin Tietze-Ludwig zukommt, die das, was jeder sehen konnte, von 1967 an über 31 Jahre hinweg jeden Samstagabend zwischen Familienshow und »Wort zum Sonntag« von den Kugeln ablas.

Unfassbar hoch konnte der Gewinn sein, überschaubar war die Glaskugel, in der die weißen Kugeln kollerten, bis sieben von ihnen (inklusive Zusatzzahl) in ein Röhrchen ploppten. Von der Größe her kein Vergleich mit der Lostrommel der *ARD*-Fernsehlotterie »Ein Platz an der Sonne« (»Mit 5 Mark sind Sie dabei«): 1961 lief die größte Lostrommel der Welt erstmals auf Touren. Dieses Monstrum drehte sich einmal im Jahr bei einer am Sonntagnachmittag übertragenen Sendung. Stundenlang wirbelten Millionen von Losen im reinsten Chaos, bis eine Los-Fee oder ein Los-Elf einige Stufen zur Trommelöffnung erklomm, die Augen von einer Sonnenbrille bedeckt, und die Hand durch eine Luke steckte, um einen der papierenen Schmetterlinge zu fangen. An diesem Nachmittag – anfangs gab es noch keine wöchentliche Gewinner-Inflation – ging es Schlag auf Schlag. Millionen harrten vor den Apparaten aus, und alle Welt würde es zeitnah mitbekommen, wenn etwas vom Gustav-Gans-Glanz an ihnen haften bliebe. Neben kleineren Gewinnen gab es Autos, Reisen nach Paris oder gar eine Schiffsfahrt in die Karibik. Trommelwirbel einmal in der Stunde: Nun drehte sich ein Bungalow auf dem Präsentierteller – das Symbol von Modernität und Weltläufigkeit.

»Ein Häuschen mit Garten, nur klein, aber mein, was brauch' ich dann mehr, um zufrieden zu sein. Ein Frauchen, ein liebes, hol' ich mir ins Haus, ich schmück' ihr das Häuschen zum Himmelreich aus«, hatte 1955 Willy Hagara den Traum vieler Bundesbürger in einem Schlager beschworen. Krönung des Immobilienbegehrens war der Bungalow. Wohnen im Grünen, einen Cordon sanitaire zum Nachbarn. Eine verständliche Schwärmerei, weil Wohnungsnot mitunter mehr Menschen in eine Wohnung presste, als dem Beisammensein förderlich war. Schon in den 1950ern brachte die Bausparkasse Wüstenrot einen »Ratgeber für alle, die bauen wollen« unter die Leute. Über Jahrzehnte mahnte sie: »Der 31.12. ist

Wüstenrot-Tag«, um am Jahrsende, noch in letzter Minute die staatliche Förderprämie für das Bausparen einzustreichen.

Gerade der Bungalow, der in den 1960ern zur Architekturikone wurde, verkörperte Unabhängigkeit und Wohlstand. Vorbild waren die Flachbauten der USA, wo sie, in Holzrahmenbauweise errichtet, zu den beliebtesten Haustypen zählten. Stand die Finanzierung, stand der Bungalow und war der Rasen gesät, gehörte unbedingt eine Hollywoodschaukel in den Garten als I-Tüpfelchen auf den neuen Luxus. An einem frei stehenden Rahmen aufgehängt, die Sitzfläche mit bunten, gestreiften Kissen belegt, schaukelte bereits in den 1950ern der müßige Bürger vor sich hin. Angestoßen wurde die Freude an diesem Gartenmöbel in Hollywood, wo es angeblich in einigen Filmen eine Nebenrolle einnahm (im deutschen Film tauchte sie zumindest 1956 in der Klamotte »Charleys Tante« mit Heinz Rühmann auf). In den USA ist diese einen Hauch von Extravaganz auslösende Bezeichnung bis heute unbekannt (dort heißt sie porch swing, Veranda-Schaukel), während sich diese Bezeichnung in der DDR von selbst verbot. Dort bewegte sie sich bodenständig als Gartenschaukel nicht vom Fleck.

In einem der bekanntesten deutschen Flachbauten konnten 1964 in Bonn die Möbelpacker anrücken: dem Kanzlerbungalow, der als Wohn- und Empfangsgebäude des Regierungschefs diente. Für den späteren Kanzler Helmut Schmidt hatte er jedoch den »Charme einer oberrheinischen Sparkasse«. Dagegen hob Peter Rubin in seinem Schlager »Azzuro« 1968 ganz und gar auf dieses Heim ab: »Wär' doch das Geld ein bisschen mehr wert, dann schenkte ich dir einen Bungalow«.

Einen besonderen Charme muss eine Flipper- und Absturzkneipe auf die Macher des jungen deutschen Films in den 1960ern in der Türkenstraße von München ausgeübt haben, gelegen direkt neben dem Kino »Türkendolch«. Warum die Betreiber ihre Lokalität »Bungalow« nannten, ist nicht überliefert.

Einen Boom erlebte in den 1960ern auch das Fertighaus – wenn auch nicht immer in Form eines Bungalows. Allein 1962 wurden 18 000 davon aus Schweden importiert. Quelle, Karstadt und Kaufhof stiegen in das Häuslegeschäft ein, und zuverlässig möglich machte es Neckermann. Für 87 500 Mark offerierte der Händler 1969 sein »Studio-Haus«, das mit der an den sozialen Wohnungsbau anknüpfenden Fertigbauweise brechen wollte. Unten großer Wohnraum, Blockküche, zwei Schlafzimmer und eine Toilette, oben »Studio«, Schlafzimmer, Bad. Allmählich bröckelte aber der Ruf des Fertighauses (»Einheitsarchitektur aus Pappe«) wegen der eingesetzten Materialien und der äußeren Gestalt. Dazu kam in den 1970ern der Skandal um Holzschutzmittel, die der Gesundheit nicht unbedingt förderlich waren.

Wer seinen Lottoschein nach der Ziehung wieder einmal wütend zerknüllte und keinen Flachbau von der Fernsehlotterie ins Grüne gesetzt bekam, sich vielmehr aufs Bausparen verlassen und mit spitzem Stift rechnen musste, um sich seinen Platz an der Sonne zu sichern, brauchte eine gute Konstitution. Das parodierte 1972 Regisseur Dieter Wedel in seinem Fernseh-Dreiteiler »Einmal im Leben – Geschichte eines Eigenheims«. Jene, für die ein Haus auf Fernrohrdistanz bleiben würde, konnten sich zumindest über Familie Semmeling amüsieren, die nahe dem Nervenzusammenbruch war. Doch Träume sterben zuletzt, wie Gisela Schneeberger 1979 in einer Folge der Satiresendung »Fast wia im richtigen Leben« gesanglich persiflierte: »Bis dahin hatte mein Leben keinen Sinn, bis dahin war mein Leben so leer, doch dann kamst du mit deinem Bausparvertrag …«

Was Bürgern der DDR die Wochenend-Datsche, ein in Leichtbauweise errichtetes Haus auf dem Lande, meist unter großem Einsatz hochgezogen, da Baumaterial nicht ohne Weiteres erhältlich war, blieb den Westlern ihr Häuslein fein, selbst wenn die Mietwohnungen komfortabler wurden. Die Zahl der Hausbesitzer schlich aber im Vergleich zu anderen Ländern gemächlich voran – weil nach dem Krieg viel Wohnraum verloren und viel Geld in den Wohnungsbau gesteckt worden war. 2023 wohnten 70 Prozent der EU-Bürger in selbst genutztem Wohneigentum, in Deutschland waren es nur 46,7 Prozent. Selbst ein Häuslein klein ist aufgrund von Bau- und Finanzierungskosten mittlerweile wieder ein Drahtseilakt. Andreas Mattern, Präsident des Zentralen Immobilien-Ausschusses hielt es 2024 gar »faktisch für unmöglich … Wer heute baut, geht bankrott.« Die Vorstellung von Willy Hagara ist ferner denn je: »Eines Tages zieh ich ein in das Häuschen, schön und fein, und mein Schatz wird sich dann freu'n«.

1966

SUPER-8-FILM

Die Kamera rückt zwei Frauen, dicht beieinanderstehend, in den Mittelpunkt. Beide um die fünfzig. Da der Begriff Body Shaming noch nicht bekannt war, hätte man sie wohl als mollig bezeichnet. Der Kommentator erhebt die Stimme: »Meine Frau und ihre Schwestern zeigen gern Dekolleté, heute ist so ein Anlass.« Die Frauen kichern. Nun schiebt sich ein Mann zwischen sie. Erneut setzt der kommentierende Kameramann zur Erläuterung an. »Von unserem österreichischen Freund lassen sie sich ihren Ausschnitt betrachten, und er genießt den göttlichen Anblick von oben. Jetzt noch mal ein halber Liter auf die schöne Aussicht. Prost!«

Die Aufmachung der anderen Darsteller, die selig erleuchtet durchs Bild schunkeln, schwanken und scharwenzeln, lässt darauf schließen, dass diese Gesellschaft sich 1966 hat hochleben lassen. Die unfreiwillig Mitwirkenden: Bürger, die brav ihre Steuern bezahlten, freitags ihren Lottoschein ausfüllten, samstags ein Vollbad nahmen, sonntags den Gottesdienst besuchten, sich einmal im Jahr einen Urlaub gönnten und ansonsten Recht und Ordnung befürworteten. Der Ausbruch aus dieser Idylle erfolgte, wenn sich ein Anlass ergab, mit Eckes Edelkirsch, Asbach Uralt, Doppelkorn, Persiko und Kettenrauchen.

1980 brachte Robert van Ackeren den Film »Deutschland privat« heraus. Untertitel: »Eine Anthologie des Volksfilms« (2007 gab es die Fortsetzung »Deutschland privat – Im Land der bunten Träume«). Nach einer Anzeigenschaltung hatte van Ackeren rund 200 Stunden Filmmaterial aus anderthalb Jahrzehnten erhalten und daraus eine »filmhistorisch wertvolle Landeskunde« (»Lexikon des internationalen Films«) zusammengestellt. Frauen in Kittelschürzen den Sonntagsbraten präsentierend, Paare, die sich in den angesagten Partytänzen versuchten. »Hoppel Poppel« und »Let Kiss« (1965 als Instrumentalversion auf Single erschienen). Eine Frau mit ihrem Hund Blacky beim Sonntagsspaziergang an der Berliner Mauer. »Auch er findet hier nur begrenzten Auslauf. An der Mauer hebt er sein Bein.« Unüberhörbar der Drang, das Geschehen zu kommentieren, ein Wink, dass für Publikum produziert wurde. Ein Vater, der seine singende Tochter im Kornfeld als Schlagertalent verklärt, jedoch weder Tochter noch Kornfeld scharfgestellt bekommt. Einige Nackteure, ein Mann, der seinen Hamster über seinen unbehosten Oberschenkel laufen lässt. Die Aufnahmen meist grobkörnig, unter- oder überbelichtet, als sei ein Atomblitz erschienen oder als handele es sich um ein surreales Experiment avantgardistischer Filmemacher. Nie sah man die Deutschen im Film privater, den Betrachter mit offenem Mund oder sich fremdschämend zurücklassend.

Zu verdanken sind diese landeskundlichen Einblicke dem Super-8-Film, den Kodak 1965 vorstellte. 1966 war er in Köln neben der Spiegelreflexkamera mit Kontrastausgleichs-Belichtungsmessung von Minolta ein Anziehungspunkt der Photokina, der Leitmesse für Fotografie und Filmerei. Gegenüber seinem Vorgänger, dem Normal 8-mm-Film, strotzte Super 8 mit einem größeren Bildformat. Weitere Überlegenheit: War das Einfädeln des Films bislang eine knifflige Angelegenheit gewesen, stand nun eine handliche Kassette zum Einlegen in die Kamera bereit. Ideale Voraussetzungen für den privaten Filmfreund. Der Verkauf von Kameras und Projektoren brummte und erreichte 1979/80 seinen Gipfel mit jährlich 19 Millionen verkauften Super-8-Kassetten.

Das war die Chance für Laien-Regisseure, sich auszuleben und der eigenen Kunst und der Familie ein filmisches Denkmal zu setzen. Doch es gab auch professionelle Kurzfilme zu kaufen. Dokumentationen, die Zusammenfassung einer Fußballweltmeisterschaft, stark gekürzte Spielfilme, Bruce Lee und sehr gern »Dick & Doof«. Eine Sensation war 1978 »Krieg der Sterne« für das Heim-Kino auf Super 8. Wer einen Film im Fernsehen oder Kino verpasste, guckte nämlich in die Röhre, musste bis zur Wiederholung am Sankt Nimmerleinstag warten. Nun lag die Programmgestaltung erstmals in den eigenen Händen, wenngleich in bescheidenem Rahmen. Einen Aufschwung erlebte das Heimkino unter der Million Cineasten, die 1971 einen Heimprojektor besaßen, auch in jener Gattung, die Willy Brandt als »Schweinekram« bezeichnete. Die »Avantgarde der Frustrierten« nannte der Sexualforscher Hans Giese zu dieser Zeit die ständigen Pornokonsumenten. »Beatschuppen-Orgie«, so der Titel eines sechzig Meter langen Farbfilms, den die Firma Climax so anpries: »Zwei süße Miezen ziehen 1. mit einem Jungen auf ihre sturmfreie Bude, 2. sich splitternackt aus. Und dann geht der Sturm los! Und wie!« 5000 Kopien dieses Sturm und Drangs gingen zum Stückpreis von 135 Mark über die Ladentheke. Manchen entdeckungsfreudigen Jungs liefen die Augen über, kramten sie die Bückware ihres Vaters oder ihrer Eltern zwischen alter Wäsche oder im Kleiderschrank hinter den Pyjamas hervor und warfen in einer sturmfreien Stunde mit Kumpels den Projektor an.

In der DDR gab es, zumindest auf einem offiziellen Kanal, derartige Super-8-Filme nicht zu kaufen, dafür solche, die unter dem Titel »DEFA-Heimfilm« liefen. Gekürzte Werke der DEFA (die volkseigene Deutsche Film AG) und solche aus sozialistischen Ländern wie Ungarn, der Sowjetunion und der UdSSR.

Der West-Markt war rasch gesättigt, das Verlangen nach Super 8 ließ rapide nach. Für die meisten Gerätehersteller lohnte sich das Geschäft nicht mehr. Filmriss: Ab 1985 gab es kaum noch neue Kameras oder Projektoren. Die verbliebenen Super-8-Enthusiasten zogen sich auf spezialisierte Filmbörsen zurück.

Nur eine kurze Filmspule lang lief Super 8. Der Camcorder, eine Videokamera mit eingebautem Recorder und natürlich Video warfen die auf der Photokina 1966 gefeierte Technik aus der Spur. Fernsehsendungen aufnehmen, Filme in Originallänge kaufen oder leihen, noch mehr »Schweinekram«. Deutschland privat ging wieder von vorn los. Kleinkinder auf dem Teppich krabbelnd, bei den ersten Schritten mit dem zu erwartenden und belächelten Hinfaller, Kinder in der Badewanne, erste Worte. Minutenlange Einstellung, weil eine Videokassette mehr Platz bot als Super 8, wo sich der Filmer noch kurzzuhalten hatte. Dafür fiel das Rattern beim Abspulen weg. Was die Qual der zwangsverpflichteten Zuschauer aus Familie und Freundeskreis nicht minderte. Zunächst euphorisiert, dann aufmunternde Pflichtfloskeln einflechtend, dann nur noch stumm und resigniert auf den Bildschirm starrend und das Ende der Tristesse herbeisehnend. Diese Dokumentationen sind mittlerweile auf Smartphone-Format geschrumpft. Schnell zu versenden, sind sie vom Empfänger genauso schnell ins digitale Nirvana abgeschoben.

Kurzerhand ist ein Urteil über jene getroffen, die auf den sogenannten sozialen Medien im Internet blankziehen, mit ihren Ansichten wie unter ganzem körperlichem Einsatz. Ist es aber nicht so, dass den Menschen, den Deutschen vielleicht im Besonderen, schon immer ein Zug zur Selbstdarstellung innewohnt? Dass sie versuchen, ihr Selbstbild durch die Veröffentlichung des Privaten aufzupolieren? Gleich, ob im Partykeller, beim Gruppenbild mit Katze oder beim Slapstick, ein Surfbrett zu bändigen. Was so mancher dann als Selbstironie verkauft.

1967

KINDERLADEN

Schockwellen erschütterten die Vitrinenschränke in bürgerlichen Wohnungen. Wenigstens lag nun ein handfester Beweis auf dem Tisch, dass es sich um einen Hort der Verderbtheit handelte. Herberge der Haschbrüder mit täglichen Mega-Orgien auf dem Matratzenlager: die Kommune I, zeitweise am Stuttgarter Platz im Berliner Rotlichtviertel gelegen. In dieser »WG« entstand auch jenes Foto, das seit damals ikonisch für Kommunen, Wohngemeinschaften, ja, für die 68er an sich steht: sieben pudelnackte Bewohner, Rücken zur Kamera, erhobene Hände an die Wand gestützt, Beine gespreizt. Rechts am Rand ein kleiner, ebenfalls nackter Junge, Sohn einer Bewohnerin. Unter den Nackedeis: die Kommunarden Dieter Kunzelmann und Rainer Langhans. Der eine der Gottseibeiuns für die Konservativen (sprich die Mehrheit der deutschen Bevölkerung), der andere der It-Boy der APO (Außenparlamentarische Opposition) mit Pudelfrisur.

Die Idee, sich von spießig und kleinbürgerlich empfundenen Vorstellungen zu lösen, trieb Dieter Kunzelmann 1966 zur Gründung dieses Wohnprojekts an, das am 1. Januar 1967 startete. Ein »Leben der leidenschaftlich an sich selbst Interessierten« schwebte Kunzelmann vor. Die Theorie: Aus der Familie heraus sprieße der Faschismus, folglich müsse diese Zelle zerschlagen werden. Allerdings sprangen zwei Wortführer der Szene, Rudi Dutschke und Bernd Rabehl, rasch ab, weil sie das traute Zusammenleben mit ihren Frauen dann doch nicht aufgeben wollten.

Ihre Vorstellung davon, was in der Kommune abgehen mochte, überstrapazierte die Fantasie der Bürgerlichen, der Volkszorn brodelte. Eine Passantin entrüstete sich in einer Fernsehreportage: »Wenn ich etwas zu sagen hätte, würde ich das verbieten und ihnen erst einmal die Haare abschneiden. Und dann ab ins Arbeitslager.« Ein Mann war überzeugt: »Bei Adolf hätte es so etwas nicht gegeben.« Und für einen weiteren Passanten gehörten die Kommunarden eingeordnet in die Kategorie »Tagediebe«.

Selbst aus dem eigenen Lager blies der Mietgemeinschaft der Wind frontal ins Gesicht. Der Sozialistische Deutsche Studentenbund SDS störte sich an den provokativen Happenings und Spaß-Aktionen der Kommune I, an dem hippiesken Medienrummel, der mit dem Einzug von Langhans-Freundin Uschi Obermaier weiteren Auftrieb erfuhr. Die Kommunarden wussten um ihre Anziehungskraft auf bürgerliche Medien. Im Flur hing das Schild: »Erst blechen, dann sprechen«. Der Vorwurf des SDS: Die Kommunarden hätten kein politisches Interesse, zögen eine Ego-Show ab. Noch 1967 schlossen sie die »revolutionären Krawallmacher« aus.

In diesem Milieu, dem Biotop von Studenten, Linken und Akademikern, keimte die Idee vom Kinderladen. Die Soziologin Monika Seifert, Tochter von Alexander Mitscherlich, Mitglied des Bundesvorstandes des SDS, gründete 1967 in Frankfurt den ersten Kinderladen der Republik als Alternative zu städtischen oder kirchlichen Einrichtungen. Sie prägte den Begriff »antiautoritäre Erziehung« und wollte den »repressionsfreien« Kindergarten: Mitbestimmung für die Kinder, aber keine Selbstüberlassung im Sinne von Laissez-faire. Das Thema Erziehung trieb die Protest-Generation um. Im Nachdenken über die Gründe für den Nationalsozialismus fragte sie, welche Rolle die Erziehung dabei gespielt hatte; Theodor W. Adorno unterstrich diese Überlegungen 1966 mit seinen Rundfunkbeiträgen zur »Erziehung nach Auschwitz«. Hinführung zu Kritikfähigkeit, Selbstbestimmung, Ich-Stärke, Solidarität und Selbstregulierung waren Ziele der neuen Methode als Imprägnierung gegen faschistisches Gedankengut. Einen heftigen Ausschlag auf der nach oben offenen Skala bürgerlicher Empörung lösten 1969 das Buch und der *NDR*-Film »Erziehung zum Ungehorsam« aus. »Wer keine willenlose Puppe mehr ist, gerät mit den übermächtigen Erwachsenen in Konflikt«, urteilte die Reportage. Eine jener Frauen, die die Kinder betreuten, erklärte: »Was wir für die Kinder anstreben, kann sich in der Familie nicht entwickeln. Deshalb die Gründung des Kinderkollektivs.« Was die Kritiker erst recht auf die Palme brachte: Nackte Kinder hüpften wild durchs Bild. Antiautoritäre Erziehung, witterten CDU, Caritas und Kinderschutzbund, führe zur »systematischen Bolschewisierung« der Kinder und zur »sexuellen Libertinage«.

Ungeachtet dieser Unkerei verbreitete sich das Modell des Kinderladens schnell, zunächst in den Großstädten. Allein in Westberlin gab es 1971 einhundert solche meist privaten Initiativen. Da sie sich oftmals in kleineren Geschäften niederließen, die Supermärkten hatten weichen müssen, kam es zur Titulierung »Kinderladen«. Die Gründungen waren eng verbunden mit der Frauenbewegung und der Kritik an überlieferten Rollenmodellen.

Ähnlich wie bei der Kommune I kitzelten die Kinderläden die Fantasie der Bürger. Ein Reizthema war die überragende Rolle, die die Sexualität dort angeblich spielte. Allerdings sind keine Fälle von Missbrauch bekannt. Eher traf der Vorwurf zu, Eltern spannten die Kinder für eigenen Utopien ein. Etwa: Sollen die Kinder mit zur nächsten Vietnam-Demo? Nicht weniger umstritten: In einigen Läden sollten die Kinder ihre Eltern nicht mehr mit Mama und Papa, sondern mit den Vornamen ansprechen. Im Großen und Ganzen – es gibt keine verbindlichen Untersuchungen – sind den Kinderläden »normale«, bildungsbürgerliche Kinder entwachsen. Ein Lehrer, ehemaliges Kinderladenkind, klagte 2019 in einem Interview: »Dass wir bis heute mit an der Wand klebenden Spaghetti und permanenten Doktorspielen identifiziert werden, nervt mich.« Wellenartig indes tauchen immer wieder Kritiker auf, die die antiautoritäre Erziehung dreißig, vierzig Jahre später für alle möglichen gesellschaftlichen Missstände verantwortlich zu machen versuchen.

In der DDR hingegen fanden antiautoritäre Ideen keinen Widerhall. Zu Beginn der 1980er gab es am Prenzlauer Berg einen freien, nichtstaatlichen Kinderladen, der von der Stasi zwangsgeräumt und dessen Eingang zugemauert wurde. Mit diesem Handwerk kannte die politische Führung sich aus.

Zurück in den Westen: Auf schlimme Zustände in Kinderheimen wiesen einzelne Gruppen der APO ab 1966 hin. Die Journalistin Ulrike Meinhof thematisierte das in mehreren Artikeln und im Rundfunk und schrieb 1970 das Drehbuch für das Fernsehspiel »Bambule«, dessen Ausstrahlung die *ARD* im Mai 1970 wegen Ulrike Meinhofs Beteiligung an der Befreiung von Andreas Baader aber absetzte. Bis 1973 besaßen Erzieher, Lehrer und Heimleiter in der Bundesrepublik das Recht auf körperliche Züchtigung. Und erst 2021 kam ans Tageslicht, welche Traumata zahlreiche Kinder bei Ferien-Verschickungen erlitten hatten: Missstände, an denen Kommunarden und Kinderläden gerüttelt hatten. Unterschiedliche Konzepte für Kindergärten sind heute selbstverständlich, die Kommunen sind Zweck-WGs ohne Mao- und Che-Guevara-Plakate gewichen, Patchworkfamilien sind alltäglich, und Ur-Kommunarde Rainer Langhans probierte 2011 eine alternative, allerdings nur vorübergehende Wohngemeinschaft aus: das »Dschungel-Camp«. Jedoch war der Alt-Sponti dem Fernsehpublikum offenbar zu langweilig. Er wurde schnell wieder nach Hause in seine Rentner-WG mit ihm und drei Frauen geschickt.

1968

FLOKATI-TEPPICH

Jane Fonda fegte 1968 in deutschen Kinos als Barbarella durch die Weiten des Alls, um zahlreiche, oft erotische Abenteuer zu bestehen. Der Film hatte es in sich: Requisiten wie im LSD-Rausch zusammenfantasiert, Drogentrips und eine interstellare Friedensvision. Barbarella bescherte der Teppichindustrie einen Raketenabsatz: Denn Jane Fonda räkelte sich lasziv auf einem Flokati. Hunderttauende Deutsche sprangen auf den Hirtenteppich, weil sie es ihr gleichtun wollten. Jene, die sich als Blumenkinder verstanden, hatten die Schere bei der Hand und schnitten sich zicke-zacke eine Flokati-Jacke aus dem Bodenbelag zurecht. Der Teppich erlebt seitdem ein Auf und Ab. Er fand Verwendung als Tagesdecke, und in den 1990ern entdeckten ihn Raver als Kleidungsstück, als Besatz für Taschen, und als »Fluffy Boots« – in grellen Neonfarben.

Grell war auch der Alltag Ende der 1960er. 1967 drückte Vize-Kanzler Willy Brandt bei der Funkausstellung in Berlin auf eine Knopfattrappe, worauf Farbe ins deutsche Fernsehen schwappte. Allerdings besaßen nur rund sechstausend Haushalte ein entsprechendes Gerät, der Rest sah weiterhin schwarz-weiß.

Buntfernsehen in der DDR gab es mit dem Beginn des zweiten Programms des Deutschen Fernsehfunks und der gleichzeitigen Inbetriebnahme des Berliner Fernsehturms kurz vor dem 20. Jahrestag der Staatsgründung der DDR am 3. Oktober 1969.

Euphorisch farbig war auch ein Einrichtungsgegenstand des Westens: Die raketenförmige Lavalampe. »Wer unsere Lampe kauft, braucht keine Drogen«, prahlte der Erfinder, der Brite Edward Walker. Bizarr blubberte die Lavalampe in immer wieder neuen Formen, auf und ab, hin und weg.

Flokati und Lavalampe standen für den neuen Trend der Wohnungseinrichtung. Funktional, schlichte Eleganz, skandinavisch. Poppige Farben, Möbel aus Kunststoff, Schaumlandschaften, Sitzsäcke. Einer, der das Gehirn im Alltagsgebrauch überforderte, war der dänische Architekt und Designer Verner Panton. Für die Gebrüder Thonet hatte er den Stuhl »Freischwinger S« entworfen und schwang sich ab 1968 auf zur Gestaltung des »Visiona« – die Verschmelzung von Funktion und Raumeinheit auf einem Schiff. *Der Spiegel* zitierte einen Mitarbeiter von Hoechst, der weissagte, bereits 1972 würden 95 Prozent aller Möbel komplett aus Kunststoff bestehen. Eine weitere kühne Prognose wagte das *Hamburger Abendblatt:* »Wer 1980 einen Schrank oder Tisch aus Holz kaufen will, wird als Snob gelten und so viel Geld auf den Tisch legen müssen wie heute für manches kostbare antike Stück.«

Die neuen Wohnzimmer ließen vor Farbe taumeln, Sinalco-Cola kam in der Werbung blumig herüber und verkündete: »So jung war noch keine Jugend wie diese«. Zu psychedelischer Musik bewegten sich junge Menschen wie zugedröhnt und aufreizend hinter einer Glasscheibe, um für Afri-Cola zu werben (»sexy-mini-super-flower-pop-op-cola«).

Designer Panton fand die Vorstellung lähmend, in einem Wohnzimmer zu wissen, wo und in welcher Position er dort den Abend verbringen werde. Eben das wollte aber immer noch die Mehrheit der Deutschen, besonders jene, die sich kommod fühlten vor edelholzfurnierten, ornamentverzierten Schrankwänden – dem Gelsenkirchener Barock. Eine ironische Titulierung für altmodisches, spießiges Mobiliar, das, wenn schon nicht von Flokati und Lavalampe, abgelöst wurde von kantigeren, sachlicheren Schleiflack-Schrankwänden oder solchen aus Palisander mit Einbuchtungen für Fernseher und beleuchtetem Phonofach.

Wer von so viel Neuem überfordert war, hielt sich an dem 13-jährigen Knaben Heintje fest, der sich mit »Mama« 1968 in die Herzen von Millionen und an die Spitze der Hitparade schmachtete. Noch schien nicht alles verloren.

1969

MÄDCHEN-BERUFE-QUARTETT

Westdeutsche Jungs traten im Schulhof zum Vergleich an: Es ging um das Längste, Größte, Schnellste. Sie favorisierten nämlich bei Quartett-Karten Autos, Schiffe, Flugzeuge. Die DDR versuchte dem einen pädagogischen Sinn abzugewinnen. So gab es »Lehrquartette« zu Themen wie Pferde, Märchen, fremde Völker. Und die »Kreml-Turmspitze« mit Karten zur Oktoberrevolution und deren Folgen. Westdeutsche Mädchen tummelten sich gern in Flora und Fauna.

Und sie griffen zum Alexandra-Mädchen-Berufe-Quartett, das die Vorzüge und Ansprüche verschiedener Tätigkeiten in holpriger Reimform hervorhob. »Spieglein, Spieglein an der Wand, wer ist die Schönste im ganzen Land? Der Rat der Kosmetikerin bedeutet viel, wenn man hübscher aussehen will.« Als Püppchen dargestellt, beschäftigt sich »Alexandra«

beispielsweise mit der Plattenverkäuferin (»Die Kunden kommen gern gelaufen, wenn Verkäuferinnen mit Charme verkaufen«), der Sekretärin (»Umsichtig, fleißig und gewandt, geht die Sekretärin dem Chef zur Hand«), dem Fotomodell (»Das Fotomodell muss pünktlich sein, sonst stellt sich der Erfolg nicht ein«), der Reporterin (»Die Reporterin saust geschwind von Ort zu Ort wie der Wind«), der Stewardess (»Die Stewardess muss auf Reisen Geschick und Höflichkeit beweisen«) und der Lehrerin (»Die Lehrerin weiß gewiss, wer faul und wer stets fleißig ist«).

Dieses Spiel atmete den Geist von Rosemarie Schittenhelms gern zu Geburtstagen verschenkten Buches »Man wird dich lieber haben« – ein Ratgeber für heranwachsende junge Damen. Wie in dem Kapitel »Bitte zu Tisch« ausgeführt wird: »Wo sich Menschen zu einer Mahlzeit zusammenfinden, sollte der Esstisch eine Insel des Friedens sein. Wie selten ist das Festmahl, und wie bereitwillig holt dann jeder seine besten Manieren hervor. Also trage als Tochter des Hauses deinen Teil zur fröhlichen Mahlzeit bei. Es steht dir gut, für einen hübsch gedeckten Tisch zu sorgen.« Eine klare Rollenzuteilung ist auch beim »Umgang mit jungen Männern« vorgesehen: »Sie sind deine Kameraden – also seid gute Freunde. Wo mehr als Freundschaft ist, sollte man es der Öffentlichkeit nicht durch Händchenhalten beweisen. Den Umgangston wird immer das Mädchen bestimmen. Also sei dir im Klaren, was du dir schuldig bist.«

Die *Bravo,* viel eher als Frau Schittenhelm das Organ der Jugendlichen in Fragen der Geschlechterbeziehung, sah die Gemengelage aus der Sicht des Jungen: »Wenn ihr die Tränen kommen, tröste sie liebevoll und versuche sie aufzuheitern. Du musst wissen: Mädchen weinen gut und schnell.« 1969 dozierten neue Rubriken des Heftes wie »ABC der Liebe« und das »1×1 der Zärtlichkeit« Grundlegendes: »Man spricht im Zusammenhang mit dem Geschlechtsakt auch davon, dass sich die Frau ›hingibt‹. Die Bezeichnung ist durchaus zutreffend, denn beim Akt liegt die Frau meistens auf dem Rücken und der Mann auf ihr.«

In der DDR übernahm die ab 1952 täglich erscheinende *Junge Welt* neben Informationen zu Literatur und Popmusik die Aufklärung der jungen Pioniere. Von 1971 bis 1992 verfasste Jutta Resch-Treuwerth die viel beachtete Rubrik »Unter vier Augen«.

Gab es etwa zwei unterschiedliche Deutschlands mit unterschiedlichen Frauenbildern? Zählte man 1969 im Westen nicht so viele Studentinnen wie nie zuvor, mit einem Anteil von 30,6 Prozent? Und versuchte nicht die DDR bereits Mitte der 1960er, mehr Frauen von der Werkbank in den Hörsaal zu locken, was ab 1973 zu einem Frauen-Anteil von nahezu fünfzig Prozent führte? Angelica Domröse, die die Hauptrolle im DDR-Kultfilm »Die Legende von Paul und Paula« spielte, sagte später zu ihrer Rolle: »Eine Frau, die nicht studieren wollte – das war eben nicht das Bild der sozialistischen Frau.«

Noch bis 1958 hatte der westdeutsche Ehemann das alleinige Bestimmungsrecht über Frau und Kinder und konnte den Arbeitsvertrag der Frau ohne Begründung kündigen. Wenn er ihr gestattete zu arbeiten, dann verfügte er auch über ihren Lohn. Ab 1958 erst durfte eine Frau ohne Zustimmung ihres Mannes überhaupt ein eigenes Konto eröffnen, ab 1977 ohne seine Erlaubnis einen Arbeitsvertrag unterschreiben. In einer Umfrage unter West-Bürgern vertraten 1964 75 Prozent der Männer die Meinung, Frauen gehörten an den Herd, elf Jahre später waren es noch 42 Prozent (und 35 Prozent Frauen).

Dabei hatte es schon 1952 einen wenngleich trivialen Ansatz gegeben, die Frau selbstbewusst und schlagfertig darzustellen, gleichwohl mit attraktiven äußerlichen Attributen wie schlanker Figur, blonden Haaren und Schmollmund. Ab der ersten Ausgabe der *Bild*-Zeitung sprudelten für achteinhalb Jahre täglich kesse Sprüche aus der Cartoon-Figur Lilli. 1954 trat sie in einem Werbefilm an und diente als Pappmaché-Werbefigur für die *Bild* auf Kioskdächern. 1958 übernahm die dänische Schauspielerin Ann Smyner ihre Rolle in dem Kinofilm »Lilli – ein Mädchen aus der Großstadt«. Zwei Jahre davor hatte eine Spielzeugfabrik begonnen, nach Lillis Vorbild eine Puppe zu produzieren, und verkaufte davon bis 1964 130 000 Exemplare. Diese Puppe sah die amerikanische Unternehmerin Ruth Handler bei einer Europareise und präsentierte 1959 in New York Barbie – die Lilli verblüffend glich. 1964 erwarben die Amerikaner die Rechte an Lilli.

Was im Trivialen ging, zog sich im wirklichen Leben hin. 1961 legte Elisabeth Schwarzhaupt ihren Eid als erste Ministerin des neu geschaffenen Bundesministeriums für Gesundheit ab, 1959 hatte *Der Spiegel* die Bundestagsabgeordnete Annemarie Renger als »Miss Bundestag« bezeichnet, ein Titel, der auf die Illustrierte *Kristall* zurückgeht: »Sie ist der seltsame Typ einer intelligenten Frau, die in der Politik eine interessante Beschäftigung für ihren flotten Verstand gefunden hat, ohne ihre femininen Bedürfnisse als Frau und Mutter zu unterdrücken.«

Es ging voran. Selbst unter linksorientierten Frauen, die sich von den männlichen Genossen als nicht ernst genommen fühlten. Ruth Westerwelle, damals als Fotografin in der Szene unterwegs, klagte: »Wenn eine Frau geredet hat, haben die Männer gelacht.« Es brodelte. Studentinnen des Sozialistischen Deutschen Studentenbunds SDS gründeten 1968 in Frankfurt den ersten »Weiberrat«. Slogan: »Befreit die sozialistischen Eminenzen von ihren bürgerlichen Schwänzen.« Im April 1969 protestierten drei Studentinnen vor Theodor W. Adorno im Hörsaal oben ohne gegen den Patriarchen, was als »Busen-Attentat« in die Geschichte einging.

Doch trotz Frauenbewegung hielt sich immer noch das Mädchen-Berufe-Quartett-Denken. Noch 1977 antwortete Dr. Sommer in der *Bravo* einer 14- und 15-Jährigen, die berichtet hatten, dass ihnen ältere Jungs auf der Kirmes an den Busen und unter den Rock gegriffen hätten. Das sei nicht in Ordnung, stellte der Teenie-Pädagoge klar. »Anderseits: Wart ihr nicht herausfordernd und sommerlich angezogen? Und nicht ein bisschen stolz, dass sich Jungen für euch interessierten?« Es war das Jahr, in dem Alice Schwarzer mit ihren Mitstreiterinnen die feministische *Emma* gründete.

1970

TRIMMY

»Dieser Wagen läuft und läuft und läuft …«, bekräftigte 1968 in Endlosschleife der Sprecher im Werbefilm für den VW-Käfer, dem deutschen Exportschlager schlechthin. Der Buckel-Porsche fuhr in dem Schwarz-Weiß-Filmchen los und verschwand hinter dem Horizont. Wer nicht mehr lief, zumindest nicht genug: die Bundesbürger. Ärzte warnten vor drastisch gestiegenen Fett- und Cholesterinwerten – Folgen der Fresswelle. Jährlich 250 000 Herzinfarkte, eine steigende Zahl von Kreislauf- und Diabeteserkrankungen und Dickleibigkeit. Der bewegungsarme Deutsche als Bremser der Wirtschaft. Unübersehbar.

Bis ein freundliches Männchen die Deutschen in allen nur denkbaren Medien anstrahlte. Ständig, und nicht zu übersehen. Quadratischer Schädel, kurzgeschnittene schwarze Haare, weißes Shirt, farbige Sporthose. Der in die Höhe gestreckte

Daumen kam der Aufmunterung gleich, jeder sei in der Lage zu hüpfen, springen, hangeln, laufen und sich zu biegen: Trimmy, der schnell einen Bekanntheitsgrad von 90 Prozent erreichte. Kein Held, kein Muskelhuber, stattdessen ein unscheinbares, schmächtiges Maskottchen.

Trimmy war die Galionsfigur der Trimmbewegung, die die Wohlstandsgesellschaft ab 1970 aus ihren Fernsehsesseln und Komfortzonen scheuchen wollte. Mit grandiosem Erfolg, hinübergesprintet auch in die Populärkultur. »Wir stehen mit leicht gegrätschten Beinen, heben die Arme waagrecht hoch und drehen sie von den Händen bis zu den Schultergelenken im Schwung der Musik. So, jetzt geht's los, eins zwei eins zwei …«, gab der Big-Band-Leader Max Greger 1973 auf seiner Langspielplatte »Trimm und tanz dich fit« (»Die gesündeste Platte des Jahres!«) den Takt vor, gefolgt vom Happy Sound im Stil seines Kollegen James Last.

Die Bekämpfung der Wohlstandserkrankungen hatte der Deutsche Sportbund (DSB) 1970 im Auge, als er mit tatkräftiger Unterstützung von Politik, Wirtschaft und Krankenkassen die Kampagne »Trimm Dich durch Sport« ins Leben rief. Zwar lief in der »Kinderstunde« der ARD seit 1956 die Serie »10 Minuten mit Adalbert Dickhut«, in der der ehemalige Nationalmannschaftsturner die »lieben Jungen und Mädels« im Studio Purzelbäume schlagen und über ein Seil springen ließ, zwar hatte der deutsche Arzt Ernst van Aaken bereits in den 1950ern die erste Dauerlaufgruppe auf den Weg geschickt, jedoch galt in Deutschland immer noch: Für sportliche Betätigung trat man einem Verein bei. Sport war gleichbedeutend mit Wettkampf, Leistung und Jugend. Lief einer im eng anliegenden Trainingsanzug und in Turnschuhen durch den Wald oder die Siedlung, standen Zweifel im Raum: Ist der auf der Flucht wie der bemitleidenswerte TV-Held Richard Kimble, oder trainiert da einer für olympisches Gold? Frauen in der Öffentlichkeit in Sportkleidung? Das kam einem Affront gleich.

Nun aber, am 16. März 1970, erklärte Jürgen Palm vom DSB: »Sport kann jedermann betreiben, auch Behinderte, Ältere, Übergewichtige oder Ängstliche.« Damit setzte der Verband eine Bewegung in Gang, die durch die Jahrzehnte trabte bis hin zu Menschen jenseits der siebzig, die in der Körperwerkstatt ihr Hantelpensum erfüllen, um rüstig zu bleiben. Ein unvorstellbares Gebaren, bevor Trimmy den Daumen nach oben reckte. Spaziergänge am Wochenende und Kegelabende, das schon; Ereignisse, deren eigentliche Erfüllung jedoch im Genuss von Kaffee und Kuchen bzw. von Bier und Doornkaat lagen.

Was neben dem schlechten Gewissen und dem kritischen Blick in den Spiegel die Trimmbewegung beflügelte: der Rummel um die Olympischen Spiele in München 1972 und die damit verbundenen sportlichen Erwartungen. Außerdem hatten die Westdeutschen zunehmend mehr Freizeit. Arbeiteten sie 1955 wöchentlich im Schnitt 49 Stunden, so schmolz diese Zahl bis 1965 auf 40 Wochenstunden.

»Trimm Dich durch Sport«: Als ein Bestandteil des Feldzuges gegen das Phlegma gab der DSB massenhaft blaue Kartons aus. Darauf als Spirale angeordnet 100 Felder. Unter 35 Übungen (Gartenarbeit war gestattet, nicht aber das Hantieren an Herd und Spüle) konnten die Trimmer wählen und sich jeweils mit einem Kreuzchen in der Spirale belohnen. Eingängige Fernsehspots hielten die Motivation hoch. Sie zeigten Menschen, die im Familienverbund inklusive Hund durch den Regen liefen (nicht, weil sie keinen Regenschirm bei sich führten, sondern weil sie offenbar Freude an diesem Treiben hatten), Menschen beim Skiwandern in verschneiten Wäldern, Familien, die radelten oder Ball spielten, anstatt vor der Glotze zu hocken, aufgemuntert durch Aufforderungen wie »Lauf mal wieder« und »Schwimm mal wieder«. Musikalisch getragen wurden die Spots von hektischer Synthesizer-Musik, die aus dem Sessel aufscheuchte, als sei ein elektrischer Schlag in ihn gefahren.

Bis 1986 setzte der DSB seine Kampagne mit wechselnden Slogans fort, etwa »Ein Schlauer trimmt die Ausdauer – heißt übrigens Trimm-Trab« und »Spiel mit – da spielt sich was ab«. Trimmy steht bei der Nachfolgeorganisation, dem DOSB, immer noch in Diensten, ungealtert, mittlerweile auch mit queerer Regenbogenfahne in den Händen, der lebende Beweis für die Trimm-Parole »Sport tut mir gut!«

Zeitgleich mit der Bewegungsbewegung schlängelten sich Trimm-Pfade durch die Wälder, nachempfunden dem 1968 in der Schweiz aufgekommenen Vita-Parcours. Ungezählt sind jene Eifrigen, aber Ungeübten, die sich an den keineswegs nach wissenschaftlichen Erkenntnissen errichteten Geräten Verletzungen zuzogen und sich danach mit dem nur in Deutschland bekannten Churchill-Zitat »No sports« wieder auf ihre Couch zurückzogen. Heute haben viele Kommunen die Trimmpfade durch Calisthenics-Anlagen ersetzt. Die laden zu Übungen ein, bei denen das Eigengewicht die entscheidende Rolle spielt.

In der DDR galt Sport als schärfstes Schwert, mit dem man es dem Westen zeigen konnte, penibel dokumentiert im olympischen Medaillenspiegel. Vier Jahre nach dem Start der Trimm-Dich-Bewegung, rechtzeitig zum 25. Gründungstag des Staates, kurbelte die »Kommission Freizeit- und Erholungssport« unter der Devise »Eile mit Meile« den Breitensport an. Allerdings mussten hier die Vorstände der Sportgemeinschaften die Erfolge der Genossinnen und Genossen zu Land, zu Wasser und in der Luft für den »Leistungs-Pass« beglaubigen (angeblich soll ja schon Lenin gesagt haben: Vertrauen ist gut, Kontrolle ist besser). Das Planerfüllungssoll lag bei 25 »Meilenweiten«.

Heute ist häufig vom BMI die Rede, von Adipositas, von Rückenbeschwerden und von Kindern, die nicht mal mehr eine Kniebeuge (neudeutsch: *squat*) hinbekommen – sehr viel gesünder scheint die Gesellschaft in den letzten Jahrzehnten wohl nicht geworden zu sein. Trotz kaum noch zu überblickender Angebote vom Trailrunning über *Aerial Yoga* bis hin zum Schwanken auf dem *Slackline* und der Aufforderung, täglich 10 000 Schritte zu gehen. Unübersehbar sind die Apparate und Geräte, die sich die Bewegungswilligen in ihre vier Wände stellen, um sie nach drei Monaten als Wäscheständer zweckzuentfremden oder gleich in den Keller abzuschieben. Kaum zu zählen sind die Abos für Fitness-Studios, die sich, zu Weihnachten verschenkt, ab Februar in den Schubladen verstecken.

Denn am körperlichen Wohlbefinden der Menschen wollen heute viele mitverdienen.

1971

MAINZELMÄNNCHEN

Bildete sich ein Bürger der DDR ein wirklichkeitsfernes Anliegen ein, war es gut möglich, dass sein Gegenüber konterte: »Du bist hier nicht bei ›Wünsch dir was‹« oder »Du bist hier nicht bei Irmgard Düren«. Die Schauspielerin moderierte von 1960 bis 1975 sonntags aus unterschiedlichen Orten die Unterhaltungssendung »Wünsch dir was«, ab und an auch direkt übertragen. Die Zuschauer wünschten sich Musiktitel aus Sendungen des DDR-Fernsehens, wofür sich gelegentlich nationale und auch internationale Künstler ein Stelldichein gaben. Außerdem verlas die Gastgeberin Grüße von Zuschauern an Verwandte und Freunde. Aus unbekannten Gründen wurde die beliebte Sendung 1975 eingestellt. Irmgard Düren erfuhr von der Absetzung erst bei der letzten Sendung, als ihr der Regisseur einen Zettel mit dem Satz in die Hand drückte:

»Meine lieben Zuschauer, dies war meine letzte Sendung. Ich verabschiede mich nun von ihnen.«

»Wünsch dir was« hieß es auch im Westen, im *ZDF*. Allerdings erst ab 1969 und nur für 24 Folgen bis 1972. Eine bahnbrechende Samstagabendshow. Erstmals moderierte ein Ehepaar eine Sendung von derartiger Strahlkraft: Dietmar Schönherr und seine Frau Vivi Bach. Bis dahin lächelten Frauen lediglich als Assistentinnen an der Seite von Show-Dinos wie Hans-Joachim Kulenkampff, Peter Frankenfeld und Lou van Burg. Bei der neuen Show sollten drei Familien aus der Bundesrepublik, Österreich und der Schweiz in Ratespielen und Geschicklichkeitsaufgaben Zusammenhalt und Einklang beweisen. Fernsehzuschauer einer vorher benannten Stadt wählten die Gewinner, in dem sie zu einem bestimmten Zeitpunkt für ihren Favoriten denkbar viele elektrische Geräte einschalteten oder im Stakkato die Toilettenspülung drückten. Ein Leistungszähler registrierte den Mehrverbrauch. An Ressourcen schien noch kein Mangel zu bestehen.

Gelegentlich war Selbstüberwindung gefragt, wenn die Kandidaten etwa über dünnes Eis robben oder mit Riesenschlangen anbändeln mussten. Einen Eklat gab es, als 1970 eine 17-jährige Kandidatin mit durchsichtiger Bluse ohne BH den Laufsteg betrat. Das war aber nichts gegen den 27. März 1971. Eine Familie wurde im Auto sitzend in einen drei Meter tiefen Swimmingpool versenkt und sollte sich unter Wasser selbst befreien. Bei der Mutter ging das schief, Froschmänner eilten zur Rettung. »Das war grausam, Herr Schönherr«, titelte die *Bild*-Zeitung. »Beinahe wäre die Sendung zum Todesspiel geworden.«

Lange Zeit galt das *ZDF*, das »Zweite«, nicht nur wegen »Wünsch dir was« als progressiver als die *ARD*, die offiziell 1954 mit 11700 Empfangsgeräten auf Sendung gegangen war. Bundespostminister Siegfried Balke hatte die Hoffnung geäußert, das neue Medium möge zur »Genesung der deutschen Seele beitragen«. Wenige Jahre später versuchte Bundeskanzler Konrad Adenauer, ein zweites Programm zu installieren, das nicht den Ländern, sondern dem Bund unterstehen sollte. Das Bundesverfassungsgericht machte ihm einen Strich durch die Rechnung. Stattdessen trat mit dem *ZDF* im April 1963 eine zentrale, gemeinnützige Fernsehanstalt an. Bei der Planung spielte, wie schon in der *ARD,* ein optimaler Empfang in möglichst vielen Teilen der DDR eine wichtige Rolle.

Von Beginn an dabei: Die Mainzelmännchen, die Trickfiguren Anton, Berti, Conni, Det, Edi und Fritzchen. Angelehnt an Gartenzwerge mit phrygischer Mütze, vom Namen her verbandelt mit dem Sitz des Senders. Die sechs dienten nicht nur als Maskottchen, sondern vor allem als Trenner zwischen den Spots im abendlichen Werbeblock. Meist nur für drei Sekunden: die Begrüßung »Gudn Aamd«, ein Gag, Grummeltöne. Die Mainzelmännchen sprangen aus der Flimmerkiste und kamen an in Hörspielen, Kinderbüchern, Kinderliedern, sie wurden als Fan-Artikel verwertet und sind bis heute die Verkörperung des *ZDF.*

Auch das DDR-Fernsehen hatte eine unverwechselbare Erkennungsfigur: das Sandmännchen (»Sandmann, lieber Sandmann«), Zipfelmütze, langer, weißer Spitzbart. Es hatte 1959 seinen ersten Auftritt für den Abendgruß. Neun Tage nach seinem Erstauftritt schwebte beim *SFB (Sender Freies Berlin)* das West-Sandmännchen in einem Fluggerät aus den Wolken. Im Gegensatz zu vielen anderen Objekten erreichte das Märchen-Männchen aus dem Westen in der DDR nie die gleiche Beliebtheit wie das Original.

Das Fernsehen der DDR – zunächst *Deutscher Fernsehfunk,*

DFF – begann 1952 in Ostberlin mit seinem »öffentlichen Versuchsprogramm« – schon damals mit der »Aktuellen Kamera«, die lange die älteste deutsche Nachrichtensendung war. Anfangs für sechzig empfangsbereite Geräte. Der im Sachsenwerk Radeberg hergestellte Apparat Leningrad kostete anfangs 3500 Mark (bei einem durchschnittlichen Monatseinkommen von 300 Mark).

»Tal der Ahnungslosen« hießen jene Regionen der DDR, in die die westlichen »Hetzsender« nicht hineinstrahlen konnten. Politische Sendungen, attraktive Spielfilme, Musiksendungen und nicht zuletzt das Schaufenster des Werbefernsehens waren Gründe genug, *ARD* oder *ZDF* dem eigenen Programm vorzuziehen.

Gerade das *ZDF* erfreute sich im Vergleich zum Ersten in Ost und West immer größerer Beliebtheit. Die Western-Serie »Bonanza« lief ursprünglich 1962 in der *ARD,* wurde aber wegen »zu großer Brutalität« nach nur 13 Folgen eingestellt – bis 1967 das *ZDF* zugriff. Zudem die Verbrecherjagd mit Eduard Zimmermann (»Aktenzeichen XY … ungelöst«), »Daktari«, »Raumschiff Enterprise«, »Disco«, ein Musik-Format mit Ilja Richter, frühes Reality-TV mit »Ehen vor Gericht« und neue Perspektiven im »Aktuellen Sportstudio« sowie Tabuthemen wie die Serie »Unser Walter«, ein Junge, der am Downsyndrom litt.

Im Wettstreit gegen die westlichen »Hetzsender« gab das DDR-Fernsehen alles. »Ein Kessel Buntes«, international angehaucht, gegen die »Peter Alexander Show« im Zweiten. »Willi Schwabes Rumpelkammer« mit Ausschnitten aus Filmen zwischen 1929 und 1956, auf der anderen Seite Elmar Gunschs »Wiedersehen macht Freude« mit jüngeren Filmsequenzen.

Und natürlich die beiden politischen Schlachtrösser an

vorderster Front: »Der schwarze Kanal« von und mit dem endlos monologisierenden Karl-Eduard von Schnitzler und Gerhard Löwenthal, ebenso endlos monologisierend, mit seinem »*ZDF*-Magazin«, eingeleitet von einer dramatischen, alarmistischen Titelmelodie. »Mauergeschichten und Stacheldrahtmärchen« höhnte der eine, »... haben sich die linksradikalen Studentenvertreter nicht daran gehalten, dann müssen da eben andere Mittel her«, schnauzte der andere. Extreme hier, Extreme dort. Welches dieser beiden Zitate von Schnitzler und welches Löwenthal zuzurechnen ist, kann auch ohne Joker leicht beantwortet werden.

1972

PRILBLUME

Wer würde sich nicht an die Flüche erinnern, die er ausstieß, und den Schweiß, den er vergoss, beim stundenlangen Rubbeln, um mit Spachtel und abgebrochenen Fingernägeln die Sticker wieder von den Kacheln zu kratzen, weil sie nach einigen Jahren nicht mehr zeitgemäß waren: die bunten Prilblumen, die der Henkel-Konzern 1972 dem Geschirrspülmittel Pril beifügte, drei auf jeder Flasche. Entworfen hatte die drei Zentimeter großen Aufkleber der Grafiker Friedrich Probst: halbkreisförmige, bunte, stilisierte Blütenblätter – Flower Power über der Nirosta-Spüle.

Die Aufkleber hafteten auf den Fliesen, als seien sie für die Ewigkeit geschaffen. Was sich in die Ohren fraß, ist die Endlosschleife der Fernsehwerbung: »Hol' dir die fröhlichen Blumen, hol' dir das fröhliche Pril.« Produziert wurde der

Jingle von dem Jazzmusiker Klaus Doldinger. Der Werbespot entwickelte sich schnell zu einem der populärsten seiner Zeit, auf Augenhöhe mit dem Konkurrenten Palmolive (eine Kosmetikerin namens Tilly tunkte dabei die geschundenen Hände ihrer Kundin listig in eine grüne Seifenlauge) und dem Waschmittel Ariel (mit dem Schlachtruf von Mamsell Klementine: »Macht Wäsche nicht nur sauber, sondern rein«). Nicht zu vergessen die Kaffee-Marke Jacobs (der mit dem »Verwöhnaroma«).

Die Prilblumen trafen den Nerv der Zeit und sollten mit ihrer einfachen Grundform an das Symbol der Friedensbewegung erinnern. Jene Jugendbewegung, die Konsum überlegen belächelte und mit gängigen Lebens- und Moralvorstellungen brach.

Kam der Werbespot für Pril 1951 noch in Form eines zweiminütigen Lehrfilms daher und verhieß in den 1960ern »besonders zarte Hände«, stand die neue Kampagne für die Aufwertung des hausfraulichen Arbeitsplatzes. Bislang ein Ort in hygienischem Picobellorundumweiß, die Wände zusätzlich versiegelt mit Elefantenhaut, wurden nun Prilblumen gegen die Eintönigkeit geklebt.

Frischer Wind wehte aber nicht nur durch die Küchen, sondern auch durch die bundesdeutsche Politik. Willy Brandt, der erste sozialdemokratische Bundeskanzler, hatte 1969 versprochen, »mehr Demokratie« wagen zu wollen, und erzielte in dem Jahr, in dem die ersten Prilblumen blühten, mit 45,8 Prozent der Zweitstimmen das beste Wahlergebnis der SPD nach dem Krieg bei einer Wahlbeteiligung von 91,2 Prozent.

Mit dem Einzug der Prilblume in die Küchen wich auch das Nussbraun im Wohnzimmer einer kreischenden Buntheit, vornehmlich Orange. Tapeten mit floral-hypnotischen Spiralen und Kreisen, die kaleidoskopartig in Orange, Gelb, Hellbraun und Moosgrün ineinander übergingen, schmückten die Wände.

Ja, die kleine Schwester der Blumenwiese machte sich auch daran, aufzupeppen, was bislang in weiß-uniformem Feinripp eher für verschämte Lustverschmähung stand: Jungs- und Herrenunterwäsche der Marke Schiesser. Was die Prilblume angestoßen hatte, schien nun außer Kontrolle zu geraten, prilblumenartige Gewächse, wohin das Auge blickte: Kissen, Töpfe, Tassen, Personenwaagen, Kühltaschen und, und, und … Als habe das fröhliche Spülmittel Jahrzehnte des Miefs und Muffs endlich aus den Wohnungen verbannt, brachte die blumige Zeit farbenfrohe Modetrends hervor. Der Hippie-Look fand sich fortan in Form von Schlaghosen, Ponchos, Blusen mit möglichst weiten Ärmeln und Batik-Shirts, die mittels Wickeltechnik in der Badewanne einfach hergestellt werden konnten.

Ganz im Trend der Zeit – Beate Uhse. Für ihren Katalog des Jahres 1973 warb eine Dame mit dem Slogan: »Moderne Frauen sind glücklicher«. In einem Kleid, das komplett mit Prilblumen übersät schien, hielt sie ein riesiges Exemplar des fröhlichen Symbols in ihren Händen.

Bis 1984 wurden die Prilflaschen mit den lustigen Blumen bestückt, länger als die Erfinder gedacht hatten. Die Prilblumen hatten sich offenbar derart ins kollektive Gedächtnis des Landes eingeprägt, dass es immer mal wieder ein Wiederaufleben der Aktion gab. Das waren allerdings eher Scheinblüten. Zuletzt 2015.

1973

BROKATHAUBE

Eine Zierde für Diele oder Wohnbereich waren sie wirklich nicht, die Fernsprechtischapparate FeTAp 611 und 791, die grauen Wahlscheibentelefone. Ausgestattet nur mit dem Notwendigsten. Eine Scheibe, um durch Drehen derselben Nummer für Nummer zu wählen, wobei das Gerät ein Klicken von sich gab. Eine geringelte Schnur, die den Hörer mit dem Gerät verband und sich bei nachlässigem Gebrauch verwickeln und an Spannkraft verlieren konnte. Die Länge der Leitung, die den Telefonapparat mit der Telefonbuchse in der Wand verband, beschränkte den Radius des Telefonierenden. Besonders für Teenager ein Dilemma, da sie sich nicht in ihr Zimmer zurückziehen konnten, um, abseits von Elternohren, Liebesglück und Liebesleid zu verhandeln. Die Eltern wiederum versahen die Wählscheibe mit einem Schloss, um Vielquatscherei und Telefonscherze einzuschränken. Der Tarif berechnete sich aus der Länge des Telefonats und der Entfernung desjenigen, der angewählt wurde. So kostete 1973 ein zehnminütiges Gespräch mit einem dreihundert Kilometer entfernten Teilnehmer 14,70 D-Mark.

Am Boden des Apparats diente ein Drehpfeil dazu, die Lautstärke des Klingeltons (es gab nur einen) einzustellen. Das war es auch schon an Komfort, schließlich diente das Gerät einzig und allein zum Sprechen und Zuhören. Gut, einige Geräte verfügten über einen kleinen Knopf, der dem Besitzer eine gewisse Bedeutung verlieh, denn offenbar besaß dieser Haushalt ein Zweitgerät, das mit dem Erstgerät verbunden werden konnte. Neben dem Apparat lag in der Regel ein alphabetisches Telefonregister für oft gewählte Rufnummern, gern aus Metall mit Holzmaserung und einem Vergrößerungsschieber für die einzelnen Buchstaben, unter denen Verwandte, Freunde und Firmen notiert waren.

Dieses kieselgraue Ding war wirklich nicht schön anzuschauen, besonders in einer Zeit, in der allerorten die Farben nur so sprossen – siehe Prilblume. Aber machte es die Brokathaube, die das Grau von Apparat und Hörer verbarg, wirklich besser? Florale Muster verliehen dem Objekt etwas Tantenhaftes, Trutschiges. Dazu die gedeckten Farben – als kämen über dieses Gerät nur schlechte Nachrichten ans Ohr. Die Bundespost stand dieser Dekoration skeptisch gegenüber. »Über Geschmack lässt sich streiten. Über postalisch unzulässigen Telefonzierat nicht. Erlaubt ist, was eine postalische FTZ-Prüfnummer trägt. […] Denn sollten Sie wegen Verwendung unzulässigen Zubehörs oder eines verbotenen Antik-Telefons den Entstörungsdienst rufen müssen, werden Sie zur Kasse gebeten. Die Post ist sogar berechtigt, Ihren Anschluss stillzulegen«, drohte eine »Verbraucheraufklärung« der Post in den 1960ern. Gerüchteweise konnte das Brokat eine Überhitzung des Apparates und damit einen Brand verursachen. Was Nicht-Techniker so alles glaubten … schließlich gingen sie 1974 in der *ZDF*-Sendung »Dreimal Neun« auch Uri Geller auf den Leim, der angeblich Löffel verbog und defekte Uhren instand setzte.

Ab 1976 zog ein wenig Farbe ein; die Bundespost bot erste Modelle in Farngrün, Hellrotorange, Beige und Weinrot an. Wer ein solches Telefon besaß, war sich der Anerkennung seiner Besucher sicher.

Es gibt Objekte der deutschen Trivialgeschichte, die für Spießigkeit stehen. Man blicke nur in das liebste Kind der Deutschen, das Auto, und erschrickt noch im Nachhinein über den gehäkelten, mit Mäusezähnchen umrandeten Klopapierhut, der auf der Hutablage wie auf dem Präsentierteller stand. In den 1960ern, vielleicht auch noch in den 1970ern, mochte er der nicht ausgebauten sanitären Infrastruktur entlang der Fernstraßen geschuldet sein (wobei der Fahrer die Rolle durchaus an einem diskreteren Ort hätte unterbringen können). In der DDR wiederum waren Gaststätten ohne Toilettenpapier noch lange eher die Regel als die Ausnahme, weshalb der gehäkelte Hut auch hier das Toilettenpapier anständig bedeckte.

Die Hutablage im Fond verlor ihre Bedeutung, da immer weniger Männer ihr Haupt bedeckten, weshalb neben dem Klopapierhut ab 1965 der Wackeldackel aus Duroplast, Holz oder Blech, der stoisch vor sich hin nickte, diesen Platz beanspruchen konnte. Das Original mit Echtheitszertifikat war 29 Zentimeter hoch! Auch in der DDR, wenngleich hier etwas blasser im Teint. Weitere Favoriten für die Ablage waren Kissen als Pendant zum biedermeierlich-kitschigen Sofakissen, bestickt etwa mit dem Kennzeichen des Autos oder als Hülle für den Verbandskasten. Immerhin ein Zeichen dafür, dass Mütter und Töchter noch stickten und häkelten.

Blick nach vorn. Die Fahrer wollten es gemütlich haben. Ein kleines Väschen am oder über dem Armaturenbrett mit Plastikblümchen besteckt, ein Wunder-Baum mit den Duftnoten Vanille, Sportfrische, Neuwagen oder Grüner Apfel, Fellbezug über dem Lenkrad, Sitzauflage aus Holzperlen als Rückenmassage, kleiner Perserteppich für den Fußraum. Blick nach draußen: Ein Fuchsschwanz baumelte, solange es sie noch gab, an der Teleskopantenne (angeblich von Manta-Fahrern bevorzugt). Außerdem ein Hufeisen mit integriertem Pferdekopf als Anstecker für den Kühlergrill.

Schließlich das Privileg des Fahrers: lederne, gelochte Autohandschuhe, die ihm das Gefühl gaben, ein sportlicher Typ zu sein, und ihn verleiteten, einen angemessenen Fahrstil zu pflegen. Denn dem Mann stand der Platz hinter dem Lenkrad zu, die Frau, den Shell-Atlas auf den Knien, diente allenfalls als Souffleuse bei der Ansage der Fahrstrecke. Wie hatte die *ARD*-Ratgebersendung »Der 7. Sinn« 1973 recherchiert: »Frauen fahren meist langsamer, weil ihnen die Übung fehlt. Sie behindern dann den fließenden Verkehr.« Allerdings sei es nicht angebracht, Witze über eine Frau zu reißen, die mit einer Panne liegen geblieben und wegen ihres »technischen Unverstands« auf männliche Hilfe angewiesen sei. »Oft zu beobachten: Ist die Dame jung und hübsch, kommt die Hilfe meist schnell. Leider lässt die Hilfe auf sich warten, wenn die Figur nicht mehr so makellos ist.«

Was hätte zu denken geben müssen: Da die Mehrzahl der Fahrer männlich war, ging die Schlagzeile der *Bild* von Ostern 1973 auf ihre Kappe: »Riesen-Chaos, viele Tote, etwas Sonne«. Gut, für wenig Sonne konnten sie nichts … Noch mehr beunruhigte den westdeutschen Autofahrer allerdings eine

Schlagzeile derselben Zeitung nur wenige Monate später: »Benzinpreis explodiert – Bald 1 Mark!«

Der Benzinpreis stieg kontinuierlich, aber die Zahl der Verkehrstoten sank drastisch (von 19 193 im Jahr 1970 auf 2830 im Jahr 2023) nach der 1976 erlassenen Pflicht, den Gurt anzulegen, was zunächst einen Glaubenskrieg entfachte. Männer fühlten ihre Freiheit bedroht, Frauen fürchteten um ihren Busen (sie wurden allerdings vom »7. Sinn« beruhigt). Die DDR zog erst 1980 mit der Gurtpflicht nach.

Ohne Gurt kam der Fahrer in dem Vorstellungsfilm für den Opel Manta B 1975 aus. Der Sprecher des Films versprach »aktive Sicherheit« und bekräftigte, der Fahrer habe alles im Griff. Weshalb er ohne Sicherheitsbedenken die Bluse der Beifahrerin mit seinen Fingern lüpfen dürfe …

1974

KASSETTENREKORDER

Es ist der 2. November 1974: Michael Holm singt in der *ZDF*-Hitparade »Tränen lügen nicht«. Zwei Wochen später: »Turn it down« – die Gruppe The Sweet drehte auf im Musikladen, den Uschi Nerke und Manfred Sexauer in der *ARD* am Laufen halten. 21. Dezember: Carl Douglas setzt in Ilja Richters Disco '74 im Zweiten an zu seinem »Kung Fu Fighting«. Vor den Fernsehgeräten: Millionen Jugendliche, das Mikrofon ausgerichtet, Zeige- und Mittelfinger bereit, um gleichzeitig auf Record und Play zu drücken, begleitet von der Hoffnung: Möge während der Aufnahme bloß keiner ins Zimmer platzen.

Sich preisgünstig ein eigenes Musikprogramm zusammenstellen und es jederzeit hören zu können, das verhieß der Kassettenrekorder durch das Aufnehmen von Sendungen des Fernsehens oder Hörfunks, wobei beim Hörfunk die Ungewissheit mitschwang, ob der Moderator in die letzten Takte eines Songs hineinquatschen und die Aufnahme verhunzen würde. Nur die wenigsten Jugendlichen allerdings konnten sich das Modell CG 360 des Herstellers Uher leisten, das 1974 für ein elitäres Publikum in einer Nische auf Kundschaft wartete. Drei Motoren, Dolby, Mischpult, dazu ein schwarz-elegantes Design ohne Schnörkel, wie aus den besten Tagen der Firma Braun. Allerdings erstickte der Preis, rund 1700 D-Mark, das jugendliche Interesse und jede weitere Diskussion um dieses Gerät.

Wie anders war das 1963 bei der Berliner Funkausstellung gewesen, als Philips den ersten Kassettenrekorder, den EL 3300 mit Einknopfbedienung und die dazu gehörende Compact Cassette, auch Audiokassette genannt, vorstellte. Preis: 299 D-Mark, günstiger und komfortabler als das schwere Tonbandgerät. Wie einst das Transistorradio konnte der Rekorder dank Batteriebetrieb zur Clique mitgenommen werden, um die eigene Hitparade vorzuspielen und sich der Kritik über den eigenen Musikgeschmack zu stellen. Die Geräte, bald in Massen produziert, verbesserten sich von Jahr zu Jahr, wobei einige Funktionen Standard blieben: neben Aufnahme und Abspielen der schnelle Vor- und Rücklauf, Stopp, Pause, Eject- oder Auswurftaste des Kassettenfachs, begleitet von unvergesslichen Geräuschen. Wahlweise Bandzählwerk und Auto-Reverse-System, das den automatischen Seitenwechsel am Bandende sicherstellte. Ein eingebauter Radioempfänger machte das Mikrofon überflüssig.

Die DDR produzierte 1969 den ersten tragbaren Kassettenrekorder, KT100, neben dem Farbfernsehgerät Color 20 vorgestellt bei der Leipziger Herbstmesse. Kosten: 635 Mark. Das robuste Laufwerk ähnelte in Aussehen und Bedienung dem Philips EL 3300. Viel weiter waren die Westgeräte zu diesem Zeitpunkt auch nicht. Als Kassetten wurden die von Philips eingeschoben.

Besonders die Erfindung des Dolby-Rauschunterdrückungssystems im Jahr 1968 verbesserte die Aufnahmequalität maßgeblich. Eine Glaubensfrage war die Wahl der Kassette: Maxell, BASF, Agfa, TDK, Chromdioxid, Metal, Ferro, Ferrochrom? Dreißig Minuten Aufnahmezeit, sechzig oder neunzig? Keinesfalls 120 Minuten, weil diese Kassetten besonders anfällig für den gefürchteten Bandsalat waren, meist hervorgerufen durch die Alterung der Gummirollen oder -riemen oder ein mechanisch fehlerhaftes Abspielgerät. Hatte man den Salat, galt es ihn unter geschicktem Drehen der Zahnung mit einem Bleistift zu beheben.

Gern wurde betont, die neue Technik sei geeignet zu dokumentarischen Zwecken: um Familienangehörige zu interviewen, für Reportagen die Umgebung zu erkunden, Naturgeräusche einzufangen oder mit Freunden Hörspiele einzusprechen. 1972 erkannte *Der Spiegel* einen neuen Trend: »Bildung ohne Buch«, das sogenannte Audiotraining – en passant Vokabeln lernen oder sich neueste Tricks der Vertreterbranche einbimsen. Jedoch spielte die Musik immer die führende Rolle. Sei es bei bespielten Kassetten gleich welchen Genres (der Höhepunkt war 1991 erreicht mit rund 78 Millionen verkauften Exemplaren), wobei auch Hörspiele für Kinder weit vorn lagen, und seien es die selbst aufgenommenen … Ganz abgesehen davon konnten angehende Popstars nun einfach auf einem Demo-Tape für Plattenverlage Kostproben ihres Talents einspielen.

War das Liebesgedicht aus der Mode gekommen und ein mit der Aufforderung »Ich will mit dir gehen« bekritzelter Zettel zu plump, bot sich die selbst zusammengestellte Kassette, das Mix-Tape, als Gunstbeweis an für jenen oder jene, auf die das Auge gefallen war. Freilich war das nicht ohne Risiko: Wenn nun »Mandy« von Barry Manilow, »Hot Love« von T. Rex, »Immer wieder sonntags« von Cindy und Bert oder Reinhard Mey dem Geschmack des Empfängers widersprachen, konnte das zum Bandsalat führen und die Stopp-Taste schnell gedrückt sein. Glatteisgefahr bestand ebenso bei Titeln, die eine Spur zu viel Andeutung enthielten wie »Honey, Honey« von ABBA, »Sugar Baby Love« von den Rubettes oder Bernd Clüvers »Tor zum Garten der Träume«. Genauso viel Kopfzerbrechen bereitete den Liebes-Mixern die Reihenfolge der Lieder und die Beschriftung des Papp-Einlegers. Sollte es eine nüchterne Inhaltsangabe, aus der *Bravo* geschnittene Star-Fotos oder der Hauch einer Andeutung von Zuneigung sein? Jede Kassette geriet zum Unikat, das über schnelles Vorspulen der erhofften Beziehung oder Drücken der Eject-Taste entschied. Folgte die Flamme, wie man sagte, nach dem Abhören der Einladung ins Jugendzimmer, galt es die nächste Kassette vorzubereiten, um körperliche Nähe herbeizuspielen. »Petting per Play-Taste«, nannte es *Der Spiegel.*

Wer überzeugt war, die zusammengestellten Titel seien sein Opus magnum, und deswegen die Musik vor dem versehentlichen Löschen bewahren wollte, entfernte eine Lamelle am oberen Kassettenrand. Konnte die Auswahl später dem neuen, eigenen Geschmack nicht mehr standhalten, war das auch kein Problem. Die Leerstelle mit Tesafilm überklebt, stand die zuvor sakrosankte Kassette nun wieder bereit für den aktuellen Tagesgeschmack.

Aus dem komfortablen Kleingerät wurde später der massive Radiorekorder, von den ganz Lässigen auf der Schulter getragen. Im Park, Schwimmbad oder auf öffentlichen Plätzen aufgedreht, ermöglichten seine Leistungslautsprecher Kleinkonzerte mit Ohrenfolter für die Nachbarschaft. Umgangssprachlich bezeichnet als Boombox oder Ghettoblaster, da er eine wichtige Rolle beim Aufstieg von Rap, Hip-Hop und Breakdance spielte.

Zwar ging das *Hamburger Abendblatt* noch 1978 davon aus, dass der Kassette, »sei sie bespielt oder nicht«, die Zukunft gehöre, doch ihr Ende kam schnell: Walkman, CD, MP3 und Smartphone waren die nächsten Meilensteine.

Kassettenrekorder? War da was? Geblieben sind Millionen von Kassetten, im Keller oder im Fundus einst ersehnter Liebschaften verwaist. Falls diese die musikalische Liebespost nicht längst überspielt haben, wäre es durchaus interessant, mal nachzuhören, mit welcher Playlist man seinerzeit versuchte, das andere Herz zu gewinnen. Könnte allerdings ein wenig peinlich werden.

1975

HANDGELENKTASCHE

Wie aus dem Nichts schlenkerte sie ab Mitte der 1970er an männlichen Handgelenken. Aus Leder, Kunstfasern oder Kunstleder, was es notwendig machte, sie wegen chemischer Ausdünstungen zu lüften, ehe das Handgelenk durch die Halteschlaufe schlüpfte. Was die Tasche barg? Münzen, Ausweis, Flaschenöffner, Atemgold oder Dr. Hillers Pfefferminzplättchen, Brille, wobei selbsttönende Gläser in Mode kamen. Einer der Gründe für das Aufkommen dieses Necessaires mag der betont enge Schnitt der im Hüft- und Gesäßbereich modischen Hosen sein, der es erschwerte, das Portemonnaie in die Hosentaschen zu zwängen. Da bislang nur Frauen mit Handtaschen unterwegs waren, verunsicherte der Anblick von Männern mit Täschchen. Jene, die die Benutzung ablehnten, verachteten den Gebrauch als unmännlich.

Weshalb rasch Verunglimpfungen wie »Detlefschleuder« im Umlauf warenen.

Was wiederum einen Blick auf die Homophobie jener Jahre wirft. »Schwul« und »homosexuell« wurde als Beleidigung benutzt. Es galt weiterhin der Paragraf 175, der männliche Homosexualität stigmatisierte und unter Strafe stellte. Bedingt durch die Liberalisierung gab es 1969 eine Änderung des 175ers: Homosexualität unter erwachsenen Männern über 21 war nun legal, 1973 wurde das Alter auf 18 Jahre herabgesetzt, 1994 der Paragraf endgültig gestrichen. Die DDR setzte die strenge Auslegung des Gesetzes schon 1957 aus und strich es 1968 komplett.

Der Regisseur Rosa von Praunheim gab der Bewegung 1971 mit seinem Film »Nicht der Homosexuelle ist pervers, sondern die Situation, in der er lebt« einen wichtigen Impuls – im Auftrag des Westdeutschen Rundfunks (*WDR*). Zur Ausstrahlung kam er dort 1972, zu später Stunde. Im Jahr darauf lief er bundesweit in der *ARD* – nur der Bayerische Rundfunk klinkte sich aus, zeigte stattdessen den finnischen Spielfilm »Benzin im Blut«.

Der Film ermutigte schwule Männer, in der Öffentlichkeit Gesicht zu zeigen. So 1972 bei der ersten Schwulen-Demo in Münster. Die Reaktionen von Passanten fielen erwartungsgemäß drastisch aus.

Weniger drastisch fasste 1974 ein Vertreter der Schuhbranche sein Vorurteil in Worte, als immer mehr Männer mit Plateauschuhen durch Innenstädte staksten. »Als wir von den Hochabsätzen gehört haben, haben wir nachgedacht, wer diese Schuhe tragen sollte, und waren der Meinung, dass das nur Homosexuelle tragen könnten. Deshalb waren wir ganz erstaunt, dass darüber hinaus eine Menge junger normaler Männer die Absätze tragen wollen.«

Zum ersten Mal in der Nachkriegszeit entdeckte die Modeindustrie den deutschen Mann mit fragwürdigen Erscheinungen. Hüftbetonte Hosen wurden gerne kombiniert mit wuchtigen Clogs. Dazu kamen latzartige Krawatten auf leuchtenden, teils plakativ bedruckten Hemden. Pullover mit V-Ausschnitt, Blazer und Westen, mit Perlen verzierte Lederarmbänder und Cowboy-Gürtel, Cordjacken und Breitcordhosen. Ganz Mutige wagten sich im Trainingsanzug auf die Straße.

Einfacher war es, der Haarmode zu folgen. Schulterlang und daumenbreite Koteletten lagen im Trend. Den Raum zwischen Oberlippe und Nase zierte gern ein breiter Schnauzbart, genannt Pornobalken.

Die Haare fielen, die Herrengelenktasche wurde peinlich berührt beiseitegelegt, der Brustbeutel taugte nur noch für Klassenfahrten, die Bauchtasche, vor den Bauch oder die Genitalien geklemmt, genießt seit jeher ein zwiespältiges Ansehen. Geblieben ist die Herrenhandtasche als scherzhaftes Synonym für den Sechserträger Bier (Sixpack) und als Utensil von Hape Kerkelings Kunstfigur Horst Schlämmer.

Ein wehmütiger Rückblick auf die Zeit, als ein wie auch immer geartetes Etui für den Mann unabdingbar war. Heute genügt es, ein Plastikkärtchen oder bestenfalls ein Smartphone mit sich zu führen. Bleibt zumindest Zeit, sich über andere Accessoires den Kopf zu zerbrechen.

1976

FOTOTAPETE

Vor dem Krieg noch Luxus, wurden Tapeten ab den 1950ern erschwinglich. Sechsecke, Streifen und Trapeze in gedeckten Farben, gern auch Herbarien. Ab Ende der 1960er verwandelten viele ihr Zuhause in eine Villa Kunterbunt: violett-apfelgrüne Waben, ineinanderlaufende runde und viereckige Muster in Hellbraun, Dunkelgrün und vor allem Orange.

Irgendjemandem muss sie in die Augen gestochen sein. Im Kabuff einer Kneipe, im Billardsalon, beim Friseur, in der Videothek. Irgendwann ist immer eine oder einer weit vorn. Also stand jene oder jener vor einer Wand mit raumfüllendem Fotomotiv. Seufzend wird er oder sie geflüstert haben: »Ach, wie schön. So schön möchte ich es auch haben.«

Die um sich greifende Besessenheit, sich im Baumarkt für den neuen Trend »Ich schraube, also bin ich« auszurüsten, und der daraus resultierende Do-it-yourself-Stolz stärkten das Selbstvertrauen. Ein Klacks, sich die Fototapete an die Wand zu kleben! Zu vernachlässigen waren kleine Wellen angesichts der majestätischen Gebirgslandschaft, die sich hinter der Couch entfaltete, angesichts des unversehrten Waldes oder der die Durchblutung anregenden Hoffnung vor Augen: ein Pärchen, Hand in Hand am Südseestrand der untergehenden Sonne zugewandt. Nackt, doch die intimen Körperregionen nicht sichtbar. Sehnsucht nach heiler Welt und Harmonie. Umweltverschmutzung, atomare Bedrohung – Schlaf- und Wohnzimmer blieben als Rückzugsort vor der Apokalypse geschützt.

Die kleine Schwester der Fototapete hatte sich längst ins Kinder- und Jugendzimmer gedrängelt. Dafür hielt jedes Kaufhaus Poster bereit. Zunächst als Verschönerung von Türen gedacht, wurden die Plakate nun auch an die Wände geklebt. Ganz weit vorn: eine Schwarze, deren Haupt von einem enormen Afrolook gekrönt war. Gern präsentiert wurden eine rote Telefonzelle in London, Charly Brown und Snoopy, Frank Zappa oder ein zeitunglesender Schimpanse, jeweils auf der Toilette hockend, und das Prisma des Pink-Floyd-Covers »Dark Side of the Moon«.

Das Poster trat in Konkurrenz zum Starschnitt der Jugendzeitschrift *Bravo*. Nach dem Kauf einiger Hefte konnten die einzelnen Teile des Künstlers in Lebensgröße an Tür oder Wand geheftet werden.

Einzug hielt die Fototapete auch im Partykeller. Er war eine weitere Demonstration von Wohlstand, immer ein wenig nach Öl, Heizung und Garage riechend. Theke, Zapfanlage, Barhocker, mit Fichtenholz verkleidete Wände, der Boden mit alten Teppichen belegt. Wahlweise: leere Whiskyflaschen der Marke VAT 69, von buntem Kerzenwachs betropft, Discokugel, Jukebox, Flipper. Auch hinsichtlich der Sehnsuchtsorte gab es Varianten: Mittelmeer-Ambiente mit Fischernetzen und Seesternen oder Western-Look mit Kutschenrädern, Stetson und einem lebensgroßen Apachen aus Holz.

Während bei Einladungen im Wohnzimmer auf die Etikette geachtet wurde, ging es im Partykeller zünftig zu, als sei der Untergrund Legitimation für krachledernes Betragen: Zigarettenrauch, Lärm, unkontrolliert-kontrollierte Umarmungen. Der Alkoholkonsum entzog sich im Getümmel und ohne Sperrstunde der Überprüfung. Ein Vorteil: Das Treiben blieb den Kindern vorenthalten. Vorteil der Kinder: Sie konnten oben ungestört verbotene Krimi- und Western-Serien schauen.

Der Sozialwissenschaftler Heinz Bude führte die Beliebtheit dieser Treffen auf die »noch gar nicht so lange zurückliegende Erfahrung des Luftkriegs« zurück. »Im Partykeller lebte der Luftschutzkeller als Ort der Extremvergemeinschaftung unter Todesdrohung weiter.«

In den 1980ern war die Party aus. Nun durften die Kinder in den verruchten Raum abtauchen, endlich. Sie schleppten Matratzen hinunter, verhängten Lampen mit Batiktüchern, drehten Flaschen, knutschten zur Filmmusik von »La Boum«.

Heute lagern in dem Raum der erfüllten oder unerfüllten Sehnsüchte Autoreifen, abgelegte Kleidung, ausgemusterte Küchengeräte. Nur Mutige leisten sich noch die Fototapete: Naturklassiker, der weise lächelnde Buddha und der Blick in unendliche Weiten durchs Skylab stehen auf der Beliebtheitsskala weit oben.

1977

RAF-FAHNDUNGSPLAKAT

Die Schwarz-Weiß-Gesichter erregten weder Furcht noch riefen sie Unruhe hervor. Ulrike Meinhof blickt nachdenklich, Andreas Baader wie abwesend, Gudrun Ensslin selbstbewusst, das Porträtfoto Ronald Augustins könnte einer Bewerbungsmappe entnommen sein. Über diesen harmlos erscheinenden Köpfen wird jedoch in knalligem Rot scharf geschossen: »Anarchistische Gewalttäter – Baader/Meinhof-Bande«, »steckbrieflich« gesucht wegen der »Beteiligung an Morden, Sprengstoffverbrechen, Banküberfällen und anderen Straftaten«. Einhunderttausend D-Mark Belohnung konnte sich verdienen, wer zur Ergreifung der Gesuchten beitrug. Um die Gefährlichkeit dieser Personen zu unterstreichen, hieß es: »Vorsicht! Diese Gewalttäter machen von der Schusswaffe rücksichtlos Gebrauch!«

Sprung ins Jahr 2002: Für 65 Euro boten Berliner Boutiquen Militärjacken mit dem Schriftzug »Prada Meinhof« an, das dazugehörende T-Shirt zierte eine stilisierte Kalaschnikow, den Pullunder eine Handgranate. Das Magazin *Tussi Deluxe* engagierte Models, um für eine Fotostrecke den Macho Andreas Baader im eigenen Blut auf dem Boden liegend vorzuführen, kombiniert mit einem Paar biederen Hausschuhen, Jan-Carl Raspe gelangweilt vor dem geöffneten Kofferraum eines Mercedes. In einem solchen Wagen war einst Arbeitgeberpräsident Hanns Martin Schleyer entführt worden. Bildunterschrift: »Findest du den Schleyer?« Die Illustrierte *Max* druckte die Fotos nach, fragte vermeintlich unschuldig: »Ist Terror cool?« und gebärdete sich enthusiastisch: »Die Zeit ist reif für RAF-Popstars!« RAF war plötzlich hip, die Umwandlung in ein massentaugliches, unterhaltsames Format. Als habe es die 33 Morde und über 200 Verletzten nie gegeben. Die Wochenzeitung *Jungle World* brachte 2007 ein gefälschtes Cover der Frauen-Zeitung *Brigitte* mit der gerade amnestierten Terroristin Brigitte Mohnhaupt gleich einer Mode-Ikone: »Ich hab's doch nur gut gemeint.« Daneben: »Terroriste – der neue aufregende Duft von Chanel«. Schon 2001 hatte Jan Delay in »Söhne Stammheims« gesungen: »Endlich sind die Terroristen weg und es herrscht Ordnung und Frieden, das bisschen Gesindel, das noch in den Knästen steckt, tut sowieso keinen mehr interessieren«.

Was war los? Zynische Geschichtsvergessenheit? Langeweile? Hätte 1972, als das eingangs beschriebene Fahndungsplakat allerorten prangte, nur ein Hauch von Ästhetisierung oder Ironie in den Kommentaren mitgeschwungen, hätte das prompt zur Zwangseinweisung in die Gruppe der Sympathisanten geführt. Das ging im Handumdrehen. Der Nobelpreisträger Heinrich Böll geriet 1972 wegen eines Essays im *Spiegel* (»Es ist inzwischen ein Krieg von 6 gegen 60 Millionen«), in dem er ein Klima der Denunziation beklagte, in den Verdacht, ein Verharmloser zu sein, und musste eine Hausdurchsuchung über sich ergehen lassen.

Die großformatigen Fahndungsplakate (ab 1980 mit dem Schlagwort »Terroristen« überschrieben) hingen unübersehbar in Postämtern und öffentlichen Gebäuden, landeten in den Fluren von WGs und Jugendzimmern, wo sie jedoch weniger dem Fahndungszweck dienten. Die größte fotografische Fahndungskampagne Deutschlands erinnerte fortwährend daran, dass die Gefahr an der nächsten Ecke lauerte. War einer der Gesuchten inhaftiert oder ums Leben gekommen, wurde sein Foto auf dem Plakat fett geixt, als reklamierte ein Kopfgeldjäger einen weiteren Skalp für sich.

Zu Beginn als »Baader-Meinhof-Bande« (oder »Gruppe«) bezeichnet, setzte sich ab Mitte der 1970er der von den Terroristen selbst gewählte Name Rote Armee Fraktion, kurz RAF, durch. Die Gefangenenbefreiung von Andreas Baader 1970 gilt als Geburtsstunde einer von Misstrauen, Angst und Hysterie gekennzeichneten Zeit: »Die bleierne Zeit«, so der Titel des 1981 herausgekommenen Spielfilms Margarethe von Trottas.

Als sei sie von einer PR-Agentur beraten worden, setzte sich die RAF ikonisch in Szene, das Logo brannte sich ein: Roter Stern mit einer Maschinenpistole von Heckler & Koch, ein Ausdruck unausgesprochener Gewalt. Gezielt bediente sich die Gruppe für ihre Terror-Propaganda neuer Medien. Videos und Polaroidfotos des 1975 entführten Berliner CDU-Vorsitzenden Peter Lorenz und des 1977 gekidnappten und später ermordeten Hanns Martin Schleyer, der das Schild »Gefangener der R.A.F.« vor sich halten musste, brannten sich ins öffentliche Bewusstsein ein. Der Anblick gedemütigter, ihrer Würde beraubter Menschen, ging als Schuss nach hinten los und kostete die Gruppe den Rest an Sympathien, die sie noch mit der – ebenfalls ikonischen – Aufnahme des aufgebarten, rauschebärtigen Holger Meins erringen konnte. Der war 1974 bei seinem Hungerstreik ums Leben gekommen. Nicht weniger symbolisch als das Führungstrio Baader, Ensslin, Raspe, das seinen Selbstmord im Gefängnis in Stammheim im Oktober 1977 inszenierte. Es war der Schlusspunkt des berüchtigten »deutschen Herbstes« und gleichzeitig Ausrufezeichen einer aufgeregten, mitunter in Hysterie umschlagenden Zeit, gekennzeichnet von bis dahin unbekannten Fahndungsmethoden wie 1972 die »Aktion Wasserschlag«. Tausende Polizisten und Zollbeamte errichteten, zunächst erfolglos, zeitgleich Straßensperren an fast allen Bundesstraßen und Autobahnauffahrten. Umstritten war auch die vom Präsidenten des Bundeskriminalamtes Horst Herold ausgedachte Rasterfahndung, die erstmals in großem Maßstab Daten von Bürgern sammelte, um anhand von vorher bestimmten Merkmalen den Kreis der Verdächtigen einzugrenzen. Der Bundestag hatte bereits 1974 Gesetze beschlossen, die er mit der Bedrohung durch die RAF begründete. Das während der Schleyer-Entführung erlassene Kontaktsperregesetz ermöglichte es, Gespräche zwischen Verteidigern und Inhaftierten zu unterbinden. Das war Wasser auf die Mühlen der Terroristen und des engeren und weiter entfernten Kreises von Sympathisanten. »Isolationshaft«, brüllten sie zur teils fragwürdigen Separierung von Gefangenen, das war in ihren Augen »Vernichtungshaft«, angeordnet und vollzogen von einem »Schweinesystem«. Für die bürgerlich-konservative Seite schwäbelte ein Mann vor dem Gefängnis in Stammheim, interviewt vom Fernsehen: »Auf der Flucht erschießen.«

Der Journalist Christian Bommarius, Berichterstatter bei RAF-Prozessen, beschrieb das Zeitgefühl viele Jahre später so: »Man stand sofort unter Verdacht, wenn man Kritik äußerte an der Behörde.« Gerhart Baum, von 1978 bis 1982 Bundesinnenminister: »Der Staat hat im Grunde die Fassung verloren. Wir sind den Terroristen auf den Leim gegangen.« Die frühere Terroristin Astrid Proll urteilte spät: »Ich weiß gar nicht, ob die RAF eine politische Gruppe war. Sie war eher so etwas wie die Selbstanmaßung einer ganzen Generation.«

1998 wurde in einem Schreiben die Auflösung der RAF bekannt gegeben: »Die Stadtguerilla der RAF ist nun Geschichte.« Wie eine Ironie auf die früheren Fahndungsplakate muss die Festnahme der Terroristin Daniela Klette im Februar 2024 erscheinen, nachdem sie über dreißig Jahre im Untergrund gelebt hatte: Sie erfolgte letztlich mithilfe von auf Facebook geposteten Fotos.

1978

PLASTE UND ELASTE

Daran kam ab 1978 keiner vorbei. Auch nicht die Wessis, die sich auf der A9 am bayerisch-thüringischen Grenzübergang Rudolphstein/Hirschberg auf die Transitstrecke nach Westberlin begaben. Bei Vockerode in der Nähe von Dessau zog unübersehbar derselbe Blickfänger die Aufmerksamkeit auf sich: ein zehn Meter hoher und mehr als fünf Meter breiter Schriftzug angestrahlt von Neonlicht: »Plaste und Elaste aus Schkopau«, versehen mit dem Firmensymbol, dem »Bunten Kolben« für den VEB Chemische Werke Buna. »Plaste und Elaste aus Schkopau« war einer der bekanntesten Reklameslogans der DDR, mit dem der Arbeiter- und Bauernstaat das Bewusstsein der Bürger für und ihren Stolz auf die eigenen Industrieerzeugnisse schärfen wollte.

In den 1930er-Jahren hatten Chemiker in den Buna-Werken

in Sachsen-Anhalt Plaste entwickelt und Deutschland damit weitgehend unabhängig gemacht vom Kunststoff- und Naturkautschuk-Import.

Ohne die Plaste und Elaste aus Buna hätten die DDR-Bürger auf einige Kunststoff-Objekte verzichten müssen: Nudelsiebe, abwaschbare Tischdecken, das Interieur des Trabi, pflegeleichte, in ansehnlichem Pfeffer und Salz gemusterte PVC-Böden, Schläuche für die Bluttransfusion, Elektrokleinteile. Neunzig Prozent aller im östlichen Teil Deutschlands hergestellten Kunststoffe stammten aus Buna.

Verbreitet nicht nur als Autobahnwerbung, sondern ebenso auf Plakaten in Sportstadien, in Fernsehen und Hörfunk, sollte »Plaste und Elaste« – im Westen zusammengefasst unter dem Begriff »Plastik« – der Überzeugung Ausdruck geben, dass die DDR durchaus in der Lage war, Qualität zu liefern, obwohl sie nicht mit Rohstoffen gesegnet war. Es war der Versuch, ein Gemeinschaftsgefühl zu entwickeln. Die Botschaft: Wir können mit dem Westen Schritt halten.

Dabei gab es jede Menge Produkte, die Identität stifteten – im Westen kaum bekannt, klar, wer schaute, hörte oder las schon DDR-Werbung? Zum Beispiel das Rasierwasser Pohli. Der Mann solle den Tag »sicher und selbstbewusst« beginnen, weshalb sich dieses »erquickende Finale der Rasur« empfahl. Gegen die 5-Minuten-Terrine aus dem Westen kochten die Tempolinsen an, die Verpackung ähnlich rot-gelb gehalten. »Nach einem besonderen Verfahren vorbehandelt. 10 Minuten kochen, 5 Minuten ziehen lassen«, so die Empfehlung des Herstellers. Werbung gab für es den Rasenmäher Trolli, die AKA-Electronic-Trockenhaube und die Unterleibslotion Yvette-Intim (»Wohlbefinden und Sicherheit für den ganzen Tag«). PR für Lebensmittel kannte man hinter dem Eisernen Vorhang ebenso wie im »goldenen Westen«, wohl auch, um davon abzulenken, dass es an Fleisch mangelte. So hieß es unter anderem: »Jedermann auf jeden Tisch – mehrmals in der Woche Fisch«, »Nimm ein Ei mehr!«, »Apfelmus schmeckt immer gut!«, »Weißkohl ist ja sooo gesund!«

Überall, wo es um die Meinungsfreiheit nicht gut steht, blüht der politische Flüsterwitz, versucht die Bevölkerung Frust und Mangel mit Ironie zu konterkarieren. So wurde der Slogan für das Fahrrad – »Diamant ist weltbekannt« – kurzerhand weitergereimt: »… wird im Ausland Schrott genannt«. Derlei Werbung konnte ihren Schöpfern allerdings auch auf die Füße fallen. Wie in den 1970ern jene für Tischwäsche. Ein Verantwortlicher beim Ministerium für Handel und Versorgung berichtete, Bürger hätten sich beschwert, »weil die Decken in bestimmten Ladenwarenhäusern nicht da waren«.

Auch nicht immer vorrätig war eines der Lebensmittel, das die Wende überlebt hat: der Rotkäppchen-Sekt. Hingegen vergessen: Jeder, der lässig erscheinen wollte, rauchte die filterlose Karo. Besonders bei den Kindern beliebt war die ab 1960 verbreitete Zahnpasta Putzi – weil sie derart nach Zucker schmeckte, dass Kinder sie regelrecht aßen, weswegen die Geschmacksrichtung in »fruchtig« geändert wurde. Nicht nur bei Kindern gefragt: der Stileisbereiter Trusioma mit Rezeptvorschlägen auf der Unterseite der Verpackung und die Schlager-Süßtafel, ein zwischen 1970 und 1990 vom VEB Rotstern Schokoladenwerk hergestelltes schokoladenartiges Produkt. Die Bezeichnung Süßtafel erlaubte den teilweisen oder völligen Verzicht auf Kakao. Gerüchte besagten, die Süßtafel sei mit Stierblut gefärbt, um die gewünschte Färbung ohne Kakao zu erreichen. Möglicherweise lag eine Verwechslung mit Gematogen vor. Diese Süßigkeit wurde in der ehemaligen Sowjetunion tatsächlich mit zugesetztem Rinderblut hergestellt, um Anämie vorzubeugen. Ohne solcherlei Gerüchte sehr geschätzt: die Seifen Nautik und Karibik sowie Elsterglanz zum Polieren metallischer Flächen im Haushalt (gern auch, um die Felgen des Trabi auf Hochglanz zu bringen). Spee war, seit es 1968 auf den Markt kam, das beliebteste Waschmittel im Osten, 1990 von Henkel übernommen.

Bekanntlich hat in Deutschland jede Region Bezeichnungen, die schon hundert Kilometer nördlich oder südlich nicht mehr verstanden werden. Was in Bayern ein Krapfen, ist in Hessen ein Kräppel, der im Rheinland als Berliner über die Ladentheke geht. Die Berliner wiederum verstehen darunter sich selbst, denn der rheinische Berliner heißt dort Pfannkuchen. In der DDR wurden Wörter aus dem deutschen Sprachraum oft erst dadurch typisch, dass sie »von oben« zu neuen Formen verbunden wurden und eine neue Bedeutung erhielten: Aus dem Helden und der Arbeit erhob sich der Held der Arbeit. Andere Begriffe des DDR-Wortschatzes gingen in den Allgemeingebrauch über und wurden benutzt, um etwas auf- oder abzuwerten, oder sie wurden bevorzugt von Linientreuen in den Mund genommen (»Genosse«, »Klassenfeind«). Manches wurde ironisch gebrochen, vielleicht auch liebevoll verwendet: Bückware (die es nur unter der Ladentheke gab), die Ochsenkopfantenne (mit der man Westfernsehen empfangen konnte) oder das Tal der Ahnungslosen (in dem genau das nicht möglich war).

Wer sich in der DDR bewegen und nicht ständig nachfragen wollte, musste wissen, was ein Broiler war (nämlich ein Brathähnchen) und was sich hinter »Blauen Fliesen« verbarg (Westgeld), wie Ketwurst schmeckte (eine abgewandelte Form des Hotdogs) und was in die Soljanka kam (eine säuerlich-scharfe Suppe aus dem Bruderland Sowjetunion). Das Brettsegeln (Windsurfen) war in der DDR ebenso verbreitet wie die geflügelte Jahresendfigur (statt des christlichen Weihnachtsengels), zur Grilletta (eine Hamburger-Variante) wurde bisweilen ein Büchsenöffner gereicht, ein süffiger, meist billiger Alkohol wie Gotano-Wermut, um Mädchen in Stimmung zu bringen. Und der selbstbewusste Arbeiter oder Bauer trug mit Stolz seine Bunaflitzer (elastische Hosenträger mit Klippverschlüssen) – womit sich der Kreis bei der Chemie und ihren alltagstauglichen Produkten schließt.

Der Buna-Slogan »Plaste und Elaste« an der A9 erlosch im März 1991. Denn Paragraf 9, Absatz 6 des Bundesfernstraßengesetzes untersagt, Anlagen der Außenwerbung an Brücken über Bundesfernstraßen anzubringen. Wer diese Werbung nostalgieverträumt und als Symbol für ein untergegangenes Land wiedersehen möchte, kann dies im Deutschen Historischen Museum in Berlin tun. Und hat dann vielleicht auch wieder diesen eigentümlichen Geruch in der Nase, der die Umgebung von Schkopau erfüllte, eine Mischung aus Desinfektionsmitteln und angekokelter Plaste und Elaste.

1979

BILLY-REGAL

Sicherheit wird in Skandinavien seit jeher groß geschrieben. So verwunderte es nicht, als ein blaugelbes Möbelhaus diese Lebenseinstellung nach Deutschland importierte: »Wenn Möbelstücke umkippen, können ernste und lebensgefährliche Verletzungen durch Einklemmen die Folge sein«, mahnte Ikea ab 1979 in der Bauanleitung für sein Regalsystem Billy.

Ob in Deutschland je ein Mensch von einem Billy-Regal erschlagen wurde, ist nicht bekannt. Verbürgt jedoch sind die Narben, die der Einsatz des für den Aufbau notwendigen Inbusschlüssels zahlreichen Laien-Handwerkern bescherte, die dem Slogan »Auch du kannst es« Glauben schenkten. Überliefert sind gleichfalls Szenen wie aus der Werbung für die Zigarettenmarke HB, in der das Männchen Bruno, den Fährnissen des Alltags nicht gewachsen, senkrecht in die Luft geht. Bei Billy wurden derlei Explosionen durch fehlende Schrauben, Dübel, Muttern, Zapfen oder eine hieroglyphenhafte Bauanleitung ausgelöst. Bei reiferen Gemütern schlug die Erkenntnis durch: Schuster bleib bei deinen Leisten. Heute hilft Youtube. Warum aber tat man sich das damals an, als noch kein Youtube soufflierte? Zerschundene Hände und Finger beim Eindrehen der Schrauben unter Verwendung des Ikea-Hakens, vibrierende Nerven und die Demütigung, sich wieder einmal selbst als Kannix entlarvt zu haben? Natürlich, weil der Geldbeutel geschont wurde! Außerdem trafen die coole und unkonventionelle Aufmachung, die weißen, glatten Oberflächen den Nerv der Zeit, ebenso wie das Unkomplizierte und die Mobilität, die mit diesem Auf- und Abbaumobiliar einherging.

Bescheiden drückte sich Billy an die Wand des Wohnzimmers. Selbst bürgerliche Kreise diskutierten die Risiken des Wachstums und gelobten Selbstbeschränkung. Allerdings verloren Hausrat vom Flohmarkt und als Regale zweckentfremdete Weinkisten nach einer gewissen Zeit ihren romantisch aufrührerischen Charme, und irgendwann lamentierte auch der enthaltsamste Rücken gegen das asketische Matratzenlager auf dem Boden. Da öffnete Ikea 1974 im Norden Münchens seine erste deutsche Filiale, zunächst noch mit der Attitüde des Außenseiters gegen kapitalistische Großunternehmen. Das kam an, die Produkte von Ikea gingen weg wie Fanartikel. Allein das Gemeinschaftserlebnis, mit anderen Erleuchteten die riesigen Hallen wie in einer Wunderwarenwelt auszukundschaften und sich in den fußballfeldgroßen Märkten ohne Hilfe von Bedienameisen selbst zu bedienen, zog die vornehmlich jungen Käufer an. Wie anders als die Verkaufsrituale in etablierten Einrichtungshäusern, die Loriot 1977 in einem Sketch parodierte: »Das

Modell Allegro mit doppeltem Federkern und Palmfaserauflage. Für das Bezugsmaterial können Sie wählen zwischen einer imprägnierten Halbzwirnware oder gedrilltem Volant.« Beim Hieven und Zurechtrücken der Kartons im Leih-Lkw schließlich kam das Gefühl auf, das Möbelstück eigenhändig geschreinert zu haben. Und so mancher Uniabsolvent wähnte sich im Schulterschluss mit proletarischen Möbelschleppern – das Do-it-yourself-Abenteuer vor dem fiebrigen Auge, gepaart mit dem Willen zur Eigeninitiative und Improvisation.

1979 eroberte das von Gillis Lundgren erprobte, nach dessen Sohn benannte Regal Billy den Markt, in den Breiten 90 und 60 Zentimeter bei 202 Zentimetern Höhe, gefertigt aus mit Kunststoff furniertem Pressholz. Der Widerspruch zu den Grundsätzen der Öko-Bewegung schien keinem aufzufallen, die Ästhetik des »Neuen Designs« wog mehr als mögliche ökologische Bedenken. Das Regal des Volkes diente den Deutschen bald auch als Aufbewahrungsort für Schuhe, Nippes und Topfpflanzen, gleich, ob in der WG, dem ersten Single-Haushalt von Nestflüchtlingen oder in der emanzipatorisch ausgerichteten Kleinfamilie, in der es für die Kinder selbstverständlich war, Mama und Papa mit Vornamen zu rufen. Elke, Jochen, Tanja, Patrick und Billy.

Was damals kaum bekannt war: Ikea ließ Billy und andere Mitglieder seiner großen Möbelfamilie in der DDR produzieren (deren Bürger allerdings vom Erwerb dieser Produkte ausgeschlossen blieben), wobei das Unternehmen sehr wohl wusste, dass mindestens Zubehörteile von politischen und Strafgefangenen gefertigt wurden. Damit stand Ikea nicht allein. Auch Versandunternehmen wie Quelle und Neckermann bedienten sich der Dienste von Haftanstalten beim Nähen von Bettwäsche und dem Herstellen von Fotokameras für den Billigmarkt. Billig mochte angesagt sein, hatte aber schon immer seinen Preis.

Hatten umkippende Billys noch keine nennenswerten Schäden verursacht, so kippte ein veritabler Skandal das Regal 1992 aus dem Programm, als der *Stern* titelte: »Krank durch Billy«. Das Magazin hatte das Regal auf Formaldehyd untersuchen lassen und von 18 Regalbrettern überschritten acht den Grenzwert um das Vierfache. Zwar wurde das Problem abgestellt, aber der Ruf war erst einmal dahin. Bis ein Brief des ehemaligen Bundeskanzlers Helmut Schmidt die Giftschleuder resozialisierte und Billy von Gesundheitsgefährdung freisprach. Ikea verbeugte sich daraufhin auf Plakaten: »Danke Helmut«.

Vieles wendet sich im Lauf der Zeit um 180 Grad, einstige Beliebtheit verblüht; gerade die Deutschen haben es so mit ihren Stars. Zur Eröffnung seines Geschäfts »Moebel Horzon« in Berlin feierte 1999 der Konzeptkünstler Rafael Horzon ein Happening, bei dem Gäste Billy-Regale mitbringen und zersägen lassen konnten. Dafür erhielten sie ein von Horzon designtes Regal. Harald Schmidt, der Anarchist des deutschen Fernsehens, griff das zehn Jahre später anlässlich des Domino Days auf und brachte im Studio 50 hintereinander aufgestellte Billys per Antippen zum Umfallen. Wäre der Weltrekordhalter im Billy-Aufbauen im Studio gewesen, wären die Gefallenen schwuppdiwupp wieder auferstanden, denn seine Bestmarke lag bei vier Minuten pro Regal. Möglicherweise klappt der Aufbau heute jenseits von Rekordambitionen auch wegen der 2022 in Wirkung getretenen sogenannten Ikea-Klausel besser. Die besagt, dass der Kunde das Mängelgewährleistungsrecht geltend machen kann, wenn er das Produkt bei der Montage aufgrund einer fehlerhaften oder unverständlichen Anleitung beschädigt hat.

Trotz Kritik und Parodie: Billy steht seinen Mann. Mittlerweile in unterschiedlichen Farben und Größen, mit Eckstück, mit breiter, dem Regal vorgeblendeter »Dekofront«, teilweise – ziemlich bürgerlich – mit Glastüren versehen, da das Private eben nicht immer öffentlich ist.

Wahrscheinlich ist das nur im Land der Dichter und Denker vorstellbar: Ein Literaturkritiker rezensiert den Ikea-Katalog in einem fünfminütigen Filmchen. Es sei ein Skandal, rügte der 81-jährige Hellmut Karasek 2015, dass das meistvertriebene Buch der Welt noch nie besprochen worden sei. Das vom Katalog angetragene Du sei ihm nicht so recht, das Buch sei »vollgemüllt mit Möbeln«. »Was fehlte dem Buch, wenn es ein schöngeistiger Roman sein sollte? Die Antwort muss heißen: alles.« Mit spielerischer Lust setzte das Unternehmen den Spot zu Werbezwecken ein. Das Weltunternehmen aus dem hohen Norden, das »unmögliche Möbelhaus aus Schweden«, verstand die Ironie, und die Deutschen konnten darüber schmunzeln.

1980

»ATOMKRAFT? NEIN DANKE«–BUTTON

Eine Anti-Parteien-Partei wollten sie sein. Ihre Gegner belächelten sie als »Öko-Spinner« und »Müslifresser«. Und untereinander waren sie sich selbst nicht unbedingt grün. Belustigt wie fremdelnd nannten jene aus dem linksradikalen Spektrum die Mitstreiter aus der national-ökologischen Ecke wie den schrulligen Baldur Springmann »braunstichige Chlorophyll-Romantiker«. Der frühere CDU-Mann Herbert Gruhl war unter den 1004 Delegierten auf dem Gründungsparteitag ebenso wie der Künstler Joseph Beuys. Doch trotz der bunten, sich teilweise widersprechenden Fraktionen wurde am 13. Januar 1980 in der Stadthalle von Karlsruhe die Bundespartei der Grünen aus der Taufe gehoben. Was die bunte Truppe einte, war die Sorge um die Umwelt, der Widerstand gegen ein grenzenloses Wachstum, die Einforderung von Frauenrechten, die Kritik am Nato-Nachrüstungsbeschluss (Pershing II) und vor allem der Kampf gegen die Atomkraft.

Zukunftsoptimistisch hatte die Atomkraft bis dahin geleuchtet. Franz Josef Strauß führte 1955 das erste Bundesministerium für Atomfragen, CDU und SPD unterstützten den Kurs. Die Atomkraft sei die Hoffnung, den Menschen das Leben zu erleichtern, sie von Sorgen zu befreien und Wohlstand für alle zu schaffen, hieß es im 1959 von der SPD verabschiedeten Godesberger Programm. 1957 ging in Garching bei München der erste Forschungsreaktor Deutschlands in Betrieb, das sogenannte Atom-Ei, 1960 der erste Versuchsreaktor in Kahl am Main. Bis 2004 kamen 110 kerntechnische Anlagen zusammen, in der DDR waren es deren zwei. 1966 ging dort Rheinsberg ans Netz, 1973 Greifswald.

1970 und 1971 erhielt der euphorische Fortschritts- und Technikglauben erste Dämpfer. Bürger meldeten ihren Einspruch gegen geplante Anlagen in Breisach, Esenshamm, Neckarwestheim und Bonn an. In Breisach gab es die ersten Protestmärsche und 65 000 Einsprüche, was zur Verlegung des Projekts nach Wyhl am Kaiserstuhl führte, wo das Vorhaben jedoch auf noch größeren Widerstand stieß. Ab Mitte der 1970er vernetzte sich der Widerstand zunehmend – allerdings plädierte zunächst ein Teil der Gewerkschaften für die Atomkraft aus Sorge um Arbeitsplätze. 40 000 Menschen trommelten deswegen 1977 in Dortmund für die Kernenergie.

Diese Zahl war jedoch verschwindend gering gegen die Zahl der Menschen, die die Gegenseite mobilisierte. Der Protest versammelte sich unter einer Design-Ikone, einer vergnügten roten Sonne auf gelbem Untergrund. Nicht rebellisch und fordernd, vielmehr naiv klingend die Frage: »Atomkraft?«, dazu die freundliche Antwort: »Nein danke«. Auf die

Idee zu diesem Logo war 1975 die dänische Studentin Anne Lund gekommen. »Atomkraft? Nej tak«. Bis 1977 verkaufte sich allein der Button rund eine Million Mal in 16 Ländern. Später drehten Befürworter den Spieß um: »Steinzeit? Nein danke« und »Kernkraft? Na klar«.

Die Anti-Atomkraft-Sonne leuchtete zwar heiter über Hunderttausenden von Demonstranten, aber das, was teilweise beim Protest geschah, beschrieben Journalisten und Teilnehmer bisweilen als »bürgerkriegsähnliche Zustände«. Im niedersächsischen Gorleben, wo Tiefenbohrungen für ein Lager des radioaktiven Abfalls beschlossen waren, kam es 1980 zur Gründung der symbolischen Republik Freies Wendland und zur Errichtung eines Hüttenlagers, das Polizei und Bundesgrenzschutz räumten. 1976 schon hatte in Schleswig-Holstein, wo eine Anlage geplant war, die »Schlacht von Brokdorf« getobt, an der sich Landwirte, Naturschützer, Studenten, Einheimische und Wissenschaftler beteiligten. 1981 marschierten dort 100 000 Menschen zur bis dahin größtes Demo gegen den Einsatz von Kernenergie auf. Darunter einige Tausend gewaltbereite Protestler, die Steine und Molotowcocktails gegen Polizisten warfen. Die Polizei drängte die Demonstranten unter Einsatz von Tränengas, Wasserwerfern und tief fliegenden Hubschraubern vom Bauzaun zurück.

Eines der symbolträchtigsten Projekte für die Befürworter wie die Kritiker der Atomkraft war die Wiederaufarbeitungsanlage im oberpfälzischen Wackersdorf (WAA), gegen die ein breites gesellschaftliches Bündnis mit vielen Einheimischen auf die Barrikaden ging. Am Ostermontag 1986 strömten mehr als 100 000 Menschen zusammen. Erstmals setzte die Polizei im Bundesgebiet CS-Gas gegen Demonstranten ein. Der Tod eines demonstrierenden Ingenieurs wurde von den Demonstranten darauf zurückgeführt. Immer mehr »friedliche Leute« solidarisierten sich angesichts der durchgreifenden Staatsmacht mit den WAA-Gegnern.

Bei der folgenden »Pfingstschlacht« eskalierte die Gewalt ein weiteres Mal. »Autonome« (die Rede war von mindestens tausend angereisten Intensivtätern) beschossen Polizisten mit Steinen und Stahlkugeln (zynisch »Wackersdorf-Tango« genannt), Hubschrauber des Bundesgrenzschutzes warfen CS-Gas-Kartuschen in die Menge, Demonstranten zündeten zwei Polizeifahrzeuge an, 44 Wasserwerfer aus dem Bundesgebiet waren im Einsatz, um mit Reizstoff versetztes Wasser zu verspritzen. Über Pfingsten wurden auf beiden Seiten über vierhundert Menschen verletzt. Die Auflehnung nahm kein Ende. Blendschockgranaten und Gummischrotgeschosse flogen von hüben nach drüben, 1987 ging eine Berliner Polizeieinheit mit nie dagewesener Brutalität auf friedliche Demonstranten los, von »Knüppelorgien« und »Hetzjagten« war die Rede. Bundesweit formierte sich der Protest unter dem Slogan »Stoppt den WAAhnsinn«. 1989 dann die überraschende Wende: »Zu langwierig, zu teuer« – die Betreiber warfen das Handtuch.

2011 beschloss die Bundesregierung den endgültigen Atomausstieg, im April 2023 gingen die letzten drei AKWs vom Netz.

Bis dahin strahlte die rote Sonne über jedem Protest. Und wo protestiert wurde, wurde auch gesungen. Typisch der Kanon »Wehrt euch, leistet Widerstand, gegen das Atomkraftwerk im Land« (nach der Melodie »Hejo, spann den Wagen an«). Der Rootsmusiker Gerd Schinkel mit seinen Kanuten sang 1976 im »Katastropheneinsatzplan«: »Gehen Sie nicht mehr auf die Straße hinab, dann vermeiden sie den Kontakt mit dem Tod, der durch radioaktive Verseuchung droht.« Peter, Paule & Barmbek intonierten 1977 in der »Bullenparade«:

»Das Werk kommt nicht in die Tüte, denn sonst wird unser Leben versaut«, die Band Strom & Wasser forderte in den 1980ern: »Atomkraft, nein danke, wir werden nicht mehr länger dulden, dass sie uns den Hals zuschnüren.« Eine größere Verbreitung fanden Beiträge, die die Umwelt thematisieren, in der Regel nicht, zu sehr waren sie mit Larmoyanz und Kitsch durchsetzt. Aber halt, eine Ausnahme gibt es doch. Ab 1983 tanzten Hunderttausende von Deutschen in den Discos ausgelassen zu »Vamos a la playa« des italienischen Duos Righeira – nicht unbedingt um den Text wissend. Darin heißt es: »Wir gehen an den Strand … die radioaktiven Strahlen rösten und werden vom Blau abgetönt. Der radioaktive Wind zerzaust die Haare.«

1981

VIDEOREKORDER

Eine Frau liegt angeschnallt auf einem Operationstisch. Der Arzt erklärt: »Ich werde dir die Schlagader durchtrennen.« Er zieht ein Skalpell über ihren Hals, Blut strömt heraus. Andere Szene: Grinsend macht sich ein Kannibale über eine weiße Frau her, die nackt und gefesselt auf dem Boden kauert. Der Kannibale nimmt eine Machete, säbelt der kreischenden Frau eine Brust ab und beißt schmatzend in das Fleisch.

Was ging 1981 und in den nächsten Jahren in deutschen Wohnzimmern ab? »Zombies unter Kannibalen«, »Lebendig gefressen«, »Foltercamp der Liebeshexen«, »Das Kettensägen-Massaker«, das die Zeitschrift *Videoplay* mit den Worten empfahl: »Etwas für Freunde von Hackfleisch«.

Für dieses Genre schien es genug Aficionados zu geben, das Verlangen nach Blut und Tod war schier unersättlich. Unter den zwölf meistverliehenen Filmen rangierten 1981 Brutalos wie »Der Söldner«, »Streetfighters« und »Der Schlächter – Idi Amin«. Von den 1984 herausgebrachten Videoproduktionen hatten 38 Prozent mit Horror, Action und Krieg zu tun, dieselbe Anzahl entfiel auf Machwerke der Pornoindustrie.

Der Sprecher des DVI (Deutsches Video Institut) erklärte die Blutlust, die einen Teil der Deutschen gepackt hatte, so: »Im Menschen ist offensichtlich die Neigung zu destruktiver Gewalt angelegt.« In einer zivilisierten Gesellschaft lasse die sich nicht konkret ausleben, da bleibe als »Ersatzbefriedigung« eben nur das Zuschauen. Dieses Verlangen schien bei den Westdeutschen besonders ausgeprägt, machten doch 1981 45 Prozent des Umsatzes eben derartige Filme aus (»Erotik« hinkte noch mit zwölf Prozent hinterher).

In kaum einem anderen europäischen Land verbreitete sich die Videotechnik schneller als in der Bundesrepublik. 1960 für den Heimgebrauch entwickelt (beispielsweise der Loewe Optacord 500), kamen 1972 die ersten, noch horrend teuren Modelle für den Massenmarkt in die Geschäfte. 1979 besaßen die Westdeutschen dann schon 270 000 Videogeräte, 1981 750 000, ab Mitte der Achtziger stand in jedem vierten Haushalt ein Gerät. Im Vergleich zu den ersten robusten Backsteinrekordern immer schmaler, diffiziler, für ungeschickte Finger empfindlicher sich entwickelnd. 1977 brachte JVC den ersten VHS-Rekorder auf den Markt, ein System, das sich gegen die Konkurrenz von Betamax und Video 2000 durchsetzte. In der DDR war es September 1989 so weit: Das erste Videogerät gegen Ost-Mark war erhältlich. Davor war lediglich der Kauf importierter Geräte in Intershops möglich gewesen, gegen Westwährung. So kostete beispielsweise ein Sanyo 7350 DDR-Mark – knapp ein Viertel eines durchschnittlichen Jahresgehalts, eine Leerkassette war für 90 Mark zu haben.

Es lockte das Versprechen einer gewissen Unabhängigkeit vom Fernsehprogramm: Selbstbestimmung bei der Programmgestaltung. Sendungen aufzeichnen – nach Belieben immer wieder anschauen, Konflikten mit der Ehefrau aus dem Weg gehen, wenn die Übertragung eines Fußballländerspiels mit Reality-Szenen von »Ehen vor Gericht« (Lorenz gegen Lorenz) konkurrierte und der daraus resultierende Konflikt schnell vor demselben hätte enden können. Das Programmieren ließ manchen Zeitgenossen sich die Haare raufen, wenn statt des Fußballwettkampfes dann noch einmal »Lorenz gegen Lorenz« ihren Streit vor Gericht ausfochten. Aber die Sender spielten mit. Ab 1985 schickten sie ein Signal, und der Rekorder schaltete sich automatisch ein, vorausgesetzt, der Gerätebediener hatte den in den Fernsehzeitschriften abgedruckten Code eingegeben. Neben privaten Aufnahmen von Hochzeit, Geburt, Weihnachten und Urlaub am Tegernsee blühte vor allem das Geschäft mit Kaufkassetten, bereits 1981 standen sechstausend Titel zur Auswahl. Aus einigen Schrankwänden flogen die Bücher ins Altpapier – wenn sie denn je dort gestanden hatten – und wurden ersetzt durch die farbigen Kassettenrücken, die sich nun aneinanderreihten wie in einer Bibliothek. Wem der Kauf zu teuer war, der griff in der Videothek zu, lieh sich gegen Gebühr einen Film. Ein Zuschlag traf jene, die aus Faulheit oder Nachlässigkeit den geliehenen Film nicht zurückgespult hatten.

1975 hatte der erste deutsche Video-Film-Shop in Kassel eröffnet. Bis 1981 schnellte diese Zahl auf 3820 in die Höhe, Mitte der 1980er war mit über fünftausend Videotheken der Höhepunkt erreicht.

Wer durch wehende Flatterbänder oder durch einen Perlenvorhang schritt, betrat den Bereich, der Jugendlichen unter achtzehn verwehrt war, offiziell zumindest. Neben Sex-Filmen wie »Schneeflittchen und die sieben Zwerge« stand eine Folter-Palette mit Bestialität, Blut und Brutalität zur Auswahl. Freilich mussten diese Interessenten wieder irgendwann durch den Vorhang zurück, verschämt nach unten blickend, als hätten sie sich nur zufällig in die Schmuddelecke verirrt. Nicht ohne Grund verschwanden alle geliehenen Kassetten in einer neutralen Hülle, in der nicht unbedingt »Die Nimmersatte von Ibiza« aufs Abspielen warten musste, sondern ebenso Indiana Jones.

Der Chef der bayerischen Staatskanzlei, Edmund Stoiber (CSU), erregte sich über die »kannibalischen Schweinereien«, Familienminister Heiner Geißler (CDU) traf die kühne Prognose, »solches Schundzeug« müsse vom Markt verschwinden, und drohte, den »hemmungslosen Geschäftemachern« das Handwerk zu legen. Eine steile These wagte Eberhard Dall'Asta, Mediensprecher der CDU in Schleswig-Holstein. Da die SPD zusätzliche Fernsehprogramme verhindere, habe sich dieser »Boom so explosionsartig entwickeln« können. Boulevard-Blätter konstruierten einen direkten Zusammenhang zwischen Videograusamkeiten und realen Verbrechen. »Menschenfleisch in Dosen – war's ein Video-Kannibale?«, unkte *Bild*. Die Sozialdemokraten stemmten sich vehement gegen das von Postminister Christian Schwarz-Schilling (CDU) angestrebte Kommerzfernsehen. Aber nach dem Regierungsantritt der CDU hieß es ab 1982: freie Fahrt für das Privatfernsehen. 1984 gingen *SAT 1* und *RTL plus* auf Sendung.

Das Angebot spottete allerdings der »geistig-moralischen Wende«, die Kanzler Helmut Kohl 1982 versprochen hatte. Serien mit bis zu tausend kaum unterscheidbaren Folgen, infantile Ratesendungen, Talkshows, die die Bedürfnisse von Exhibitionisten und Voyeuren bedienten, waren Alltag. Kein

Thema schien für Hans Meiser und Ilona Christen krude genug. »Ich strippe für mein Leben gern«, »Die Männer tanzen nach meiner Pfeife«, »Blondinen sind dumm«, »Ein Lover genügt mir nicht«. Nächtens wurden Filme aus den 1970ern gezeigt, die man längst entsorgt glaubte: »Köpfchen in das Wasser, Schwänzchen in die Höh«, »Der lüsterne Türke«. *ARD* und *ZDF* schwangen sich auf der Qualitätsschraube nach unten, trotz des gesetzlichen Auftrags, die »demokratischen, sozialen und kulturellen Bedürfnisse der Gesellschaft zu erfüllen«.

Die DVD läutete ab 1997 das Sterben des Videorekorders ein, nur, um selbst noch schneller auf dem Schrotthaufen der Technikgeschichte zu landen. Denn dank Internet kann der User, wie es neuerdings heißt, alles in der Hosentasche mit sich herumtragen. Vom »Zombie, der am Glockenseil hängt«, bis Ingmar Bergmanns »Szenen einer Ehe«.

1982

STIRNBAND

Eben noch waren die Zuschauer der Tagesschau Zeugen der Unterzeichnung des israelisch-ägyptischen Friedensvertrags gewesen. Schon hüpften neun sparsam bekleidete Frauen auf silbernen Plateauschuhen – drei von ihnen oben ohne – über die Bühne, musikalisch begleitet vom Orchester Max Greger. Nicht über das Parkett des Pariser Lido. Vielmehr prangten im Hintergrund die Buchstaben CDU und der Slogan »Deutsche wählt das freie und soziale Europa« über der Bühne. Denn die Bilder kamen vom 27. Bundesparteitag der Christdemokraten in der Kieler Ostseehalle im März 1979.

Ein Raunen ging durch die Menge, als sich die französischen Damen ins Scheinwerferlicht schlängelten. Proteste versalzten die Delikatesse für die Männer, CDU-Frauen verließen empört den Saal und forderten den Abbruch. Noch während des Tanzes verteidigte der spätere Bundespräsident Karl Carstens die Einlage: »Das soll uns die SPD erst einmal nachmachen.« Auf der Stelle wurde CDU-Generalsekretär Heiner Geißler von Journalisten bestürmt. Zwar hatte er von dem heißen Tänzchen nichts gewusst, jedoch gestand er später: »Ich habe mir damals in Sekunden überlegt: Wenn du jetzt die Wahrheit sagst, bist du der Depp der Nation.« Also schwindelte er: »Natürlich habe ich davon gewusst.« Dieser Skandal hätte Geißler beinahe seinen Job gekostet. Nicht allerdings jene spezielle Anschauung, die er im Parlament zu Protokoll gegeben hatte: »Wir haben weder etwas gegen alte Frauen. Wir haben auch nichts gegen junge Frauen. Sie schauen sich zum Teil ganz passabel an.« So wie jenes blonde, Ingrid Steeger ähnelnde Modell, das 1976 Gänseblümchen im Mundwinkel, mäßig bekleidet, die Hände in grüne Boxhandschuhe verpackt, im CDU-Wahlkampf dazu aufforderte: »Komm aus deiner linken Ecke.«

Zu Beginn der 1970er hatte die Frauenbewegung Fahrt aufgenommen, durchaus mit Erfolg. Gilla hatte 1975 musikalisch die Initiative übernommen (»Willst du mit mir schlafen gehn?«), jedoch keine Nachfolgerin gefunden. Dafür gab Johanna von Koczian die kreuzbrave Hausfrau (»Das bisschen Haushalt macht sich von allein, sagt mein Mann«). Ironisch gedacht, aber von vielen Männern ganz und gar nicht so verstanden.

1982 dann verstörten neue, stimmgewaltige Töne die Männerwelt: Stirnband unter den punkig zurechtgemachten Haaren, kess verkleidet, pinke Gitarre in der Hand, forderte Ina Deter: »Neue Männer braucht das Land«, versehen mit einem konkreten Anforderungsprofil: »Ich such' den schönsten Mann im Land, ein Zettel an das Schwarze Brett, er muss nett sein, auch im Bett.« Das gefiel nicht unbedingt jeder in der Latzhosen-Fraktion, zu unpolitisch, zu unernst. Ina Deter stand für die selbstbewusste und selbstbestimmte Frau Anfang der 1980er. Dazu gehörte nicht nur das Einfordern von Spaß und offen über die eigene Sexualität zu sprechen, sondern auch die öffentlich zur Schau gestellten Versuche der Körper-Optimierung. Angefeuert von den Schauspielerinnen Jane Fonda und Sydne Rome löste 1982 Aerobic gerade unter Frauen einen Fitness-Rummel aus. Dynamisches Fitnesstraining in der Gruppe, Ausdauer und Koordination flossen hier ineinander. Bei achtzig Beats pro Minute zu aufpeitschender Musik wie »Physical« von Olivia Newton-John. War es der Trimm-Bewegung zehn Jahre zuvor völlig schnuppe gewesen, ob der Trainingsanzug rot oder blau war, kam dem Aerobic-Outfit eine bedeutende Rolle zu. Stirnband, Bodysuits, Leggings, Handgelenkband und Stulpen in schreienden Farben waren Pflicht: hervorstechende Accessoires aus Elasthan, Viskose, Lycra und Nylon. Das *ZDF* stieg von 1983 bis 1984 mit der wöchentlichen Sendung »Enorm in Form« ein, um die Zuschauer aus dem Fernsehsessel zu scheuchen. Zunächst erläuterte Orthopädie-Professor Bernd Rosemeyer die Übungen, ehe die Moderatorinnen Judith Jagiello und Gaby Just im Studio flankiert von anderen Aerobicnauten ohne Atem zu holen das Tempo vorgaben: hüpfen, springen, Hampelmann, Dehnungen auf dem Boden, Anleihen an Karate-Tritte. Und: lächeln, lächeln, lächeln, gute Laune, als bedürfe es keiner Anstrengung. Eisi Gulp setzte die Reihe 1984 für 16 Folgen mit Breakdance fort – roboterhafte Bewegungen mit dem Sound der South-Bronx – da warfen einige der Älteren das Stirnband.

Die DDR hatte telegenes Fitnesstraining seit Anfang der 1960er in der Sendung »Medizin nach Noten« im Programm. In der »Kalorienuhr« betraten »Karli« und »Bärbel« 1971 zu

Hammondorgelklängen das Wohnzimmer zur Volksgymnastik. »Heute mit einem Besenstil bewaffnet, weil nicht in jedem Haushalt ein Gymnastikstab vorhanden ist.« Ab 1985 peppte Aerobic die Sendung auf, in der DDR Popgymnastik genannt, übertragen aus dem Sport- und Erholungszentrum Berlin-Friedrichshain. Ein Vorturner für über einhundert Popgymnasten, bunt durcheinandergewürfelt, zu westlicher Musik, auffällig synchron. Der Schauspieler und »Musikalhumorist« Beppo Küster hetzte für das DDR-Fernsehen dann noch mit dem Fernsehballett zu Popgymnastik mal durchs Studio, mal auf das Flugfeld, wo er auf einer Radaranlage herumturnte. »Alle atmen wieder, müssen in Bewegung sein, linkes Bein und rechtes Bein, ein, zwei, drei, vier« gab Küster den hibbeligen Vorturner für coole Balletttänzerinnen.

Im Westen wurde ab 1988 zunehmend über die Schädlichkeit von Aerobic diskutiert. Die Fitnessmode fiel in sich zusammen wie ein kaltes Soufflé. Die Gruppenfitness jedoch setzte sich fort, nun aber gelenkschonender. Steppaerobic, Zumba, Tae Bo und Bodypump und anderes mehr.

Konnte es wundern, dass Männer angesichts der allzeit fitten Frauenkörper schwach wurden, immer noch oder schon wieder testosterongesteuert durch die Straßen balzten? Purple Schulz hatte wohl zu viel Aerobic geguckt, als er 1985 mit dem Gute-Laune-Song »Verliebte Jungs« auf Gockeltour ging. Verschmitzt-harmlos, als sei das die Legitimation für das Übergriffige. »Verliebte Jungs tanzen auf den Straßen, reiben ihre Nasen an den Frauen, die sich das gefallen lassen, verliebte Jungs können es nicht lassen, diese Frauen manchmal anzufassen.«

Eine weitere Variante des Rollbacks im Zuge des ab 1984 erlaubten Privatfernsehens: Die Show »Tutti frutti«, moderiert von Hugo Egon Balder, ab Januar 1990 wöchentlich bei *RTL plus.* Vorgeblich ein Quiz, stand im Mittelpunkt jedoch das Ausziehen. Einerseits durchaus professionell mit den hauchhaft bekleideten Aerobic-konformen Models des Cin Cin Balletts, die Namen trugen wie Zitrone, Kirsche, Kiwi und Mandarine. Mindestens genauso interessant, wenn die beiden Quiz-Kandidaten, ein Mann und eine Frau, einen Striptease hinlegen mussten (nicht bis zum bitteren Ende, Gott sei's gedankt), um ihr Punktekonto aufzufüllen. Was in den ungelenken Bewegungen nicht nur peinlich war, sondern zur (Schaden-)Freude des Publikums unbedingt auch so sein sollte. Hätten sie wenigstens bei »Enorm in Form« mitgeturnt und ihre Körper auf Vordermann und Vorderfrau gebracht.

1983

TRABANT

Das gibt's in keinem Russenfilm, wie man in der DDR sagte, wenn etwas noch haarsträubender war als gewohnt: Ausgerechnet der Klassenfeind sollte dem Plastebomber ein neues Herz einsetzen. Die Verhandlungen mit den Wirtschaftsbossen der SED (Sozialistische Einheitspartei Deutschlands) seien »durchweg angenehme Veranstaltungen gewesen«, erinnerte sich Carl Hahn, Vorstandsvorsitzender von VW. »Wir wurden wie die Fürsten behandelt.« Schließlich galt es, den Trabi auf Trab zu bringen. »Wir waren interessiert, einen Fuß in die Tür zu bekommen, Kontakte zu knüpfen, ein Thermometer in der DDR-Wirtschaft zu haben, an dem wir die Stimmung ablesen konnten.«

Hahn hatte einen Anruf seines Freundes Walther Leisler Kiep (CDU) erhalten, zuständig für die wirtschaftlichen Beziehungen zum Ostblock. Der habe ihm eröffnet, die DDR sei an Geschäften mit VW interessiert. Die Gespräche begannen 1983, im Folgejahr kam der Deal zustande, der den Trabi auf Touren bringen sollte.

Das war nichts gegen die Aufregung um den Handel, den ein Jahr zuvor der bayerische Ministerpräsident und selbst ernannte kalte Krieger, Franz-Josef Strauß, mit Alexander Schalck-Golodkowski eingefädelt hatte, dem obersten Devisenbeschaffer der DDR. Der Osten steckte wegen Auslandsschulden in der Klemme, und da kam der Kredit über eine Milliarde D-Mark, den Strauß organisierte, gerade recht. Die Nachricht schlug ein wie eine Bombe, die Öffentlichkeit reagierte überrascht, Strauß' Parteifreunde gingen an die Decke. Es stand der Vorwurf im Raum, er habe die DDR wirtschaftlich gerettet; hinter vorgehaltener Hand war die Rede von Bestechung. Allerdings versprach die DDR im Gegenzug, an der Grenze Selbstschussanlagen abzubauen, den Mindestumtausch für Jugendliche beim Besuch im Osten abzuschaffen, Ausreise und Familienzusammenführung zu erleichtern und Westdeutsche an der Grenze weniger zu drangsalieren.

Während die Milliarde floss, stockte die Zusammenarbeit zwischen Wolfsburg und Zwickau, obgleich die geplante OP am offenen Herzen dringend geboten war. Schließlich schluckte der Trabi, Modell 601, auf einhundert Kilometern bis zu zehn Liter einer Mischung aus Benzin und Öl, was einen übelriechenden Qualm verursachte, sein 26-PS-Zweitakt-Motor brachte es auf gut hundert Stundenkilometer. Der Plan: Dem in der Bevölkerung »Asphaltblase« oder »Kugelporsche« genannten Gefährt einen Viertakter zu verpassen, den Verbrauch zu reduzieren, die Luft zu entlasten und zu beweisen, dass es ein Fahrerleben jenseits der Einhundert geben konnte.

Der Trabant – schnell hatte sich die Verniedlichung Trabi eingebürgert – ist eines jener Objekte, die in einer Art Hassliebe untrennbar mit der Identität von DDR-Bürgern verflochten sind. »In der Stadt wird es still, die Menschen schlafen, nur der Trabant rollt durch die Straßen, Trabant, Trabant, ein kleiner Mann fährt darin«, drückte diese eigentümliche Verbundenheit 1981 die ostdeutsche Rockband Karussell aus. »Er fährt zu den Menschen, er fährt zu den Sternen, er fährt zu den Wolken, er fährt zu den Feuern.«

1958 lief der erste Trabant in Zwickau vom Band. Eine Umfrage hatte den Namen ergeben. Wie beim Satelliten Sputnik, der für die Sowjetunion die Erde umrundete, bedeutet er Begleiter und Weggefährte. Allerdings verpasste ihm die Bevölkerung zahlreiche Spitznamen wie »Gehhilfe«, »überdachte Zündkerze« oder »Pappe«. Zeitweise war der liebevoll Bespöttelte neben dem sowjetischen Saporoshez der einzige erhältliche Kleinwagen.

Frontantrieb, ausgelegt für vier Erwachsene, auffallend durch das kunststoffbeplante Stahlgerippe als Skelettkarosserie, robust, laut. Gefürchtet war der Riss des Keilriemens, der eine sofortige Unterbrechung der Fahrt erzwang. Mängel an den Türen, die sich oft nur schwungvoll schließen ließen oder sich selbstständig öffneten, Vibrationen, die besonders im Leerlauf die Insassen durchrüttelten. Er wurde zunächst als »Volks«-Wagen des Ostens gefeiert, was die Staatsführung jedoch nicht kümmerte. Ganz im Gegenteil: Sie verhinderte Pläne für neue Modelle, Fortschritte waren nur im untersten Regal umzusetzen. Astronomisch waren die Wartezeiten für einen Trabi: Bis zu zehn Jahre konnten ins Land gehen. Weswegen der in Ostberlin geborene Schriftsteller Thomas Brussig später einmal ätzte: »Der Trabant ist die Auto gewordene Verachtung der DDR-Obrigkeit gegenüber ihrem Staatsvolk.«

Beim Coup von 1984 ging es keineswegs von null auf hundert. Trotz westlichen Könnens und einer Fertigungsstraße in

Chemnitz verzögerte sich die Produktion der VW-Motoren, die Investitionen – das kennt man auch aus dem Westen – liefen von geplanten 3,7 Milliarden Ost-Mark auf 9,7 Milliarden heiß. Im Frühjahr 1990 schlug erstmals in einem Trabant ein Viertakt-Herz, im Modell »Universal 1.1«, das dem Vorgänger 601 ziemlich ähnlich sah, inklusive Duroplast-Schnauze. Der Westen jubelte: »So rasant ist der neue Trabant«, drückte *Auto-Bild* aufs Gaspedal. »Mit 40 VW-PS kann das Zwickauer Unikum jetzt seinen Spöttern zeigen, wo Hammer und Zirkel hängen.« Erstaunt zeigte sich die Illustrierte *Quick:* »Er knattert nicht, er stinkt nicht, und er bewegt sich doch.« Allerdings: Nun wandten sich die Ostdeutschen von ihrem Trabi ab, verhöhnten die Neuausgabe als »Mumie mit Herzschrittmacher«. Ein halbes Jahr zuvor war die Mauer gefallen. Im Vergleich mit dem chromblitzenden Automarkt des Westens erlitt der neue Trabi einen Kolbenfresser. Trabi und Wartburg, das zweite Fahrzeug, das unmittelbar mit der DDR in Verbindung gebracht wird, stotterten auf die Auslaufspur. Den Wartburg, der im Vergleich zum Trabi hauptsächlich für den Export gebaut worden war, trieb bereits seit 1988 ein von VW entwickelter Vierzylinder-Viertaktmotor an. Half auch nichts mehr, 1991 wurde in Eisenach die Produktion eingestellt.

Am 30. April 1991 verließ der letzte Trabi, pinkfarben, die Produktionshalle des Sachsenring-Werks in Zwickau. Der 3 096 099. seit Erstauslieferung. Aufschrift: »Trabant – Legende auf Rädern«. Fahren wollte ihn keiner mehr, den Letzten aus dem Pleistozän des Automobilbaus. Er wurde nagelneu in Rente geschickt, direkt ins Automuseum abgeschoben.

Für Westler war der Trabi das hervorstechende Objekt, um einen »Ossi« zu identifizieren. Westsänger Stefan Waggershausen drückte seine Sympathie 1991 so aus: »Die Straße ist leer und der Himmel grau, ein letzter Moment der DDR. Kein Sonntagsspaziergang, keine Familie, kein Wein, es geht nur um eins, es geht nur um ihn … Er war das Auto der kleinen Leute, er war das Auto der deutschen Freunde … Der letzte Trabi rollt vom Band.« Gern gesehener Gast war der »Mercedes Krenz« in zahlreichen Filmen über die DDR wie »Go Trabi go« aus dem Jahr 1991.

Carl Hahn, der 1984 so optimistisch den Viertakt-Paten gegeben hatte, ließ später nichts mehr vom früheren Elan erkennen. »Haben Sie mal versucht, sich mit vier Personen da reinzuquetschen?«, nörgelte er in einem Interview mit dem *Spiegel.* Der Trabi sei für ihn Ausdruck der katastrophalen Armut, in die das planwirtschaftliche System die ursprünglich hervorragende ostdeutsche Wirtschaft getrieben hatte.

1984

TRIVIAL PURSUIT

Ein Samstagabend, September 1984, 20.15 Uhr. Vorhang auf in der *ARD* für einen der letzten Quiz- und Showmaster, der für das allmählich in Dämmerschlaf sinkende Bildungsbürgertum stand. Hans-Joachim Kulenkampff präsentierte eine neue Folge der Sendung »Einer wird gewinnen«, die von 1964 bis 1969 den Gedanken des vereinigten Europas unterstützen wollte (die EWG, die Europäische Wirtschaftsgemeinschaft war der Vorläufer der EU) und von 1979 bis 1987 noch einmal Rekordquoten garantierte. Acht Kandidaten aus acht europäischen Ländern stellten sich den Fragen des Grandseigneurs und Charmeurs, der Kandidatinnen seine Wertschätzung mit Worten und Blicken zuteilwerden ließ, die ihn heute ins mediale Nirvana katapultieren würden. Wer hier antrat, benötigte ein anspruchsvolles Allgemeinwissen, musste aus einem Potpourri Theaterstücke heraushören, Länder anhand von Kartenumrissen und Nationalhymnen erkennen, an einer Weltkarte historische Reiserouten nachzeichnen. Kulenkampff überzog die Sendung notorisch, was danach nur noch Thomas Gottschalk gestattet war, der starke Männer einen VW-Bus umblasen und Telefonbücher zerreißen ließ.

Nun war die Chance, einmal bei »Kuli« Fragen beantworten zu dürfen, geringer, als eine Million im Lotto zu gewinnen. Andererseits brannten viele darauf, sich jenseits von Schule und Beruf folgenlos prüfen zu lassen. Nicht nur das Fernsehen reagierte auf das Bedürfnis, sich einem Wissens-TÜV zu unterziehen, einen Gegner niederzudenken und niederzuwissen, auch der Spielemarkt reagierte. Generationen wuchsen mit dem Spiel »Denk fix« auf. Es galt, eine Scheibe zu drehen und die Antwort der gestellten Aufgabe mit dem Buchstaben zu beginnen, den das Sichtfenster der Scheibe anzeigte. Es ging um Haushaltsgeräte, Kleidungsstücke, ein Reiseziel und dergleichen.

Einfach gestrickt, aber jeder begriff es. Eine andere Hausnummer war das 1981 von zwei Kanadiern auf den Markt gebrachte Trivial Pursuit (zu Deutsch trivialer Zeitvertreib), auf das sich die Deutschen ab 1984 stürzten und das sie in verschiedenen Ausgaben im Laufe der Zeit mit weit mehr als 240 000 Fragen konfrontierte. Dabei galt es sich durch nach Farben getrennte Gebiete wie Erdkunde, Unterhaltung, Geschichte, Kunst & Literatur, Wissenschaft & Technik sowie Sport & Vergnügen gegen die Mitspieler durchzuquizzen. Für die richtige Beantwortung gab es eine Wissensecke, wer alle Farben zusammen hat, ist der Schlauste am Tisch. Das Bedürfnis, Besserwisser zu sein, ging einher mit dem Fernsehfrust wegen zunehmender Einheitskost. Erwachsene, die jüngeren wie die älteren, entdeckten, wie unterhaltsam, im wahrsten Sinne des Wortes, ein Brettspiel sein kann. Spieleabende mit vorgelagertem Imbiss und Getränken im Wohnzimmer kamen in Mode. »Mensch ärgere dich nicht« wurde wieder hervorgeholt, ebenso wie »Scrabble«. Bis zum Morgengrauen galt es bei »Risiko« die ganze Welt zu erobern. »Monopoly« brachte es im Laufe der Jahre zu zig abstrusen Editionen wie »Landkreis Gütersloh«, »Die Geissens«, »Goslar«, »Top Gun«, »Pummeleinhorn« und »Glööckler«.

Bei Monopoly zockten auch DDR-Bürger gern wie sonst nur im Westen denkbar – jedoch war das Spiel im Ostblock verboten. Nicht weniger als die Westler hatten die Ostler ihre Freude am Brettspiel, aber es gab praktisch keine komplexen Spiele, keine neuen Formen. Schlupfte einmal ein Spiel wie »Sagaland« durch die Kontrollen, improvisierten die Menschen, daran gewöhnt durch ihren von Mangel geprägten Alltag. Sie formten für das Legespiel »Alaska« findig Eisbären aus Suralin, klebten auf vorgesehene amerikanische Hubschrauber das Foto eines sowjetischen Modells, beschrifteten eine Ereignis-Karte von Monopoly mit »Dein Kind hat sich ein Bein gebrochen, gehe in die Querstraße und bezahle«. Früher befand sich in Leipzig dort tatsächlich die Kinderchirurgie.

Der Kitzel beim Duell mit dem eigenen Kopf oder dem Nachdenk-Wettstreit mit anderen schien block- und ideologieunabhängig. Ratesendungen waren in der DDR nicht weniger populär als in der BRD. Von 1952 bis 1954 strahlte der *Deutsche Fernsehfunk* seine erste Quizsendung aus: »Wer rät mit – wer gewinnt«. Auf Wissen getrimmt waren auch »Gewußt? Gewonnen«, »Köpfchen, Köpfchen« und »7 treffen sich um 8«. Ab 1974 lief »Schätzen Sie mal« (»Wie viel Prozent der Fünfjährigen glauben an den Klapperstorch?«). Von 1983 bis 1985 musste auf Druck der Regierung in jeder Sendung mindestens eine Frage zum Thema Sowjetunion gestellt werden. Diese Sendung überstand die Wende bis 1997.

Als sei er verantwortlich für die Allgemeinbildung der Nation, trat von 1958 bis 1969 im Westen Heinz Maegerlein als »Quizmeister«, wie er sich nannte, mit »Hätten Sie's gewußt?« vor die Kamera (»Wie heißt der zweithöchste Berg Afrikas?«). Etwas Volkshochschulartiges im Unterhaltungskostüm hatten Sendungen wie »Alles oder nichts« (1958 bis 1988) und »Der Große Preis« (1974 bis 1992) mit Wim Thoelke, bei dem die Kandidaten nicht nur allgemeine Fragen, sondern vor allem solche aus der Schublade beantworten mussten, die ihnen am Herzen lagen. Franz Schubert, die Geschichte des Porzellans, europäische Giftschlangen, die Erzähltradition Knut Hamsuns.

Plötzlich schreckte ein tiefes Signal auf, und der Zonk sprang hämisch ins Bild, eine rot-schwarze Stoffratte. Nicht, weil ein Kandidat der Sendung »Geh aufs Ganze« eine Frage falsch beantwortet, sondern weil er schlicht nicht die richtige Tür erraten hatte. Das Privatfernsehen überflutete seine Programme mit teils aus den USA abgekupferten oder selbst ausgetüftelten Quizsendungen, nicht selten mit Werbung verquickt. »Glücksrad«, das sich 2005 ausgedreht hatte, »Ruckzuck«, »Der Preis ist heiß«. »Wer wird Millionär?« erhob als eine der wenigen Ausnahmen den Anspruch, den Grips bemühen zu müssen. Mittlerweile sind Quizsendungen – ähnlich wie der Regionalkrimi – bis in die Landesprogramme der *ARD* durchgesickert.

Bei all der Verflachung – Brettspiele sind immer noch gefragt. Durchschnittlich befinden sich in jedem deutschen Haushalt fünf Karten- und Gesellschaftsspiele. Darunter nach wie vor »Trivial Pursuit«, gleich, ob in der Ausgabe Junior, Baby Boomer oder der Stars Wars Edition.

Tapfer würfelt das Brett- gegen das Computerspiel an, das nicht erst mit dem Hochleistungs-Computer seinen Siegeszug antrat. Bereits in den 1970ern konnten sich zwei Spieler mit »Pong« auf dem Bildschirm des Fernsehers einen Punkt in Zeitlupengeschwindigkeit um die Ohren schlagen. Falls diese Frage einmal bei »Trivial Pursuit« oder »Wer wird Millionär?« an die Reihe kommt: 2022 wurden in Deutschland 710 Millionen Mark mit Brett- und Kartenspielen umgesetzt, mit Computerspielen 9,9 Milliarden.

1985

NIKE-SPORTSCHUH

Eine »Unverfrorenheit«, schäumte Bundeskanzler Helmut Kohl, der bei seinem Amtsantritt drei Jahre zuvor die »geistig-moralische Wende« eingefordert hatte. Kohl empörte sich keineswegs über die Marke, einen knöchelhohen weißen Sportschuh von Nike (heute bekannt als Hi-Top Sneakers). Musste es gerade ein US-amerikanisches Produkt sein, dessen Logo an die Flügel der Göttin Nike erinnerte und das dem urdeutschen Marktführer adidas mehr und mehr auf die Zehen trat? Immerhin sah doch der »adidas Allround« dem amerikanischen Newcomer zum Verwechseln ähnlich; also, wenn schon, denn schon. Es ist allerdings anzunehmen, dass es Kohl weniger ums Markenbewusstsein beim Schuhwerk ging (er selbst schlüpfte bevorzugt in schwarze Slipper), sondern er sich viel mehr darüber empörte, dass sich ein Minister in Turnschuhen (der Marke

Nike) vereidigen ließ: Am 12. Dezember 1985 sprach Joseph Martin »Joschka« Fischer vor dem Hessischen Landtag in Wiesbaden als erster grüner Politiker den Eid als Minister, zuständig für das Ressort Umwelt- und Energie, häufiger jedoch als »Turnschuh-Minister« tituliert.

Gut möglich, dass Fischer sich überhaupt keinen Kopf um das Modell machte und er der angesagten deutschen Marke nicht absichtlich auf die Zehen treten wollte. Vielmehr wird ihm das ziemlich egal gewesen sein. In seinem politischen Tagebuch notierte er unter dem 11. Dezember 1985: »Es bleibt mir an diesem Nachmittag angesichts der öffentlichen Debatte um die Kleiderordnung des ersten grünen Ministers noch das wichtigste Problem zu lösen: Turnschuhe müssen her, denn meine alten sind hinüber.« So griff er wohl nach dem erstbesten Paar, nämlich jenen Nikes für 149,90 Mark. Nur einmal getragen. Seit 1990 stehen die Schuhe als eine der Hauptattraktionen im Offenbacher Ledermuseum neben Plateauschuhen von Madonna und den Wanderschuhen des ehemaligen Bundespräsidenten Karl Carstens. Schuh an Schuh, Nike neben Wanderstiefel – weiter auseinander können Lebensläufe deutscher Nachkriegspolitiker kaum klaffen. Ein ehemaliges NSDAP-Mitglied und späterer Professor für Staats- und Völkerrecht neben dem früheren Unterstützer der APO (Außerparlamentarische Opposition), Taxifahrer, Mitglied der linksradikalen Gruppe Revolutionärer Kampf und einer der ersten »Realos« der Grünen.

Die restliche Kleidung, die Fischer bei seiner Vereidigung trug, fand indessen kein museales Interesse, wenngleich sie dem Anlass entsprechend nicht weniger ungewöhnlich war. Ein graues, langweilig gemustertes Hemd unter einem groben, zu großen Sakko, dazu weite Jeans. Pikierte sich in diesen Jahren kaum einer über modische Frevel (daumenbreite Lederkrawatte, Sakko wahlweise zu Jeans oder die Männlichkeit betonende Lederhose, Sportschuhe), galten die Ami-Schuhe Fischers als Provokation, als Symbolpolitik, als Nachruf auf die wilden 68er.

Dabei hätte es jeder ahnen können. Joschka Fischer gehörte zu jenen 28 Abgeordneten, die 1983 als erste Grüne in den Bundestag einzogen. Ein CSU-Politiker forderte prompt eine Änderung der Geschäftsordnung, damit »diese Typen« wenigstens »nicht ohne Krawatten im Parlament herumsitzen«. Brachte nichts. Topfpflanzen vor sich postierend, saßen sie, mitunter strickend, in Freizeitkleidung im Bonner Parlament als lebendiger Farbtupfer zu den meist älteren Herren in korrektem Mausgrau. Wenig später stand Fischer – ein Meister der Selbstinszenierung – bei einer Aussprache zur Lage der Nation mit runder Sonnenbrille und weißem T-Shirt am Pult, später in Jeansjacke und Sweater. Im Oktober 1984 scheuchte eine Debatte um die Flick-Affäre das Hohe Haus auf; Fischer wurde nach mehreren Zwischenrufen des Platzes verwiesen, verließ, an Richard Stücklen gerichtet, den Saal mit den Worten: »Mit Verlaub, Herr Präsident, Sie sind ein Arschloch.« Und trug bei seinem Abgang – Turnschuhe.

Da die Grünen seinerzeit noch nicht an den Sitzen klebten, verließ Fischer nach dem bei seiner Partei üblichen Rotationsprinzip im März 1985 den Bundestag, nur um ein halbes Jahr später im Hessischen Landtag ein furioses Comeback zu feiern. Noch 1982 hatte der Hessische Ministerpräsident Holger Börner (SPD), ehemaliger Betonarbeiter, es als abwegig bezeichnet, je mit Grünen am Verhandlungstisch zu sitzen (»Solche Fotos werden Sie nicht einmal als Montage sehen«), und beteuerte, früher habe man »solche Dinge« auf dem Bau »mit der Dachlatte erledigt«. Das freilich wäre eine interessante Konfrontation gewesen: Dachlatten-Börner gegen Haudrauf-Fischer. Jenes einst in Straßenschlachten mit der Polizei zupackende Mitglied der Frankfurter »Putztruppe«. 2001, da schon Außenminister, räumte er ein, 1973, mit einem Motorradhelm vermummt, auf einen Polizisten eingeschlagen zu haben.

Aufgrund der labilen »hessischen Verhältnisse«, nach längerer Tolerierung der SPD-Minderheitsregierung, fand sich Holger Börner am 12. Dezember 1985 am Ende doch auf einem Gruppenfoto wieder, das keineswegs eine Montage war. Sinnigerweise steht in der Mitte wie ein Missverständnis Joschka Fischer mit lausbubenhaftem Augenaufschlag, wohlwollend, belustigt beäugt von der einzigen Ministerin, Vera Rüger, eingerahmt von ordentlichen dunklen Anzügen und Krawatten und konsterniert dreinschauenden Ministerkollegen. Hans Krollmann mit gespitzten Lippen immer noch ungläubig auf die schneeweißen Nikes blickend, Holger Börner, als habe er, mit Verlaub, Herr Ministerpräsident, gerade eine Dachlatte vor den Kopf geschlagen bekommen.

Ein weiteres Gruppenbild, ohne Dame, Oktober 1998. Kanzler Gerhard Schröder, lachend den Kopf nach hinten geworfen und der kichernde Finanzminister Oskar Lafontaine. Wieder in der Mitte Joschka Fischer, verschmitzt grienend. Der neue Außenminister im mausgrauen, eine Spur zu großen Anzug (als habe er ihn erst jüngst erstanden wie einst die Nikes), violettes Hemd, ziemlich breite, gepunktete Krawatte, schwarze Budapester, schwarzer Siegelring. Jeder der Troika jovial eine Champagnerschale in den Händen.

Gerhard Schröder – gern mit Cohiba-Zigarre zwischen den Fingern – gab einen neuen Stil vor, der seinen Ausdruck in Brioni-Anzügen fand. Minister Joschka Fischer jedoch machte ihm den Rang des bestangezogenen Politikers streitig. Teurer eleganter Zwirn, vorgestrige Westen. »Ich bin früher auch nicht im Baströckchen rumgelaufen und habe meine Blöße nicht mit Blättern bedeckt«, belferte er ironisch fragende Journalisten an. Turnschuhe schnürte er höchstens noch zum Jogging, wenn er wieder beim Lauf zu sich selbst und gegen überflüssige Pfunde unterwegs war.

In den 2010er-Jahren hielt ein weiterer Stilwechsel Einzug, zuerst abzulesen bei den Kapitänen der Wirtschaft. Siemens-Häuptling Joe Kaeser erschien auf Podien mit offenem Hemd und Jeans, so wie Daimler-Boss Dieter Zetsche. Allianz-Oberhaupt Oliver Bär trat mit knallroten Sportschuhen auf (schon wieder eine Ami-Marke, Under Armour). Und VW-Digitalchef Johannes Jungwirth bekannte: »Ich bin J.J. Mich muss man nicht siezen.« Da war Joschka Fischer noch ganz alte Schule gewesen, als er bei seinem Rauswurf aus dem Bundestag den Präsidenten zwar mit einer Verbalinjurie schmähte, ihn aber immerhin siezte.

1986

GEIGERZÄHLER

Jene Interpreten der deutschen Rock- und Popszene, auf die Verlass ist, wenn es gilt, für das Gute in der Welt zu singen und gegen das Böse zu musizieren, kamen am 17. August 1986 auf der Berliner Waldbühne zusammen. Klaus Lage, Ulla Meinecke, Peter Maffay, Herwig Mitteregger, Heinz Rudolf Kunze und Konstantin Wecker. Begeistert beklatschte das Publikum auch Wolf Maahn, der sein Lied »Tschernobyl« anklagend intonierte: »Oohoho Tschernobyl, das letzte Signal vor dem Overkill. Heh, heh, stoppt die AKWs! Heh! Strahlenmesstrupps ziehen durch die Straßen und Parks, halten Geigerzähler über Milch und Kopfsalat.« Wenn die Kunst im Angesicht der Realität offene Türen einrennt … Moderiert wurde das Konzert von keinem Geringeren als Willy Brandt.

Die Musiker verzichteten auf ihre Gage, der Erlös sollte

eine unabhängige Strahlenmessstelle finanzieren. Keine ganz billige Angelegenheit. Wesentlich preiswerter war der Geigerzähler für jedermann.

Halbgares Wissen, Unsicherheit, Sorge und Angst schwebten 1986 wie die befürchtete radioaktive Wolke über Politik, Medien und Bevölkerung. Die Mehrheit fühlte sich berufen, mit Begriffen wie Becquerel, Jod 131, Strontium 90 und Plutonium zu hantieren, als hätte sie schon als Kind mit dem Kosmos-Experimentierbaukasten ihre Freizeit verbracht. Apothekern gingen Jodtabletten aus, Ärzte warnten, eine falsche Dosierung sei schädlicher als ein »bisschen Strahlung«. Ganz Besorgte organisierten mit Freunden den verbilligten Kauf von Geigerzählern – die Händler gewährten Gruppenrabatte –, was Experten freilich für übertrieben hielten. Es gab Empfehlungen zum Unterpflügen von Feldfrüchten und zum Sperren von Kinderspielplätzen, wobei aus heutiger Sicht strittig ist, ob das angemessen und überhaupt notwendig war. Schnell wurde deutlich: Ein Plan für ein derartiges Ereignis lag nirgendwo in der Schublade.

Am 26. April 1986 war im sowjetischen Kernkraftwerk Tschernobyl ein Reaktor explodiert. Radioaktive Stoffe wurden dabei 1,2 Kilometer hoch in die Luft geschleudert. Der GAU, der größte anzunehmende Unfall, war eingetreten und nicht mehr zu kontrollieren. In den folgenden Wochen zogen radioaktive Wolken über Teile von Europa, in manchen Gegenden Süddeutschlands stiegen nach Regen die Strahlenwerte erheblich an. Jedes Bundesland legte seine eigenen Grenzwerte für Lebensmittel fest, an der innerdeutschen Grenze mussten Fahrer, die vom Osten her einreisen wollten, ihren Wagen auf Strahlenbelastung testen lassen. Was hier gesagt und dort verlautbart wurde, verfilzte sich zu einem Knäuel an Behauptungen, Bewertungen und Bekenntnissen, den die meisten nicht mehr entwirren konnten. Kühe von der Weide? Spiel und Sport im Freien bedenklich? Auf Milch verzichten? Eine häufig gestellte Frage bei Bürgertelefonen: Doch lieber einen Geigerzähler anschaffen? Nein, zu teuer, lieber nicht selbst messen. Demonstrativ kaufte Berlins Regierender Bürgermeister Eberhard Diepgen auf dem Wochenmarkt in Schöneberg zwei Salatköpfe, die er mit dem Umwelt-, dem Innen- und dem Gesundheitssenator verzehren wollte. Einige Molkereien in Süddeutschland erhielten Anweisung, radioaktiv belastete Molke von der Milch zu trennen und nicht zu verkaufen, sondern einzulagern. Der bayerische Staatsminister für Umweltfragen Alfred Dick nahm öffentlich mit Cäsium-137 belastete Molke zu sich und tat das mit der Bemerkung ab: »Des tut mir nix.«

Jahrelang geisterte ein Zug aus Bayern mit radioaktiv verseuchtem Molkepulver durch die Bundesrepublik, kurzzeitig stand der Verkauf nach Afrika zur Diskussion. Am Ende kaufte der Bund für 3,8 Millionen Mark den toxischen Staub. Zum Reinigen der kontaminierten Ladung entstand in einer gut geschützten Halle des 1977 stillgelegten Kernkraftwerks Lingen das Dekontaminierungszentrum der Bundesrepublik. Geschätzte Reinigungskosten: etwa 13 Millionen Mark, später wurden daraus gut 40 Millionen Mark.

Oohoho Tschernobyl, das letzte Signal: 58 Prozent der Westdeutschen fühlten sich »stark bedroht«, der GAU war Wasser auf die Mühlen der Atomkraftgegner, es entstand das Bundesministerium für Umwelt, Naturschutz und Reaktorsicherheit.

In der DDR wurde zunächst der Schwarze Kanal bemüht, um mit falschen Meldungen die Bevölkerung zu wattieren, schließlich stand ein Bruderstaat am Pranger der Kapitalisten, die sich nicht scheuten, die Angelegenheit propagandistisch auszuschlachten – so die Lesart der SED. Erst vier Tage nach dem GAU berichtete die Aktuelle Kamera über die »Havarie«, von freigesetzter Radioaktivität war nicht die Rede. Dafür durften sich die Bürger in den Wochen danach über ein reichhaltiges Angebot an Gemüse freuen – das der Westen den Lieferanten aus dem Ostblock nicht mehr abnahm. Jene, die Westfernsehen schauten, wollten auch nicht in diese Äpfel, Rote Bete und Salate beißen. So wurden die Früchte kostenlos in Kindergärten und Schulen verteilt. Ein öffentlichkeitswirksames Sedativ sollten die Radsportasse der Bevölkerung verabreichen, die an der 39. Internationalen Friedensfahrt teilnahmen (so etwas wie die Tour de France des Ostens für Amateurfahrer), die zehn Tage nach dem GAU und nur einhundert Kilometer vom Reaktor entfernt in Kiew startete. Die Medien erhielten die Anweisung, den Gewinner Olaf Ludwig aus Gera nicht als »strahlenden Sieger« zu bezeichnen und den Verzicht fast der Hälfte der Mannschaft zu relativieren. Zwei Monate nach der Katastrophe gab Staatsekretär Erich Honecker den Tipp, seine Mutter habe Salat zu Hause auch immer gewaschen. Und fügte hinzu: »Ich bin der Meinung, dass die Kernkraft nicht das letzte Wort ist.«

25 Jahre später dann die Katastrophe von Fukushima. Erneut musste sich die Kunst am Unglück abarbeiten. Die österreichische Popband Erste Allgemeine Verunsicherung tourte mit ihrem Album »Werwolf-Attacke« 2015 durch Deutschland. Burli aus einem Song von 1987 tauchte wieder auf, ein fiktiver Junge, der nach Tschernobyl mit zahlreichen Mutationen zur Welt gekommen war. Comeback in »Fukushima«: »Er war unser Vorbild, unser alter Held, das Idol der atomaren Welt … Doch seit Japans Supergauli liebt er ein neues Frauli, Fukush-Irmi ist ihr Nam'«. Und die Neue habe »12 Tuttis und drei Hintern«.

Während viele Japaner gefasst mit »ihrer« Katastrophe umgingen, hörten sie höflich-verständnislos, dass in Deutschland schon wieder ein Run auf Geigerzähler eingesetzt hatte. Hätte man wegen Wolke und Entfernung (1500 Kilometer) bei Tschernobyl möglicherweise noch Verständnis für den Panikkauf haben können, war er bei einer Entfernung von gut 9000 Kilometern und ohne das Nahen einer Wolke absurd. Die Psychologie kennt dafür den Begriff Angstlust, das zwiespältige Gefühl, wenn aus Bedrückung oder dem Bewältigen derselben ein lustvolles Erleben entsteht.

Bundeskanzlerin Angela Merkel, gelernte Physikerin, erkannte jedenfalls, dass die Kernkraft nicht ungefährlich ist, und leitete den Ausstieg Deutschlands aus dieser Technologie ein.

1987

KRATZSTAMM

Im Juni 2023 bat die Polizei die Bevölkerung, im Bereich von Kleinmachnow südlich von Berlin das Haus nicht zu verlassen. »Offenbar streift ein Wildtier durch bewohnte Gebiete.« Ein 19-Jähriger hatte der Polizei ein sechs Sekunden Video gezeigt, auf dem ein Tier, das sich »komisch« verhalten habe, hinter einem Busch neben einem Wildschwein stöberte. Könnte ein Löwe sein, mutmaßte er. Über einhundert Polizisten gingen dreißig Stunden lang auf Löwenjagd, ohne Erfolg. Offensichtlich war es doch bloß eine Wildsau gewesen.

Das klang wie ein weiterer dem Sommerloch geschuldeter Tier-Klassiker. Der ausgebüxte Kaiman Sammy (1994), Schwanen-Dame Petra, die sich 2006 unsterblich in ein Tretboot verliebte, Yvonne, die bayerische Kuh außer Rand und Band (2011), Schnappschildkröte Lotti, die angeblich 2013 einem

Jungen an einem Weiher die Achillessehne durchbiss, Känguru Skippy, das 2015 wie auf Droge quer durchs Sauerland hüpfte, und 2019 eine hochgiftige Monokelkobra, deretwegen in Herne einige Menschen vorübergehend ihre Häuser verlassen mussten.

Die Löwin, das heißt: die Wildsau, von Kleinmachnow erinnerte einmal mehr daran, dass Deutschland einer der größten Märkte für exotische Heimtiere ist (die Organisation Pro Wildlife geht von einhunderttausend Tieren pro Jahr aus). Die Privathaltung von Wildtieren wie Löwen, Pumas und Schlangen ist hierzulande nahezu uneingeschränkt erlaubt (die Einfuhr allerdings nicht). Daran änderte auch die Bundesartenschutzverordnung nichts, die 1987 zum Schutz wildlebender Tier- und Pflanzenarten in Kraft trat. Die Besitzer von nicht heimischen Tieren sind lediglich verpflichtet, die Haltung anzuzeigen.

Kaimane, Affen und Schlangen sind dennoch die Ausnahme als Bewohner einer Mensch-Tier-WG. Der Katze (15,2 Millionen Exemplare) schleicht keiner den Rang ab. Selbst nicht der Hund (10,7 Millionen), trotz stattlicher Zuwachsraten. Die einst so beliebten Meerschweinchen, Hamster, Kaninchen und Aquarienfische haben an Beliebtheit hingegen eingebüßt. Mithin: 34,4 Millionen Tiere leben als geliebte Mitbewohner unter deutschen Dächern.

Diese Zahl ist seit 1987 enorm angestiegen und hat sich mehr als verdoppelt: Heimtiere sind für viele die letzte Verbindung zur Natur, für alleinstehende Menschen Trost- und Freudenspender.

Natürlich profitiert auch die Industrie am Boom von Katze, Hund und Co.: 10,7 Milliarden Euro setzt sie jährlich mit Produkten um. Da bekanntlich erst das Fressen kommt, wird vor allem viel Wirbel ums Futter gemacht: »Katzen würden

Whiskas kaufen«, »Ist die Katze gesund, freut sich der Mensch«, »Für ein glückliches und gesundes Vogelleben – mit Jod S11-Körnchen« waren Slogans, die sich einnisteten. Mittlerweile gibt's das alles auch kalorienarm, gluten- und gentechnikfrei und vitaminangereichert. Äußerst beliebt war 1987 der mit Sisal umwickelte Kratzbaum, zum Wetzen der Katzen-Krallen, um Sofa und Möbel damit zu schonen. Übrigens ist der Kratzbaum made in Germany: 1983 erfunden in Wegberg nahe Köln. Heute verkauft das Familienunternehmen jährlich zehntausend Bäume, 130 Modelle stehen den Katzenliebhabern zur Verfügung, in acht Farben. Ansonsten ist der Markt wie jener für Kinder überflutet mit mehr oder weniger nützlichem Spielkram. Katzentunnel, Plüschmaus mit Stimme, Pet's Sudoku, Hundepuzzle. Der Trend, wen wunderts: mehr Holz, weniger Plastik.

Nicht erfreulich und schon gar nicht tierlieb: 50 000 bis 80 000 Hunde, Katzen, Kaninchen und Exoten werden in der Sommerzeit ausgesetzt – die Tierheime platzen dann aus allen Nähten. Auch Zeitschriften wie *Dogs, Partner Hund, Fressnapf Friends, Mein Pferd, Wellensittich & Co, Marginata – Das Schildkrötenmagazin* kämpfen um Kunden. Da wundert es nicht, dass es nun auch ein »Heimtier des Jahres« gibt (2024 der Zebraharnischwels) und jährlich, wie bei Kindern, die beliebtesten Katzen- und Hundenamen ermittelt werden. Lagen bei den Katzen 1987 Felix, Blacky, Susi und Lady in der Gunst weit vorn, waren es 2023 Luma, Nala und Lilly sowie Simba, Leo und Balu.

Das Heimtier hat seinen Preis. Ein Hund kostet im Schnitt 103 Euro im Monat. Wer es preiswerter mag, nimmt den Wellensittich, der sich mit sieben Euro begnügt. Gut überlegt sein will der Erwerb einer Schildkröte bei einer Lebenszeit von 95 Jahren, was mit rund 29 000 Euro zu Buche schlägt …

1988

SELBSTLADEPISTOLE COLT MODELL GOVERNMENT

Die Selbstladepistole Colt M 1911 kannte kaum jemand, der sich nicht mit Schießeisen beschäftigte. Doch seit dem 17. August 1988 war sie einem deutschen Millionenpublikum bekannt und stand für ein Versagen der Medien. Die Bilder brannten sich ein: Der Gangster Hans-Jürgen Rösner gab der Tagesschau und anderen Journalisten in Bremen vor einem entführten Bus mit 32 Fahrgästen ein Interview, umstellt von Fotografen und Kameraleuten: Was jetzt geschehe, wollte der Reporter wissen. Wenn die Polizei ihren Forderungen nicht nachkomme, dann »knalle« es im Bus, besonders sein Kumpel – Degowski – sei »brandgefährlich«. »Und das Letzte ist dann …«, erklärte Rösner und steckte sich den Lauf des Colts in den Mund. »Ich scheiß auf mein Leben.« Nachfrage: »Und die Unschuldigen?« Rösner: »Da kann ich nichts dafür.« Die Polizei hielt sich auch im Hintergrund, als Journalisten im Bus die Geiseln interviewten, sie fotografierten und filmten. Dazwischen die Täter, die am Tag zuvor in Gladbeck eine Bank überfallen hatten, nun die Aufmerksamkeit, die ihnen zuteilwurde, sichtlich genießend.

Wenige Stunden später bohrte sein Kumpan Dieter Degowski den Lauf einer anderen Waffe – ein Revolver Typ Highway Patrolman – in den Hals der neben ihm stehenden 18-jährigen Silke Bischoff. Ein Fernsehreporter: »Wie geht es Ihnen mit der Pistole am Hals?« – »Eigentlich ziemlich gut, mir ist das alles gar nicht so bewusst.« Reporter: »Können Sie sich vorstellen, dass er abdrückt?« Sie ohne sichtliche Regung: »Nö.« Eine bizarre Szene im grellen Scheinwerferlicht an der Raststätte Grundbergsee nahe Bremen am 17. August 1988. Kein Spielfilm, vielmehr der Sündenfall des deutschen Journalismus, die Urszene des Reality TV.

Wenige Minuten später schoss Dieter Degowski in dem gekaperten Bus dem 14-jährigen Emanuele di Giorgi in den Kopf. Das Leben des Jungen konnte nicht gerettet werden – die Einsatzleitung hatte vergessen, Rettungswagen mitzuführen. Stattdessen übernahmen zwei Reporter den blutenden Emanuele, einer hielt den Kopf fotogerecht in die Kamera.

Bereits 1971 war ein Verbrechen im Fernsehen übertragen worden – beim ersten Raubüberfall mit Geiselnahme in München. Hans Georg Rammelmayr und Dimitri Todorov überfielen eine Bank. Schaulustige strömten zusammen. Als Rammelmayr mit einer Geisel das Fluchtauto bestieg, eröffnete die Polizei das Feuer. Er und die Frau wurden tödlich getroffen. Der Schusswechsel zwischen Todorov und der Polizei bei der Erstürmung der Bank blieb ohne Folgen.

Das Medienspektakel von 1988 begann in der Bank in Gladbeck, als die Gangster zwei Geiseln nahmen. Dort gab

Rösner Hans Meiser vom Fernsehsender *RTL plus* ein telefonisches Live-Interview. Die anschließende 54-stündige Irrfahrt der beiden samt Gangsterbraut (die Rösner-Freundin Marion Löblich stieß am ersten Abend hinzu) versetzte das Land in Angst und Schrecken. Auf der A3 kam es zur polizeilichen Befreiungsaktion. Ines Voitle konnte sich mit einem Sprung aus dem Wagen retten, Silke Bischoff kam ums Leben. Durch eine Kugel aus Rösners Colt.

Untersuchungen deckten organisatorische Fehler, Fehleinschätzungen, Kompetenzwirrwarr und technische Pannen aufseiten der Polizei auf. Die Empörung über die Medien war einhellig. Als Lehre formulierten sie: Journalisten dürfen nicht eigenmächtig in das Geschehen eingreifen oder gar polizeiliches Handeln behindern.

Die Berichterstattung über lokale und regionale Verbrechen (gerade bei Kindstötungen außerhalb des familiären Bereichs) schwappte nach Gladbeck immer häufiger in die nationalen Medien, was bisweilen den Eindruck erweckte, die Zahl dieser Straftaten steige dramatisch an.

Die Lust auf Verbrechen mündete in True-Crime, dem »wahren Verbrechen«. Die Mutter dieser Formate ist die *ZDF*-Sendung »Aktenzeichen XY … ungelöst«. Ab 1967 ging Eduard Zimmermann auf Verbrecherjagd. Die Filme lösten bei vielen Zuschauern eine unvergessene Angstlust aus, wenn nach einem Verdächtigen mit verdächtigem Aussehen gefahndet wurde. Zeitschriften und Podcasts überfluten die Deutschen heute mit Mord und Totschlag. Wovon die Faszination ausgehen mag? Grusel, Erlösung und das Wissen, nicht betroffen zu sein. Mindestens diesmal nicht.

1989

MAUERSTEIN

Manchmal sind Mythen zu schön, um wahr zu sein. Was dann wiederum schade ist. So ploppte das Gerücht auf, der amerikanische Fernsehstar David Hasselhoff, bekannt aus den US-Serien »Baywatch« und »Knight Rider«, habe mit seinem Popsong »Looking for Freedom« die Berliner Mauer zum Einsturz gebracht. »Ich habe nach Freiheit gesucht, ich habe so lange gesucht, ich habe nach Freiheit gesucht, noch immer geht die Suche weiter«, so die deutsche Übersetzung. Als er in der Silvesternacht 1989 vor einer unüberschaubaren Menschenmenge auf der Mauer losschmetterte – eine Vorstellung, die bei der Entstehung des Liedes 1988 als unvorstellbar abgetan worden wäre –, wurde ironisch oder ernsthaft in die Welt gesetzt, Hasselhoff habe mit »Freedom« selbst Hand an die Mauer angelegt, dabei war sie zu diesem Zeitpunkt bereits lange gefallen. Mehrfach wies Hasselhoff dieses scheinbare, schmeichelhafte Verdienst zurück. »Mit dem Mauerfall hatte ich nichts zu tun. Ich habe lediglich ein Lied gesungen, das den Menschen Hoffnung gegeben hat.«

Auch der deutsche Sänger Marius Müller-Westernhagen gab sich ehrlich und bescheiden. 1987 hatte er auf dem Studioalbum »Westernhagen« die Rockballade »Freiheit« herausgebracht. Die Verträge seien gemacht und »es wurde viel gelacht«. Etwas Süßes habe es zum zum Dessert gegeben. »Freiheit, Freiheit«. Auch der Papst war schon da und der Nachbar vorneweg, »Freiheit, Freiheit, ist die Einzige, die fehlt.« Am 18. September 1990 erschien, ausgekoppelt aus einem Livealbum, »Freiheit« als Single. Zwei Wochen vor der deutschen Wiedervereinigung gefeiert als Hymne der Befreiung von der DDR-Diktatur. Müller-Westernhagen korrigierte, er habe am Anfang nicht den Fall der Mauer oder die Wiedervereinigung im Kopf gehabt. Das Lied zeige, dass »künstlerische Produkte ein Eigenleben aufnehmen können. Wenn es in diesem Fall dazu gedient hat, Menschen Kraft und Hoffnung zu geben, ist das ein Umstand, der mich natürlich freut.«

Als Hymne der Wende gilt die Ballade »Wind of Change« der Hannoveraner Rock-Band Scorpions von 1989, veröffentlicht ein Jahr darauf. »Bring mich zu der Magie des Moments in einer glorreichen Nacht, wo die Kinder von morgen vor sich hinträumen im Wind der Veränderung«, frei übersetzt. Wie kein anderer Rocksong gebe dieses Lied die Stimmung zum Ende des 1980er wieder, als mit Glasnost und Perestroika von der Sowjetunion aus die große politische Wende begann, so der *SWR* in einer Rezension zur erfolgreichsten deutsche Single überhaupt.

Als das *ZDF* David Hasselhoff fragte, ob er in der Silvester-Show 89 in einem schicken Berliner Hotel »Freedom«

singen wolle, sagte er: »Nur auf der Mauer.« Der Wunsch wurde erfüllt. Am Morgen der Show begab er sich unter die Mauerspechte, die im Akkord mit dem Hammer Steine aus dem Bauwerk schlugen, das wie kein anderes für die Trennung zwischen Ost und West stand und bis 1989 mehrere Hundert Todesopfer kostete – exakte Zahlen gibt es bis heute nicht. »Unterlassen Sie sofort das Mauerklopfen« – die Durchsagen der Polizei zeigten keine Wirkung in dem Gewusel, das zeitweise volksfestähnliche Züge annahm, besonders am Potsdamer Platz und am Checkpoint Charlie. Die meisten Mauerspechte waren Souvenirjäger wie Hasselhoff, der zwei Tage nach Silvester am Set von Baywatch in Malibu Kollegen mit dem steinernen Vermächtnis überraschte. Vorübergehend kam es zu einem florierenden Geschäft mit dem Verleihen von Hammern und Meißeln. Unter den Zerstücklern und Klopfern waren auch zahlreiche professionelle Händler, die ein Geschäft witterten.

»Vater aller Mauerspechte« war allerdings der damals 68-jährige Kanadier John Runnings, der im August 1986 vom Westteil der Stadt aus mit einer Leiter die Mauer erklomm, sie mit einem Vorschlaghammer bearbeitete und einige Meter auf ihr lief, um gegen das Wettrüsten der USA und der Sowjetunion zu protestieren. Grenzschützer der DDR zogen den Mauerläufer herunter. Er wurde zu achtzehn Monaten Haft verurteilt, kam allerdings nach drei Monaten wieder frei.

»Niemand hat die Absicht, eine Mauer zu errichten«, log DDR-Staatsratsvorsitzender Walter Ulbricht am 15. Juni 1961. Zwei Monate später stand die Mauer. Am 12. Juni 1987 forderte US-Präsident Ronald Reagan bei einer Rede mit dem Rücken zum Brandenburger Tor den sowjetischen Präsidenten Michael Gorbatschow auf: »Mister Gorbatschow, reißen Sie diese Mauer nieder!«. Der *Wind of Change* lag in der Luft, die Zeit schien aus dem Gleichgewicht zu geraten. Noch war nicht ausgemacht, ob der Wind friedlich oder gewaltsam aufbrausen würde. Noch war nicht ausgemacht, ob der Wandel friedlich oder gewaltsam eintreten würde. Am 9. November 1989 übertrug das Fernsehen der DDR am frühen Abend eine für 18 Uhr angesetzte Pressekonferenz der DDR-Führung. Politbüromitglied Günter Schabowski stellte dabei neue Reiseregeln vor. »Und deshalb haben wir uns dazu entschlossen, heute eine Regelung zu treffen, die es jedem Bürger der DDR möglich macht, über Grenzübergangspunkte der DDR auszureisen.« Frage eines Journalisten: »Wann tritt das in Kraft?« Schabowski blätterte in seinen Unterlagen und erklärte: »Das tritt nach meiner Kenntnis – ist das sofort, unverzüglich.« Nachfrage: »Gilt das auch für Berlin–West?« Schabowski: »Ständige Ausreisen können über alle Grenzübergangsstellen der DDR zur BRD bzw. zu Westberlin erfolgen.«

Westdeutsche Rundfunk- und Fernsehsender verbreiteten die Sensation, die Mauer sei »offen«, ein wenig voreilig. Hanns Joachim Friedrich sagte gegen 23 Uhr in den »Tagesthemen« der *ARD:* »Die DDR hat mitgeteilt, dass ihre Grenzen ab sofort für jedermann geöffnet sind. Die Tore der Mauer stehen weit offen.« Tausende Menschen im Ostteil Berlins setzten sich in jener Nacht zu Fuß oder im Auto in Bewegung, um das Unglaubliche auf seinen Wahrheitsgehalt zu überprüfen. Überforderte Grenzer behielten die Nerven und hoben die Schranken. Die DDR-Bürger wurde im Westen begeistert empfangen, es flossen Tränen, es floss Freibier, und ein hupender Autokorso schob sich über den Kurfürstendamm.

An Silvester kamen mindestens eine halbe Million Menschen aus ganz Berlin am Brandenburger Tor zusammen, das einige Wagemutige stürmten und die DDR-Fahne herunterrissen. Der *ARD*-Reporter zur Orientierung des Fernsehpublikums: Das Hinterteil der Pferde der Quadriga zeige in den Westen, das Vorderteil in den Osten.

Teile der heruntergerissenen Hammer-und-Zirkel-Fahne gerieten genauso an professionelle Souvenirhändler wie Mauersteine, die weiterhin abgeklopft wurden, vorübergehend sogar nachts. Wobei hinterher nicht immer gesichert der Beweis stand, ob der betreffende Stein echt war. Beliebt waren Außenstücke mit Bemalung (»Mauergraffiti«), die findige Händler hier und da nachfärbten. Der Historiker Ronny Heidenreich: »Mauerkauf ist Vertrauenssache.« So glauben wir denn dem Unternehmen Berlin Souvenirs, das den »Original Berliner Mauer-Stein« für 19,90 Euro inklusive Mehrwertsteuer in seinem Online-Shop anbietet: »Authentisches Stück mit Echtheitszertifikat – Handarbeit direkt aus der Berliner Manufaktur.« Allerdings: »Die Farbe wird in der Regel nachträglich aufgebracht, da die Farbe bzw. Bemalung aus den Jahren vor 1990 größtenteils durch die Witterung verblasst ist.« Niemand hat die Absicht, das anzuzweifeln.

1990

AMPELMÄNNCHEN

Am Abend der einzigen demokratischen Wahl zur Volkskammer der DDR trat im März 1990 Otto Schily vor die Kameras. Die CDU fuhr einen hohen Sieg ein, die SPD schmierte mit 21,9 Prozent ab. Warum die CDU, die sich eindeutig für die schnelle Wiedervereinigung ausgesprochen hatte, so gut abgeschnitten habe, wurde Schily gefragt, der kurz davor von den Grünen zur SPD gewechselt war. Maliziös lächelnd zog er eine Banane hervor. Vielleicht hatte sich Schily ein vier Monate zuvor veröffentlichtes Titelbild der Satire-Zeitung *Titanic* zum Vorbild genommen. Eine lächelnde Frau hielt eine halb geschälte Salatgurke in die Kamera: »Zonen-Gaby (17) im Glück (BRD): Meine erste Banane«. Das Foto bildete die Kluft ab zwischen jenen, die für die Wiedervereinigung standen, und jenen, die sie – häufig in linken Kreisen – infrage stellten. Unausgesprochen stand mit dem Zeigen der Banane der Tadel, die Bürger der DDR hofften neben Reisefreiheit auf Wohlstand. 2023 kritisierte die *taz,* dass »die Frage von Bananen und Sozialismus gegen den Realsozialismus in Stellung gebracht wurde (in Form des berüchtigten *Titanic*-Covers in besonders ekelhafter, misogyner Art)«.

Die *Bravo* rief hingegen im selben Monat dazu auf, DDR-Geschenkabos für 33,80 Mark abzuschließen. Leserin Helga Matthias teilte in einem Leserbrief mit, die *Bravo* sei fast immer ausverkauft, ob man nicht einen Vertrag abschließen könne, damit es sie in allen Städten und Dörfern der DDR gebe. »Das wäre echt geil.«

Bald schon kühlte erste Ernüchterung den anfänglichen Jubel ab. Die Wirtschaft war nicht konkurrenzfähig, und die Einführung der D-Mark im Juli 1990 verteuerte die DDR-Waren immens. In den Treuhandbetrieben ging die Zahl der Beschäftigten um rund 2,9 Millionen zurück. Von den geretteten Betrieben landeten viele bei westlichen Unternehmen.

Mindestens genauso tief grub sich in den neuen Bundesländern das Gefühl ein, vom Westen als Anhängsel abgetan zu werden, was in der ironisch-herabsetzenden Bezeichnung »Zonis« zum Ausdruck kam.

Anfang der 1990er formierte sich Widerstand. Der Westen wollte das in der DDR beliebte Ampelmännchen liquidieren und begann es gegen die West-Version austauschen.

1961 hatte der Verkehrspsychologe Karl Peglau die neuen Figuren vorgeschlagen. Er wollte das Männchen mit Knollennase und Bauchansatz sympathisch herüberbringen. Nachdem Peglau Erich Honecker bei einem Auftritt im Fernsehen mit Strohhut gesehen hatte, wurden seine Männchen mit einem ebensolchen bedeckt. Der Staat prüfte sehr gründlich, ehe 1969 in Ostberlin erstmals Ampelmännchen den Verkehr der Fußgänger regelten und ab 1970 als offizieller Lichtsignalstandard der DDR galten.

Die Proteste gegen die Abschaffung der Ost-Ampelmännchen hatten Erfolg: Sie leuchteten mit der Zeit wieder dort auf, wo sie abgeschaltet waren. 1997 wurden sie als zulässiges Zeichen zugelassen. Sogar einige westdeutsche Städte verwendeten sie nun.

Das Ost-Ampelmännchen wurde zum Sinnbild einer Ostalgie. Der Produktdesigner Markus Heckhausen aus Tübingen, der sich im »Komitee zur Rettung des Ampelmännchens« engagierte, kam darauf, diesen Trend zu vermarkten, und tat sich mit Erfinder Peglau zusammen. Seitdem gibt es Hunderte Produkte, von denen Ampelmännchen grüßen, zu erwerben: Tassen, Beutel, T-Shirts – auch in Ampelmännchen-Shops in Tokio und Seoul.

Der Erhalt des Ampelmännchens konnte nicht verhindern, dass in der Nachwende ehemalige DDR-Bürger massenweise zu Demos zusammenkamen, Arbeitslose und Menschen, die um ihren Arbeitsplatz bangten. So am 10. Mai 1991 in Halle, wo einige Helmut Kohl mit Eiern bewarfen. Sie trafen ihn am Kopf und auf dem Oberkörper. Kohl stürmte auf die Personen zu und versuchte sie am Kragen zu packen. Nur mit Mühe konnten ihn seine Sicherheitsbeamten von einem Raufhändel abbringen. Der Eierwurf von Halle führte zum Bruch von Teilen der ostdeutschen Bevölkerung mit dem Wendekanzler, oft auch mit dem Westen und seinem System. Ein Bruch, der bis heute nicht gekittet ist.

1991

GELBER SACK

Nach einer bewegten linken studentischen Vergangenheit leitete Jürgen Trittin von den Grünen ab 1998 für sieben Jahre das Bundesministerium für Umwelt, Naturschutz und Reaktorsicherheit. Was davon blieb: Er brachte 2002 den Ausstieg aus der Atomkraft genauso auf den Weg wie die EEG-Umlage, die erneuerbare Energien fördern sollte. Trittin hatte 2004 behauptet, sie werde den durchschnittlichen Haushalt monatlich nur rund einen Euro kosten – »so viel wie eine Kugel Eis«. Außerdem darf er sich ans Revers heften, einen neuen Beruf geschaffen zu haben: den des Dosen- und Flaschensammlers. Allerdings gebührt ihm dafür nicht der ganze Lorbeerkranz, denn bereits 1991 hatte Bundesumweltminister Klaus Töpfer (CDU) mit der Verpackungsverordnung die Weichen für das spätere Pfand gestellt.

Im selben Jahr lag zum ersten Mal der gelbe transparente Kunststoffsack vor den Häusern, lümmelte an Straßenecken, flatterte an Zäunen hängend, prall gefüllt und nicht selten aus den Nähten platzend, wenn ihn eine Fachkraft für Kreislauf- und Abfallwirtschaft (vulgo Müllwerker) abholte. Der Verpackungsunrat war kaum noch zu bändigen, im Land wucherten wilde Deponien. Die erste Verpackungsverordnung verdonnerte jene, die Verpackungen in Umlauf brachten, dazu, sie nach Gebrauch zurückzunehmen. Die Wirtschaft schuf als Folge den Grünen Punkt (zwei ineinander verschlungene grüne und weiße Pfeile) und ein duales Sammelsystem, das erste in Europa, das aus gebrauchten Verpackungen neue Rohstoffe gewinnen wollte und die Industrie von der Pflicht befreite, für Papier, Glas, Aluminium und Kunststoff selbst beim Kunden abzukassieren. Achtsamer Umgang, Vermeidung von Abfall, Wiederverwertung – deswegen die Trennung von Restmüll, Glas und Papier und obendrauf der blasse gelbe Sack für den Verpackungsmüll. Mülltrennen fanden die Deutschen auf Anhieb so gut wie Bier, Gartenzwerge, FKK und den sonntäglichen »Tatort«. Gründlich gut. Nachbarn und Müllerzeuger aus anderen Ländern wurden bei Verstößen belehrt, wenn nicht zusammengestaucht. Einige entwickelten ein sonderbares Verhalten, sortierten im Keller vor, wuschen das Plastik, bevor es in den Sack flog; andere überzeugten sich selbst davon, dass auch der ausgediente Regenschirm in den gelben Sack gehöre.

1972 hatte der Club of Rome eindringlich vor der Endlichkeit unserer Rohstoffe gewarnt, 1973 beunruhigte der Fernsehfilm »Smog« ein Millionenpublikum, als den Menschen im Ruhrgebiet wortwörtlich die Luft wegblieb. Verdreckte Flüsse, verpestete Luft, saurer Regen, der auf unsere Wälder niederging und (wie auch einige extrem trockene

Sommer) verantwortlich war für das Waldsterben, ein deutsches Jahrzehnte-Wort, das selbst in die französische Sprache einging. Die Umweltbewegung blühte und führte 1980 zur Gründung der Grünen. Die etablierte Politik verstand den Weckruf und schuf nach der Tschernobyl-Katastrophe 1986 das Bundesumweltministerium.

Angesichts dieser Krisenszenarien wollte auch die populäre Musik ihren Mund nicht verschließen. Das Trio »Gänsehaut« barmte 1983 um »Karl den Käfer«: »Er wurde nicht gefragt, man hat ihn einfach fortgejagt.« In ihrem Song »Verlorenes Paradies« fragte die Schlagersängerin Vicky Leandros, »warum der Fisch im Fluss und auch die Blume sterben muss«, Juliane Werding beklagte nach dem Drogentod eines gewissen Conny Kramer den letzten »Kranich vom Angerburger Moor«, Wolf Maahn packte in »Tschernobyl« die nackte Wut: »Die Ausbeutung und Zerstörung der Natur hat wahrlich gigantische Ausmaße erreicht.«

Aber es tat sich etwas. Das Bewusstsein wurde geschärft, neue Verordnungen erlassen, Berichte über einen Missbrauch des Abfallgutes rüttelten auf, und mehrfach nachgebesserte Verpackungsgesetze rund um den gelben Sack signalisierten Verantwortungsbereitschaft. 2021 trug Deutschland die Krone des Mülltrenn-Weltmeisters. Allein das schlechte Gewissen blieb wegen des SUV und des jährlichen Flugs in die DomRep. Da kam Mülltrennen gerade recht für die persönliche Ökobilanz, errechnet am Küchentisch. Andererseits: Mit 19,7 Millionen Tonnen kämpfte sich Deutschland als amtierender Europameister in dieser Disziplin durch riesige Berge von Verpackungsmüll. Weil bei den Konsumenten Glücksgefühle quirlten, wenn sie knuddelige Bärchenpantoffeln, Bücher und Socken mit Bierkrughenkel bei Amazon sich ins Haus bestellten. Die schönen Dinge zwecks Umtausches wieder zurückschickten. Für einen neuen Versuch abgehetzte Paketausträger in Bewegung setzten. Wieder retournierten, weil über Nacht der Kaffeepott mit Flamingo-Motiv ungeil geworden.

Inzwischen ist der gelbe Kultsack vielerorts durch die gelbe Tonne abgelöst. Nicht nur, weil er von Ratten, Vögeln und Waschbären aufgerissen wurde, sondern auch, weil er wegen Rohstoffknappheit hier und da zur Mangelware geworden ist.

Derartige logistische Hindernisse standen der Einführung des Pflichtpfands für Dosen und Einwegflaschen nicht im Weg. Nachdem Jürgen Trittin im Bundesrat mit seinem Vorhaben zunächst gescheitert war, gaben Handel und Wirtschaft ihren Widerstand auf. Ab 2003 wurde das Einwegpfand für Getränkedosen und Flaschen mit Bier, Mineralwasser und kohlensäurehaltigen Erfrischungsgetränken obligatorisch. Es folgten zahlreiche Änderungen, Streit zwischen den Parteien, Einsprüche der Europäischen Union, neue Verordnungen. Letzter Stand: Seit 2022 sind auch alkoholische Mischgetränke, Frucht- und Gemüsesäfte, Wein und Sekt in Dosen und Plastikflaschen pfandpflichtig.

Laut einer Umfrage von 2022 beteiligt sich eine überwältigende Mehrheit der Bevölkerung an der Mülltrennung, doch sind Fehlzuteilungen von rund 30 Prozent üblich. Das muss nicht sein. Wie ein Terrier 2021 in der Fernsehshow »Wetten, dass …?« unter Beweis stellte. Zielsicher las er ein Dutzend Müllobjekte auf und brachte sie (bis auf einen Sortierfehler) zur entsprechenden Tonne.

Seit geraumer Zeit halten gerade in Großstädten Flaschensammler Ausschau nach liegen gelassenen und weggeworfenen Pfandflaschen oder »Fehlwürfen« neben Altglascontainern. Häufig wird diese Tätigkeit mit einer prekären finanziellen Situation der Sammler in Verbindung gebracht, was wiederum mit einer Stigmatisierung einhergeht. Nach wissenschaftlichen Untersuchungen (der Freiburger Soziologe Sebastian Moser hat über »Pfandsammler: Erkundungen einer urbanen Sozialfigur« sogar promoviert) ist Geld ein wichtiges, aber nicht das alleinige Motiv. Sammler suchten mitunter eine Struktur und Aufgabe, wollten wieder Teil des sozialen Lebens werden. Es sind auch Sammler bekannt, die ihre Einnahmen von der Straße versteuern. Nach einem Urteil des Bundesfinanzhofes ist Flaschensammeln als »sonstige Leistung« steuerpflichtig – ab einer Höhe von 256,01 Euro (Werbungskosten dürfen abgezogen werden).

Keine Werbungssteuer musste Jürgen Trittin 2009 zahlen, als er für den Europawahlkampf der Grünen in Stuttgart Platten auflegte. Auf seinem grünen T-Shirt prangte sein Zweitberuf: »DJ Dosenpfand«. Indie-Rock und Punk legte er auf, Clash und Talking Heads. Außerdem gab DJ Dosenpfand Nachhilfe für den Wahlnachwuchs: »Das Europaparlament ist ein bewegliches Parlament. Ähnlich wie in der Disco. Nicht so Formationstanz wie im Landtag oder Bundestag.«

1992

STOLPERSTEIN

Die Verbrechen der Nationalsozialisten waren 1979 seit Langem vielfach in Büchern beschrieben, sie waren Gegenstand des Schulunterrichts und der historischen Forschung. Dennoch blieb der öffentliche Diskurs darüber seltsam verhalten – als gelte es, ein Tabu zu wahren. Um die bundesrepublikanische Gesellschaft aufzurütteln, bedurfte es einer vierteiligen US-amerikanischen Serie, die einen Großteil der Deutschen im Januar 1979 schockierte und nachhaltige Diskussionen auslöste. Zwei Drittel der Zuschauer, so ergab eine Umfrage, zeigten sich nach der Ausstrahlung von »Holocaust« »tief erschüttert«, zwei Fünftel räumten ein, sie empfänden Scham darüber, dass Deutsche derartige Verbrechen begangen hätten, ebenso viele gaben an, über die Serie in den Familien sowie mit Bekannten und Arbeitskollegen gesprochen zu haben.

Die Zahl von sechs Millionen ermordeten Juden stand als kaum zu fassende Größe im Raum. Nun bekamen die Opfer in einer Spielserie Namen und Gesicht: die fiktive jüdische Familie Weiss. Verwoben mit deren Schicksal war das Leben der »arischen« Familie Dorf. Die amerikanische Fassung endete mit dem Neuanfang der Überlebenden in Palästina, die deutsche mit dem Appell, über die Verbrechen an den Juden nicht zu schweigen.

Fünf Direktoren der ARD sprachen sich 1978 für, vier gegen die Ausstrahlung von »Holocaust« aus. Um keine Blamage zu riskieren, rangen sie sich zu einem Kompromiss durch: ein Sendeplatz in den Dritten Programmen, diese wurden dafür an den Abenden der Ausstrahlung eigens zusammengeschaltet. Jene, die Bedenken anmeldeten, sprachen von »fahrlässig gemachtem Schund«, von einem »Trivialfilm« und einem »Konsumartikel«, der zudem den Antisemitismus wiederbeleben und die Aussöhnung mit den Juden stören könne.

Rechtsextreme Terroristen verübten Bombenanschläge; so sprengten sie zwei Sendemasten der ARD (betroffen waren rund einhunderttausend Anschlüsse), um das Senden der Dokumentation »Endlösung« zu verhindern, die die Serie einleitete.

Zwanzig Millionen Zuschauer – rund die Hälfte der erwachsenen Bevölkerung der Bundesrepublik – sah mindestens eine Folge von »Holocaust«, das entsprach einer Sehbeteiligung zwischen 43 und 48 Prozent. Bei den im Anschluss an jede Folge übertragenen, zeitlich nicht begrenzten Diskussionen konnte sich das Publikum telefonisch zu Wort melden. Über 23 000 Zuschauerinnen und Zuschauer meldeten sich daraufhin beim WDR, der die Serie eingekauft hatte. Das Fernsehen der DDR übernahm »Holocaust« nicht, die Serie war aber einem großen Publikum durch das »Westfernsehen« durchaus bekannt.

Für den Politologen Peter Reichel stellt »Holocaust« »einen Meilenstein in der Mentalitätsgeschichte der Bundesrepublik« dar, sie markiere »den Beginn der Bereitschaft nun auch eines Massenpublikums, sich mit der NS-Vergangenheit überhaupt auseinanderzusetzen«. Sprach ein Großteil vorher vom »Völkermord an den Juden«, etablierte sich nun der Begriff »Holocaust«.

Seit dieser Serie gehören Dokumentationen über die Nazizeit zum festen Repertoire des deutschen Fernsehens.

Während die Serie »Holocaust« durch die filmische, fiktionale Personalisierung von Schicksalen eine vorher nur selten geäußerte Betroffenheit auslöste und Diskussionen anstieß, schuf der 1947 geborene Künstler Gunter Demnig mit seinen Stolpersteinen eine nicht weniger umstrittene Form des Gedenkens an die Opfer des nationalsozialistischen Rassenwahns – nicht fiktionalisiert, sondern auf konkrete Menschen bezogen. »Ein Mensch ist vergessen, wenn sein Name vergessen ist«, begründete Demnig seine Motivation.

Den ersten Stolperstein verlegte Demnig am 16. Dezember 1992 vor dem Kölner Rathaus. Anlass war der 50. Jahrestag von Heinrich Himmlers Befehl zur Deportation von Sinti und Roma, der sogenannte Auschwitz-Erlass. Der Stolperstein, niveaugleich in das Pflaster oder den Belag des Fußgängerweges eingelassen, ist ein angegossener Betonwürfel, 9,6 mal 9,6 Zentimeter bei einer Höhe von 10 Zentimetern. Auf der Oberfläche eine Messing-Tafel, darauf mittels Hammer und Schlagbuchstaben angebracht ein Text mit den Daten, die es in Erinnerung zu behalten gilt, z. B.: ESTHER GLANZ, GEB. BUCHEN, JG. 1898 DEPORTIERT 1942 ERMORDET IN MAJDANEK.

Zunächst war es für Gunter Demnig nur ein theoretisches Vorhaben für die Veröffentlichung »Größenwahn – Kunstprojekte für Europa«, weshalb er von sechs Millionen notwendiger Stolpersteine ausging – kaum realisierbar. Ein Kölner Pfarrer ermutigte ihn jedoch, zumindest einige ausgewählte Stolpersteine ins Pflaster einzubringen, um ein Zeichen zu setzen. So verlegte Demnig 1995 in Köln weitere Steine probeweise ohne Genehmigung der Behörden. Die erste amtliche Genehmigung erhielt er im Jahr 2000, wiederum in Köln. Die Steine stellt er in Handarbeit er. Diese Methode wählte Demnig bewusst als Gegensatz zur maschinellen Menschenvernichtung im Dritten Reich. Anfangs produzierte Demnig selbst, suchte aber mit der Ausweitung des Projekts ab 2005 die Unterstützung des Bildhauers Michael Friedrichs-Friedländer. Liegen neue Daten vor, entwirft Demnig den jeweiligen Text. »Hier wohnte …«, »Hier lebte …«, »Hier lehrte …«, »Hier wurde … erschossen«, »Hier wurde … deportiert«. Das Geld für die Gedenksteine kommt durch Spenden und Aufwandsentschädigungen zusammen, möglich ist auch, die Patenschaft für einzelne Steine zu übernehmen. Wer das Konzept ohne Geld unterstützen möchte, kann sich am Putzen von Steinen am 9. November beteiligen, dem Jahrestag der Reichspogromnacht.

Beschädigungen, ja mutwilliges Entfernen von Stolpersteinen blieben genauso wenig aus wie kritische Worte. So empfand es Charlotte Knobloch, Präsidentin der Israelitischen Kultusgemeinde München und Oberbayern, als »unerträglich«, dass auf den Namen von ermordeten Juden herumgetreten werde, andere prominente Juden verteidigten hingegen das Projekt. Angehörige von NS-Opfern wiederum monierten 2014, auf einigen Stolpersteinen sei »Nazijargon« zu lesen (beispielsweise Begriffe wie »Rassenschande«

und »Volksschädling« als damalige Begründungen für eine Verurteilung).

Gunter Demnig wiederholte stets sein Ansinnen, die Namen der Opfer zurück an die Orte ihres Lebens zu bringen – als Gegenentwurf zu Mahnmalen, an denen einmal im Jahr Honoratioren einen Kranz niederlegten, Mahnmale, die leicht zu umgehen seien. Nach der Stolpergefahr gefragt, antwortete er: »Man stolpert nicht und fällt hin, man stolpert mit dem Kopf und mit dem Herzen.«

Außer in Deutschland wurden bisher in 30 weiteren Ländern Stolpersteine angebracht. Im Mai 2023 verlegte Demnig den 100 000. Stolperstein in Nürnberg – im Gedenken an Johann Wild, einen Feuerwehrmann.

1993

ROLLATOR

Mit 66 Jahren fange das Leben an, sang, hoffte und glaubte Udo Jürgens 1977. Erst ab diesem Alter mache es richtig Spaß, da komme der Mensch in Schuss, und es sei noch lange nicht Schluss. Und der Enkel Waldemar verkündete, der ausgeflippte Alte sei sein Opapa. Das klang für viele, die damals so alt oder nahe dieser magischen Zahl waren, wie ein kühner Wunsch, wenn nicht gar wie Hohn. Das klang so ganz anders als Camilo Felgen, der 1963 seine »Ehrfurcht vor weißen Haaren« besungen hatte. Es zeichnete sich ab, dass die Zahl der Senioren und Seniorinnen sprunghaft anwachsen würde – die Gesellschaft wurde älter und veränderte sich. Zum Sinnbild der überalterten Gesellschaft wurde der Rollator.

Er tauchte Anfang der 1990er immer häufiger im Straßenbild auf, sein Absatz vervielfachte sich. Gut und gern drei Millionen Menschen benutzen diese Gehhilfe heute. 1993 erhielt sie den Ritterschlag, nämlich die Aufnahme in die medizinhistorische Sammlung des Londoner Science Museums. Ausgehend vom vierbeinigen, 1949 in England als Patent angemeldeten Gehgestell, erfand die Schwedin Aina Wifalk 1978 den Rollator in seiner heutigen Form. Sie fügte dem Gestell vier Räder, eine Handbremse und eine Sitzfläche zum Ausruhen hinzu.

Die zunehmende Benutzung des Rollators in der Öffentlichkeit durfte durchaus als Ausdruck gestiegenen Selbstbewusstseins alter Menschen verstanden werden, die nun trotz eingeschränkter Mobilität am öffentlichen Leben teilhaben konnten, unabhängig von Familienangehörigen oder Pflegepersonal.

Die Überalterung der Gesellschaft hat seit den 1990ern einen neuen Markt hervorgebracht. Aus den Alten wurden Senioren, aus den Senioren Best Ager, aus diesen Golden Ager, zunehmend von der Werbung als potente Zielgruppe erkannt, denen Gleichaltrige in der Reklame vorspielen, welche Mittelchen ihr Leben erleichtern sollen: Tabletten gegen Reizdarm, Gelenkschmerzen, Gedächtnislücken, Prickeln in den Füßen, Müdigkeit; selbst Erektionsschwäche muss nicht sein. Alte kleiden sich moderner als Gleichaltrige vor zwanzig, dreißig und noch mehr Jahren, sind aufgeschlossen gegenüber Trends, wollen mitreden und nicht beiseitegeschoben werden. Sie sehen auch nicht mehr unbedingt »alt« aus, woran veränderte Arbeitsbedingungen ihren Anteil haben mögen. Sechzigjährige sind heute so gesund wie Vierzigjährige vor hundert Jahren, sind geistig fit wie 52-Jährige vor zehn Jahren. Das gefühlte Alter der 65- bis 85-Jährigen liegt im Schnitt um sieben, acht Jahre unter ihrem tatsächlichen Wert. Beschränkte sich sportliche Betätigung früher auf moderates Wandern (mit dem wichtigen Etappenziel der Einkehr in einem Gasthaus) oder auf Kegeln (wichtig: mehrere Etappen mit leistungsanimierenden Getränken), ist es für ältere und alte Menschen heute selbstverständlich, im passenden Outfit Muskeln und Ausdauer im Fitnessstudio zu stärken. Inzwischen sind von 10,6 Millionen Mitgliedern in deutschen Studios 1,3 Millionen älter als 59, stemmen und ziehen Gewichte oder nehmen teil an maßgeschneiderten Kursen. Der Schauspieler Didi Hallervorden machte es 2013 in dem Film »Sein letztes Rennen« in der Rolle des Paul Averhoff vor, der mit seiner Frau ins Altersheim umgezogen ist und sich weigert, im Kreis Mitbetagter Kastanienmännchen zu basteln. Nein, er stellt die Abläufe auf den Kopf, rebelliert gegen die, die ihn in die zugedachte Altersecke schieben wollen, schnürt stattdessen wieder die Sportschuhe, um noch einmal an einem Marathonlauf teilnehmen zu können.

Was Altern heute erleichtert: eine gesündere Ernährung, Prävention, medizinischer Fortschritt, Beschäftigung mit neuen technischen Möglichkeiten und ein ausgelebtes Reisefieber: 43 Prozent aller Touren in Deutschland bucht die Generation 65 plus, das sind siebzehn Millionen Menschen.

Noch nie trug die deutsche Gesellschaft derart viele Jahresringe. 1960 war jeder achte Bundesdeutsche mindestens 65 Jahre alt, heute ist es jeder Fünfte, 2040 voraussichtlich jeder Vierte. Nicht anders verhält sich die Entwicklung bei den Hochbetagten. Seit 1960 hat sich der Anteil der über 80-Jährigen vervierfacht. In vierzig Jahren könnte jede zehnte Person in Deutschland achtzig Jahre und älter sein.

Eine Untersuchung des Bundesfamilienministeriums ergab 2022, dass die meisten Menschen ab achtzig Jahren zufrieden sind. Allerdings sinke die Zufriedenheit mit steigendem Alter. Besonders unzufrieden seien Menschen, die im Heim lebten.

Außerdem: Sehr alte Menschen fühlen sich gesellschaftlich wenig anerkannt. Ganz anders als frühere Generationen, wo die Alten, solange es eben ging, in der Großfamilie mithalfen, gebraucht und geschätzt wurden, und sei es für die Betreuung von Kindern.

Noch älter werden, schön und gut. Damit steigt jedoch auch der Pflegebedarf, worauf die Politik 1995 mit der gesetzlichen Pflegeversicherung reagierte, um das Risiko jener Menschen aufzufangen, die pflegebedürftig werden. Der Beitragssatz, wie könnte es anders sein, ist seitdem ständig in die Höhe geklettert. Was die Laune von heutigen Jungen und Mittelalten aufs Altwerden dämpfen dürfte: Nach Angaben des Statistischen Bundesamtes fehlen 2049 in Deutschland voraussichtlich zwischen 280 000 und 690 000 Pflegekräfte.

Noch gilt die Optimismus-Devise von Udo Jürgens. Der Golden Ager hat inzwischen ein Upgrade erfahren, in Form des Forever Youngsters. Noch eine Minderheit – wenn auch stark wachsend –, kehren die immerjungen Alten das Motto der Rock'n'Roll- und Hippie-Generation »Live fast, love hard, die young« um: Live long, live good, die old. Um an diesem Ziel zu arbeiten, kommen Apps und direkt am Körper getragene Wearables zum Einsatz, um Ruhepuls, Blutdruck, Körperfett und Herzratenvariabilität zu kontrollieren, um Schritte und die Schlafqualität zu tracken. Nahrungsergänzungsmittel, Dankbarkeitstagebücher und Meditation dienen genauso der späten Blüte wie Wellness-Wochenenden und die Selbstüberwindung in der CrossFit-Box. Das Deutsche Forschungsinstitut hat daneben zwei weitere Trends ausgemacht: die Gruppe der Free Ager (»Gelassenheit, Harmonie, Menschlichkeit, gesunde Umwelt, wollen nicht um jeden Preis jung bleiben«) und die Golden Mentors (»Wollen ein Leben lang aktiv bleiben und andere an ihren Erfahrungen teilhaben lassen, arbeiten immer noch und bringen sich aktiv in Wirtschaft und Gesellschaft ein«).

Das klingt nach Premium-Leben. Konsequenterweise gibt es mittlerweile auch Premium-Rollatoren. Aus Carbon oder Bambus, mit geringerem Gewicht und Reflektoren für die Dunkelheit sowie Schleifbremsen für sicheres Bergangehen. Absolut premium: 2023 erfand der 92-jährige ehemalige Maschinenbauer Gerhart Wissel aus Überlingen den geländegängigen Turbo-Rollator für Wald und Wiese, benutzbar auch bei Schnee. Ausgestattet mit Freilaufmotor für den E-Antrieb, Schneeketten für die Hinterräder und Lenksperre für die Vorderräder. Das kommt der Vorstellung von Udo Jürgens, der selbst das 80. Lebensjahr erleben durfte, schon ziemlich nahe.

1994

ICE 3

»Alle reden vom Wetter. Wir nicht.« So warb die Bundesbahn ab 1966 für ihre Zuverlässigkeit bei Wind und Schnee. Denn das Auto hatte die Eisenbahn als bevorzugtes Verkehrsmittel auf den Seitenstreifen gedrängt. Außerdem führte die politische Vernachlässigung der Bahn zu Verlusten. Wie wirbt die Deutsche Bahn heute? Zu sehen sind Fotos mehrerer Kunden im Bahnabteil beim Lesen, Essen, Telefonieren und beim Spielen mit Kindern. Devise: »Diese Zeit gehört Ihnen.« Spötter fügen hinzu: Von dieser Zeit schenken wir Ihnen gern noch ein wenig mehr, wenn Sie mit uns fahren.

1994 fusionierten die Deutsche Bundesbahn und die Deutsche Reichsbahn der DDR zur privatrechtlichen Deutsche Bahn AG. Der erhoffte Wettbewerb sollte zu höherer Effizienz führen, zur Entlastung der Haushalte beitragen und bessere Leistungen schaffen. Am 10. Januar 1994 überreichte Heinz Dürr, erster Vorstandsvorsitzender, Bundesverkehrsminister Matthias Wissmann symbolisch ein ICE-Modell.

Im folgenden Juli bestellte die Bahn fünfzig neue Hochgeschwindigkeitszüge (1991 war der erste ICE durchs Land gebraust). Es sei »zwingend notwendig, den Fahrzeugen eine zukunftsweisende Gestalt zu geben. Sie müssen die heutigen nationalen und internationalen Standards übertreffen«. Gewölbte, sandgestrahlte, halb transparente, gläserne Gepäckablagen, Verkleidungen aus Buchenholz und die Verwendung von Chrom, Stein und Leder sollten in einer Wohlfühlzone willkommen heißen. Allerdings: Jene, die es kitzelte, konnten nicht mehr das Fenster herunterschieben, um den Kopf dem Fahrtwind entgegenzustrecken. Immerhin flogen die Züge mit bis zu 320 Stundenkilometern über die Schienen.

Die Privatisierung der Bahn ging einher mit Privatisierungen von Telekommunikation, Energieversorgung und Krankenhäusern. Bei der Deutschen Bahn AG sprang die gute Absicht aus dem Gleis. Mancher sehnte sich zurück in die Zeit, als auf einem Pappkarton der für die Saison gültige Preis gedruckt war, ehe ein undurchsichtiges System Verwirrung schuf. Die Zeit, in der Bahnbeamte mit einem Fahrplanwälzer unter dem Arm noch eine Respektsperson verkörperten. Nach der Privatisierung wurde der Schaffner dazu verdonnert, neben seinen Aufgaben Gummibärchen und Schokolade zu verteilen und Kaffee zu servieren. Vor allem musste er seinen Kopf hinhalten für alle denkbaren Mängel. Überhitzte oder unterkühlte Abteile, aufgehobene Sitzplatzreservierungen, Teil- oder Totalausfall des gastronomischen Angebots. Vor allem wegen Unpünktlichkeit. Weshalb das Smartphone mit dem DB-Navigator inzwischen zum wichtigsten Utensil des Reisenden zählt, um sich bequem zurücklehnen oder wegen der Unsicherheit beim Umsteigen an den Fingernägeln kauen zu können.

Die Bahn AG tat einiges, um den Service zu verbessern: Außer den neuen Zügen gab es nun Durchsagen, die Internationalität ausstrahlen sollten, aber zur Vorlage für Witzebücher und Comedysendungen gerieten (»senk ju vor träwelling …«). Ein Talkshowmaster sollte auf der Karte des Speisewagens den Appetit der Reisenden anregen: »Alfred-Biolek-Gerichte« (Wildgulasch mit Feigen, Linsen-Spinat-Suppe).

Die Folgen der Privatisierung der Bahn: Anfang 1994 gingen bei der Bahn noch rund 350 000 Beschäftigte ihrer Arbeit nach – eine Zahl, die sich im Laufe der Jahre halbierte. Für viele Menschen spürbar: Aus Kostengründen legte die Bahn unrentable Strecken still, ließ Bahnhöfe links liegen. Notorisch die Unpünktlichkeit wegen notwendiger Bauarbeiten und einer zu niedrigen Zahl von Mitarbeitern. Im Februar 2024 sackte die Pünktlichkeit auf 66,7 Prozent. Die Schweiz (die eine Privatisierung der Bahn ablehnt) liegt bei 92,5 Prozent, Italien bei 80,2 Verlässlichkeitsprozenten. Vom Wetter ist nun nicht mehr die Rede …

1995

REICHSTAG, VERHÜLLT

Eike Ebert von der SPD wies die Verpackung lapidar zurück: »Meine Damen und Herren, so etwas tut man schlicht und einfach nicht.« Der fraktionslose Abgeordnete Ulrich Briefs deklamierte hingegen am 25. Februar 1994 während einer turbulenten Debatte im Bundestag in Bonn: »Die Verhüllung ist zumindest – diesen Wert hat sie – eine spektakuläre Aktion gegen nationales und gegen sonstiges deutsches Spießertum.« Bundeskanzler Helmut Kohl war dagegen, wie schon 1977 Bundestagspräsident Karl Carstens, wie 1981 Bundestagspräsident Richard Stücklen, wie 1987 dessen Nachfolger Philipp Jenninger – das Projekt hatte eine lange Geschichte. Als das Projekt 1981 das zweite Mal vom Bundestag abgelehnt worden war, erschien in der sowjetischen »Prawda« ein Artikel, der das Reichstagsprojekt als irrelevante, kapitalistische Kunst beschrieb. 1990 wiedervereinigte sich Deutschland, 1991 bot Bundestagspräsidentin Rita Süssmuth ihre Unterstützung an. Sie war überzeugt von der »friedlichen Botschaft an Berlin und die Welt. Das war nicht das aggressive Deutschland. Es war eine Botschaft von Kunst und Kultur.« Die Zeit für den verhüllten Berliner Reichstag (im englischen Original »Wrapped Reichstag«) schien endlich reif. Zum ersten Mal in der Geschichte stimmte im Februar 1994 ein deutsches Parlament über ein künftiges Kunstwerk ab. Zuvor sprachen die Christos mit Hunderten von Abgeordneten je eine halbe Stunde, um sie von dem Projekt zu überzeugen. 292 Abgeordnete wollten den Reichstag verhüllt sehen, 223 sprachen sich dagegen aus.

1976 hatte sich der bulgarische Künstler Christo (1935–2020) über das durch den Reichstagsbrand 1933 und den Zweiten Weltkrieg beschädigte Gebäude, einst im Stil der Neorenaissance im Stadtteil Tiergarten errichtet, vor Ort eingehend informiert. Ihn inspirierte, dass der Reichstag von Westen wie von Osten zu sehen war, was er als verbindendes Element verstand. Die Vorstellung der Verhüllung ließ ihn nicht mehr los. Nach dem Fall der Mauer sahen er und seine Frau Jeanne-Claude (1935–2009) die Chance, den Reichstag nach dem »Dornröschenschlaf« vorübergehend als »Ausdruck von Hoffnung und demokratischer Überzeugung« zu verkleiden. Bekannt geworden war das Künstlerehepaar durch kurzzeitige Großkunstprojekte wie die Bedeckung eines Küstenstreifens in der Nähe von Sydney, die Verhüllung der Pariser Brücke Pont Neuf, das Spannen eines Vorhangs (»Valley Curtain«) durch ein vierhundert Meter breites Tal in den Rocky Mountains in Colorado, und das Aufstellen von über dreitausend Sonnenschirmen in Kalifornien und Japan. Jeweils ohne Eintritt und barrierefrei zu besichtigen.

Und dann schimmerte für gut zwei Wochen der düstere, geschichtsbelastete Berliner Klotz wie ein voluminöser, silberner Edelstein, der, aus den Weiten des Alls kommend, dort gelandet schien. Vertäut, als könne er abheben, spielerisch, alles andere als machtvoll, ja, aufgrund der zarten Hülle beinahe verletzlich. Vom Dach bis zum Grund mit 110 000 Quadratmeter Polypropylengewebe eingehüllt. Rund fünf Millionen Besucher nahmen den silberfarben schimmernden Körper in Augenschein, umrundeten ihn, fassten ihn an, ließen sich zu allen Tages- und Nachtzeiten auf dem Rasen davor nieder, um zu verstehen, zu begreifen, zu fühlen, zu schwärmen, zu picknicken. Banker neben Panflötenspielern aus Peru, Jungs mit Joint in der Hand neben Haut-Couture-Damen, Russen im Festtagsanzug neben Türken aus Kreuzberg. Nicht unter den Besuchern: Helmut Kohl. Er wisse sehr wohl zwischen PR und Kunst zu unterscheiden. Friedrich Schorlemmer, Theologe und Bürgerrechtler aus Wittenberg, huldigte mit den Worten: »Hat jemals der höchste Ort der Demokratie so viel Annahme erfahren wie während dieses künstlerischen Spektakels?« Hingegen urteilte Peter Hacks, ein bedeutender Dramatiker der ehemaligen DDR: »Ein Irrer wickelt Lappen um ein Haus.«

Christo und Jeanne-Claude hatten sich ausbedungen, dass ihre Kunst vor der Renovierung des Gebäudes vollendet wurde. So begannen am 17. Juni 1995 – dem Jahrestag des Aufstands von 1953 – neunzig professionelle Kletterer und 120 Montagearbeiter mit der Verhüllung. Neben dem Stoff ausgerüstet mit 15 600 Meter blauem, 3,2 Zentimeter dickem Polypropylenseil, zweitausend Tonnen Stahl für die Unterkonstruktion und siebzig zugeschnittenen Gewebepaneelen für Fassung, Türme und Dach. Da die Einhüllung Bestandteil des Kunstwerks war, von Tausenden bestaunt, verzichteten

Christo und Jeanne-Claude auf Kräne, Hubsteiger und Gerüste. Am 24. Juni war das Werk vollendet. Die wohl teuerste Geschenkverpackung aller Zeiten verschlang dreizehn Millionen Dollar – kostete den deutschen Steuerzahler jedoch nichts, da die Verpackungskünstler die Summe durch Zeichnungen, Skizzen und Entwürfe selbst aufbrachten.

Die Welt schaute auf diese Stadt, eine bessere Werbung als den verhüllten Reichstag hätten sich die Tourismus-Manager Berlins nicht wünschen können. Die spanische Zeitung *El País* sah den Grundstein gelegt für ein »lockeres Deutschland, das nicht mehr ständig mit zusammengebissenen Zähnen durch die Welt geht«. Wobei sich Christo und Jeanne-Claude gegen eine Vermarktung auflehnten, deswegen sogar vors Gericht zogen, weil ein Verlag Postkarten mit Motiven des verhüllten Reichstags verkaufte. Der Bundesgerichtshof urteilte Anfang 2002, dass dies ohne Zustimmung der Künstler nicht zulässig war. Ein entscheidender Punkt der Begründung: Das Kunstprojekt sei eine zeitlich befristete Präsentation gewesen, kein in der Öffentlichkeit bleibendes Werk. Zehn Jahre später musste das Berliner Landgericht in einem weiteren Fall urteilen – eine Fotoagentur hatte Abbildungen des verhüllten Reichstags gegen Geld verbreitet. Ein Recht der Fotoagentur zur Berichterstattung über das Ereignis ergebe sich weder aus dem Urheberrecht noch aus dem Grundrecht der Pressefreiheit.

Um professionelle Verwerter der Gewebebahnen ins Leere laufen zu lassen, landeten sie am Ende im Reißwolf. Als gelte es einen Castor-Behälter mit Atommüll über die Straßen zu bringen, wurde der Stoff verteilt auf verschiedene Sattelschlepper und nach einem geheimen Terminplan zu einer Recycling-Firma ins westfälische Gronau gekarrt, wo nach dem Zerreißen, Schreddern und Zerfasern Kunstwolle übrigblieb. Daraus wiederum entstanden Fliesen für Gartenteiche und Mülldeponien. Es hieß, ursprünglich sollte der Stoff zu Teppichboden verarbeitet werden, doch Christo und Jeanne-Claude hatten angebliche panische Angst vor einem Devotionalienhandel gehabt.

Was die beiden nicht verhindern konnten: Souvenirjäger, die sich flugs Stofffetzen aus dem silberfarbenen Werk schnitten. Leer gingen ein Fernsehsender aus, der sein Studio mit der Hülle schmücken wollte, ein Theater, das sie gern für einen Vorhang verwendet hätte, und eine Pommes-Buden-Kette, die sich das abgelegte Gewebe gut als Tischdecken für ihre Stehtische vorstellen konnte.

Wahrscheinlich ist die Vorhersage von Jeanne-Claude eingetroffen, die Verhüllung des Reichstags werde hundert Prozent der Deutschen glücklich machen. Achtzig Prozent seien glücklich, weil sie ihn verhüllt gesehen hätten. »Die restlichen zwanzig Prozent, die darüber in Rage geraten, werden ihrerseits glücklich sein, wenn wir ihn wieder enthüllen.«

1996

LATTE MACCHIATO

Der Latte macchiato, die »gefleckte Milch«, debütierte in Deutschland offenbar 1996 in München, aufgeschäumt in zwei neuen Bars, in denen Kaffeemaschinen röchelten, zischten und dampften. Zeitzeugen erinnern sich, dass an diesen Orten erstmals das für die meisten Deutschen neue Heißgetränk auf den Tisch kam, dargeboten in einem hohen, schmalen Glas mit langem Löffel: Milch, Espresso, Milchschaum, hübsch anzusehen und voneinander getrennt. Italienische Kaffeevarianten waren dem Kaffeeland Deutschland keineswegs unbekannt. Der Cappuccino stand für Italiens Küche ebenso wie Pizza und Rotwein und wurde in Pulverform von Nescafé angeboten (was dann nicht mehr unbedingt etwas mit italienischer Lebensart zu tun hatte). Ein gewisser Herr »Angelo« warb dafür im Fernsehen: »Für die italienischen Momente im Leben«.

Bis dato gab es kaum ein Getränk, das auf dem Seismografen der Gefühle derart zwischen Beliebtheit und Spott, Häme, ja Verachtung hin- und herschwappte wie der Latte macchiato. Nicht viele Getränke sind für die Beschreibung mannigfaltiger Milieus namengebend: Es entstanden – ob real oder in der Fantasie, sei dahingestellt – Latte-macchiato-Mütter, der Latte-macchiato-Kiez, die Latte-macchiato-Moderne, die Latte-macchiato-Bourgeoisie und dergleichen mehr. Jan Delay ledert in dem Song »Showgeschäft« über die »große Milchkaffee-Rampe ins Nichts« ab, das Musical »Mamma macchiato« zieht freischaffende Künstler durch den Kakao, die in Berlin auf der Suche nach dem besten Milchkaffee sind, der Satiriker Wiglaf Droste ätzte über den »Schaumscheiß« als Pendant zum »Traumscheiß« der Selbstoptimierer.

Ziemlich viel Aufregung über ein simples Getränk, um das viel Bohei und mit dem viel Geld gemacht wird.

Heute gibt es Kaffee versetzt mit Karamellgeschmack, Vanille und Haselnuss, als Cold Brew, als Flat white, als Golden Kurkuma- und Mushroom-Latte. Da hätte sich in den 1970ern der fein angezogene Bohneneinkäufer von Tchibo (dabei handelte es sich um den gebürtigen Südafrikaner Wensley Ivan Frederick Pithey, einem Darsteller in englischen Fernsehkrimis), der neben einem Einheimischen stehend Reklame machte (»Wer ist der Dicke neben dem Massai?«) schon arg gewundert und all die aufbrühenden Varianten womöglich als Firlefanz abgetan.

Doch mit dem Aufkommen des Latte macchiato änderte sich alles. Filterkaffee wurde schnöde abgetan, dafür diskutierten immer mehr Konsumenten engagiert über die Vor- und Nachteile von Kegel- und Scheibenmahlwerk der Kaffeevollautomaten, die bis zu zweitausend D-Mark bzw. Euro und mehr kosteten. So mancher Benutzer fühlte sich als Barista, wenn er mithilfe von Wasserdampf Milch aufschäumte oder über die Vorteile des Caffè lungo dozierte. Unabhängige Experten legten allerdings ihren Finger auf die chromblitzenden Wunderwerke und mahnten, ein derartiger Automat sei wie ein Haustier zu pflegen, da ansonsten in seinem Inneren Keime und Pilze lauerten. 2013 war ein Kaffeeautomat sogar Gegenstand eines Rechtsstreits. Ein Käufer fühlte sich getäuscht, weil seine Maschine keinen ordentlichen Milchschaum produziere, so wie er es von seiner italienischen Espressobar (mit einer ungleich teureren Maschine) her kannte. Das Landgericht Wuppertal tat das als kalten Kaffee ab: Für 849 Euro fauche aus dem Gerät die Qualität, die er bei diesem Preis erwarten könne. Um derartige Enttäuschungen zu vermeiden, hat sich aus dem Latte macchiato inzwischen die Latte-Art entwickelt. Neben Barista-Seminaren (beliebtes Geschenk zu einem runden Geburtstag) fördern Empfehlungen in Schrift und Film die Kunst des Milchaufschäumens und des Auftragens von Herzchen, Blümchen und Bäumchen … und spätesten bei diesem ausgeprägten Espressionismus versteht selbst der gelegentliche Kaffeemilchschaum-Trinker ein wenig die Häme, die den Liebhabern italienischen Kaffeegenusses entgegenschlägt. Mittlerweile besitzen etwa 25 Prozent aller Deutschen einen Kaffeevollautomaten und trinken vier Tassen durchschnittlich pro Tag.

Doch die Latte-macchiato-Bewegung schlug noch weitere Wellen. Wahrscheinlich hatten zu viele Zuschauer amerikanische Filme und Serien gesehen, in denen erfolgreiche Anwälte, Models und sonst nachahmenswerte Personen sich mit einem Pappbecher in der Hand grundoptimistisch durch die Straßen von New York oder Los Angeles bewegen. Peu à peu tauchten in deutschen Straßen immer mehr Menschen auf, die auf dem Weg zur Arbeit einen Becher Kaffee aus Karton oder Plastik balancierten. Die Lässigkeit, die urbane Coolness, die vom »Coffee to go« ausging, ließ jeglichen Gedanken an die Umweltverträglichkeit dieser Darreichungsform verdampfen, ebenso wie die Kaffeekapseln, denen Hollywood-Schwarm George Clooney in der Werbung das Zertifikat für raffinierten Geschmack ausstellte. Eine neue Anlaufstelle für jene, die im schlichten Kaffee einen modischen Supertrank entdecken wollten, eröffnete 2002 ihre erste Filiale in Deutschland, in Berlin: die amerikanische Kette Starbucks. Neben dem Duzen des Kunden gab es Klassiker wie den Americano, aber auch den Pumpkin Spice Latte und alle möglichen den Gaumen versüßenden Varianten. Ein ausgeklügeltes Marketing brimborisierte den kleinen oder großen Schwarzen endgültig zum Life-Style-Produkt (2022 betrieb Starbucks rund 150 Läden in Deutschland).

An den grotesken Preisen rieb sich kaum ein Kunde, wohingegen jede 50-Cent-Erhöhung für das Pfund Kaffeebohnen beinahe zu einer Revolution führt. Das hatte so gar nichts mehr vom über Jahrzehnte gepflegten Image des deutschen Kaffeekränzchens zu tun, für das Frau Sommer in der Jacobs-Werbung gestanden hatte (»Die Krönung – aromatisch und magenfreundlich«) –, die zugleich Ausdruck war des damaligen Frauenbildes, als die Darstellerin im TV-Spot von ihrem Ehemann angeschnauzt wurde, selbst im Büro schmecke der Kaffee besser. Die Mühe genüge eben nicht, korrigierte sie Frau Sommer, ihrem Kaffee fehle eben das gewisse Aroma. Den Ratschlag befolgt, lobte der zufriedengestellte Gatte: »Das ist ein Kaffee, der schmeckt.« In diesem Lifestyle-Schweben geriet auch die Warnung »Draußen nur Kännchen« ins Hintertreffen. Angeblich Ausdruck von deutscher Übergenauigkeit, war der Hinweis meistens langen Wegen geschuldet, welche die Servicekräfte (»Herr Ober!«,

»Fräulein!«) von der Theke bis zum Tisch im Garten zurücklegen mussten.

Die Latte-Gesellschaft: Kritiker sahen in den Konsumenten lange Zeit trendige Großstädter, Yuppies, Studenten und Akademiker, junge Familien, die zur Gentrifizierung von Stadtteilen beitrugen, Frauen mit viel Tagesfreizeit und Rucksäckchen auf dem Rücken, Menschen, die es sich erlauben können, über die Welt zu räsonieren und dabei ihren »Latte« zu schlürfen, während andere ihren Kaffee trinken, um wach zu werden oder es zu bleiben. Wobei die überhebliche Kritik an nichts anderem als an einem schaumigen Gebilde etwas typisch Deutsches hat. Wie viel schöner wäre es doch, sich einfach zum Wohlfühlschlager von Peter Cornelius aus dem Jahr 1980 zurückzulehnen: »Der Kaffee ist fertig«, ja, »klingt das net unheimlich zärtliich?« Und dazu einen Kaffee zu genießen. Ob mit oder ohne Milch.

1997

TAMAGOTCHI

Lehrer waren der Verzweiflung nahe, störungsfreier Unterricht sei stellenweise kaum möglich. Wer hätte es den Schülern verdenken können – es ging um Leben und Tod. Wer sich nicht Tag und Nacht, also auch im Klassenzimmer um sein Taschentier kümmerte, hatte bald einen Trauerfall zu beklagen, der vielen so naheging, als handele es sich um einen Verwandten. Das Bemuttern artete in Stress aus, weshalb Psychologen von Schlafmangel und Konzentrationsschwäche berichteten. Vertreter der Hirn- und Gedankenzunft warnten vor einer psychischen Gefährdung von Kindern, der Berufsverband Deutscher Psychologen beklagte die »beherrschende Präsenz« des unwirklichen, manchen unheimlich erscheinenden Tierchens und den Einsatz »kalter Technik«.

Im Mai 1997 erreichte das in Japan erfundene Tamagotchi

Deutschland. Fünf Zentimeter hoch, vier Zentimeter breit, anderthalb Zentimeter dick, eiförmig, grobkörnig aufgelöstes Schwarz-Weiß-Display, die Hülle in bunten Farben. In Kinderzimmern löste das Pixel-Küken einen Sturm der Begeisterung aus, als es am 12. Mai 1997 in Deutschland als »Musthave« auftauchte. Weshalb es zu Lieferengpässen kam. Über zwei Millionen Mal verkaufte sich das empfindsame Küken in den ersten Monaten in Deutschland.

In den Augen der meisten Erwachsenen war es nur ein Spielzeug, aber das Küken setzte seine Besitzer unter Druck, piepste nervtötend, wenn es sich vernachlässigt fühlte; was Eltern die Wände hochgehen und sie eine nächtliche Tamagotchi-Entführung in Erwägung ziehen ließ. Das Tierchen quengelte, weil es per Knopfdruck gefüttert und gepflegt werden wollte. Es freute sich, wenn Fräuleinchen oder Bübchen mit ihm spielten, es bestand auf frischen Windeln. Obwohl in Japan die Aussichten auf ein langes Leben grandios sind, gaben ihm seine Erfinder durchschnittlich nur zwanzig Tage, ehe es verendete – es sei denn, die Besitzer nahmen es mit der Versorgung nicht so genau. Dann drohte der sofortige Exitus. Was im Internet zur Einrichtung vorübergehender Tamagotchi-Friedhöfe führte, wenngleich dem Verblichenen durch Knopfdruck wieder Leben eingehaucht werden konnte.

Setzten sich Kinder und Jugendliche früher von den Erwachsenen vornehmlich durch Musik und Mode ab, kam es nun vermehrt zum Abtauchen in virtuelle Welten. Das Tamagotchi war das erste Gerät, das eine neue Beziehung zwischen Mensch und Maschine knüpfte. Ein weiteres wichtiges Kümmerer-Spielzeug war davor die Puppe »Baby Born« gewesen, die ab 1991 weinen, trinken, schlafen, essen und Pipi machen konnte und in vielen Familien nervöse Konflikte zwischen Eltern und Töchtern auslöste. Allein schon aus ästhetischen Gründen.

Das Tamagotchi steht für ein Jahrzehnt, in dem sich Technik mehr und mehr im Alltag, gerade in der Freizeit, ausbreitete.

Es war ein Spaß-Jahrzehnt ohne zentrale Botschaften. Klamauk, Flucht aus der Wirklichkeit, Übertreibung hieß die Losung. Euro-Dance eroberte die von klobigen, tortenhohen Schuhen bestampften Tanzflächen, Twens hängten sich Plastik-Schnuller um den Hals. Im selben Jahr wie das Tamagotchi kam es zu einem Wiederaufglitschen von Slime, einem grünem Kunststoff-Schleim, geliefert in Mini-Mülltonnen. Der Zaubertroll mit zerzaustem Haar und Steinchen im Bauchnabel fand trotz ausgesprochener Hässlichkeit die Zuneigung von Mädchen, Jungs standen auf Action-Figuren wie den Power Rangers oder He-Man. Erwachsene betraten ein anderes Spielfeld der Infantilisierung. Ab 1994 konnten sie bei der »Hugo Show« des Kabelkanals anrufen und mit ihrem Tastentelefon auf dem Bildschirm den digitalen »Hugo« steuern. Konsolenspiele ließen neue Helden auf dem Bildschirm fliegen und kämpfen. Statt Pippi Langstrumpf, Tom Sawyer und Batman hießen die Helden nun Lara Croft und Diddy Kong.

Die Lehrer konnten bald aufatmen: Bereits Ende 1997 starb das Tamagotchi den kollektiven Tod. Spätere Blutzufuhren in Form technischer Verbesserungen ließen das Küken nicht mehr abheben. Es dauerte aber nicht lange, bis Lehrer sich im Klassenzimmer der nächsten Geduldsprobe ausgesetzt sahen: einem Handgerät, das zunächst für das schlichte Telefonieren vorgesehen war.

1998

VIAGRA

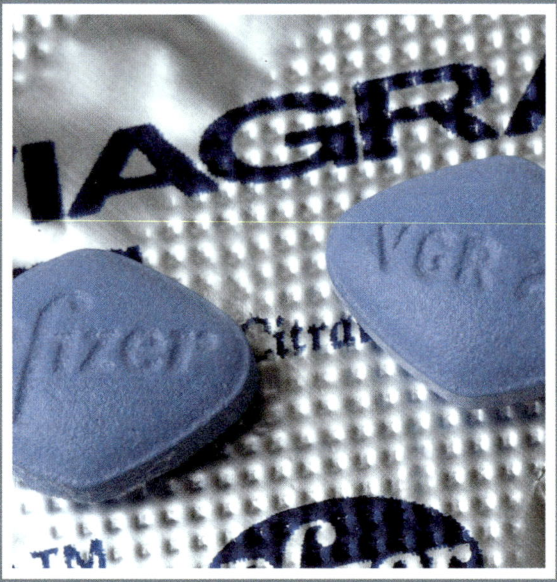

Männer, die sich in den Schritt fassten, und Frauen jeglichen Alters, die kreischend außer Rand und Band gerieten: 1992 ging die Stripper-Truppe The Chippendales zum ersten Mal in Deutschland auf Tournee, zunächst nur in Großstädten. Später zogen sie als Bauarbeiter, Rennfahrer, Polizisten und Piraten verkleidet auch in der Provinz blank. Fleisch zum Anfassen, Sixpack statt Papas Bauchspeck. Das Männerausziehen gewann in sektlaunigen Frauenrunden eine Beliebtheit wie die Tupperware- oder Thermomix-Party. Secondhand-Nachahmer der ursprünglich aus den USA kommenden begnadeten Körper erfreuten sich bei Junggesellinnenabschieden ungeteilter Aufmerksamkeit, ganz Verwegene durften auf den Oberschenkeln sitzend den Schoß eines Provinz-Adonis erkunden. War doch alles nur Spaß.

Ein ähnliches Saalpublikum begeisterte die Fernseh-Show »Mann-o-Mann« (»Die Spielshow für Frauen«) ab 1992 auf SAT.1. Zehn Kandidaten sahen sich mit geistigen und körperlichen Aufgaben in ihrer Männlichkeit herausgefordert, wobei es auch dort am Ende ziemlich nackig zugehen konnte. Typen, über die die Frauen den Daumen senkten, wurde von den zur Show zählenden »Limited Girls« in ein Schwimmbecken geschubst. War doch alles nur Spaß.

Das konnte durchaus ironisch als Zitat gegen die sexistische Vermarktung von Frauenbildern verstanden werden. Oder waren The Chippendales und die Limited Girls, die die Macht besaßen, einen Mann mit Fingerstupsen ins Abseits zu befördern, nur dem Mammon und der Fernsehquote geschuldet?

1998 feierte eine britische Komödie im Deutschen Theater in Berlin Deutschland-Premiere und beachtliche Erfolge: »Shoppen & Ficken« (wobei sich die Presse teilweise zunächst noch mit dem »F...«-Wort zierte, was sich aber bald, wie so vieles vormals Schambehaftete, ändern sollte). In dem Stück geht es um Konsumverhalten und Kapitalismus, um Drogen, verschiedene Spielarten des Sex und Käuflichkeit. Nur wenige Monate später schien sich ein Teil dieses Versprechens in der Realität zu erfüllen: Dauerbereitschaft gegen Cash! Dank der blauen »Wunderpille« Viagra. Hoffnung auf endlose Matratzenrangeleien, orakelte *Der Spiegel:* »... ist zu vermuten, dass die meisten Pillenschlucker mit Viagra keine dauerhafte Impotenz bekämpfen, sondern nur mal gucken wollen, ob es mithilfe der Chemie vielleicht noch besser klappt.« Alles ist machbar, Herr Nachbar!

Die Pille des amerikanischen Unternehmens Pfizer war eigentlich entwickelt worden gegen Herzbeschwerden, bis die Probanden über eine sprunghafte Nebenwirkung staunten. Tatsächlich ließ der Arzneistoff Sildenafil Totgeglaubte auferstehen, die zuvor unter »erektiler Dysfunktion«, also Erektionsstörung, gelitten hatten. Ganz anders als die Mittelchen, die in den Jahren zuvor auf der Rückseite von Groschenheften angeboten wurden im Umfeld fragwürdiger Produkte wie dem Striptease-Kugelschreiber und der Röntgen-Brille, durch die andere Menschen – vorzugsweise Frauen – angeblich nackt erschienen. »Pariser Liebestropfen«, »Apisflor-Pillen«, »Liebes-Dragees« und »Männer-Creme« (»Zur Kultivierung des Liebes-Erlebnisses«) zeitigten jedoch allenfalls einen Placeboeffekt. 2003 folgten Levitra (von Bayer) und Cialis (von Eli Lilly) mit der gleichen Wirkung, kein Nachfolger jedoch kam an die Bekanntheit von Viagra heran. Allerdings verwies Dr. Matthias Mahn von Pfizer, es bedürfe zunächst einer sexuellen Stimulation, einfach so erlebe der Pillenschlucker kein blaues Wunder.

Eine neue »sexuelle Revolution« lag in der Luft, wie schon die Antibaby-Pille die Erwartungen ins Unermessliche steigernd; aber auch Viagra entfachte zwiespältige Folgen. Einerseits durften Männer, die aufgrund von Herzerkrankungen oder Diabetes ihre liebe Mühe hatten, eine Erektion hinzubekommen, durchaus wieder in Liebeswonnen schwelgen. Andererseits klagten Partnerinnen, daran gewöhnt, dass im Schlafzimmer Schmalhans Küchenmeister war, über Akkord-Sex. Sagenhafte Geschichten von stundenlanger Standhaftigkeit erzählten sich Männer unter ihresgleichen.

In der sich zunehmend sexualisierten Gesellschaft war Viagra nur eine Pillenbreite entfernt vom cleanen Lifestyle-Produkt wie Reinigungspeeling oder probiotische Tropfen; allerdings war es auch Sinnbild für die zunehmende Entblößung der Gesellschaft und die Gewöhnung an die öffentliche Zurschaustellung nackter Haut. Was mit den Chippendales und der »Mann-o-Mann«-Sause rund um den Pool neckisch begann, entblätterte sich nun flächendeckend. Hatte früher Uwe Seeler, ein Handtuch über den Schultern, im Badezimmer pfeifend für ein Rasierwasser geworben, räkelten sich nun prächtige Männerkörper für Parfüm auf einer Klippe, der Waschbrettbauch tropfenbenetzt. Allzeit einsatzbereit. Sollte es beim parfümierten Kunden lahmen, lag in der Nachttischschublade der blaue Diamant bereit.

Halb nackte und nackte Frauenkörper jedoch waren nach wie vor der Goldstandard in der Werbung. Eine Frau in Unterwäsche legte sich für ein Fitnessland flach (»Mit der Figur brauche ich kein Abitur«), ein Kerl hielt ein Stück rohes Fleisch in die Kamera (»So schön wie eine Frau, schmeckt nur anders«), ein Fleischerzeuger hob eine Frau im BH aufs Plakat: »Frischfleisch gibt's bei uns«. Eine Oben-ohne-Schönheit auf Seite eins war (bis 2012) Markenzeichen der *Bild*-Zeitung; Swinger-Clubs, »FKK-Oasen« und Hotlines (»Ruf jetzt an!«) priesen sich mit kessen Sprüchen auf Plakatwänden. In Talkshows wurden ernsthaft die Vorzüge von Schamhaarfrisuren diskutiert, Frauen bekannten dort: »Mein Busen macht die Welt verrückt« und: »Ich bin stolz, eine Schlampe zu sein.« Das Internet ließ die letzten Dämme von Schamgefühl brechen. 1993 besaßen 8,3 Millionen der Deutschen einen Heim-Computer, 1998 waren es doppelt so viele; hatten in diesem Jahr 6,5 Millionen Deutsche Zugang zum Internet, waren es 2005 bereits 62,7 Millionen. Zu den sich inflationär ausbreitenden Pornoseiten, oft gratis im Netz abrufbar, gesellte sich Reklame für Viagra, natürlich. Da sich viele genierten, beim Arzt wegen eines Rezepts vorzusprechen, blühte der Handel aus trüben Quellen. Genug Käufer glaubten, ein Lacoste-Leibchen oder ein Louis-Vuitton-Täschchen gebe es zum Schnäppchenpreis – warum sollte dieses Wunschdenken nicht auch für die Potenzpille gelten.

»Wir haben's ja gewusst – Viagra vom Sozialamt« und »Sex-Pille vom Sozialamt – Das ist Viagra-Kalle«, stöhnte *Bild* 2003. Doch weiterhin wird der Muntermacher weder vom Sozialamt noch von der Krankenkasse bezahlt. Auch bleibt er rezeptpflichtig. Allein schon wegen möglicher Nebenwirkungen wie Kopfschmerzen und Magenbeschwerden, Gesichtsrötung, Rücken- und Muskelschmerzen, Schwindelgefühle und Priapismus sprich: Dauererektion. Mann-o-Mann. Der Mann, der nicht mehr lassen kann. Und, auch dieses Bedenken haben wir *Bild* aus dem Jahr 2023 zu verdanken: »Macht Viagra taub?« Wie bitte?

1999

EURO

Börsen-Guru André Kostolany lächelte in die Kameras. Natürlich habe er T-Aktien gezeichnet, beteuerte er am 18. November 1996. Er müsse sich schließlich um seine Versorgung im Alter kümmern. »Ich bin ja erst 91.« Es war der Tag, an der die Aktie der Telekom – bald »Volksaktie« genannt – an die Frankfurter Börse ging. Zwanzig Milliarden Mark nahm die Telekom durch den Verkauf von 713 Millionen Wertpapieren ein. Rekordverdächtig.

Elf Jahre danach entschuldigte sich einer der beliebtesten Schauspieler Deutschlands, Manfred Krug, aus »tiefstem Herzen bei allen Mitmenschen, die eine von mir empfohlene Aktie gekauft haben und enttäuscht worden sind«. Seine eigenen Telekom-Aktien besitze er immer noch: »Ich betrachte es als eine Art Selbstbestrafung. Es sind bis heute die einzigen Aktien, die ich selbst gekauft habe.« 2001 hatte sich das noch anders angehört, als sich ein Kleinaktionär bei Krug beschwerte, er habe sich auf den »todsicheren Tipp« verlassen und viel Geld verloren. Krug reimte zurück: »Manchmal stehn die Aktien hoch und manchmal stehn sie niedrig, ein Auf und Ab, grad wie beim Arsch vom Kaiser Friedrich.« Wahrscheinlich habe er den »Hals nicht voll genug« bekommen können.

Krug, der sich mit Serien wie »Auf Achse«, »Liebling Kreuzberg« und als Kommissar Stoever im Hamburg-»Tatort« in die Herzen des deutschen Publikums geschnoddert, charmiert und gesungen hatte, war für die 1995 gegründete Telekom, Europas größtes Telekommunikationsunternehmen, als Werbezugpferd in die Manege galoppiert, um Stimmung für die Aktie zu machen. Insgesamt schoss die Firma einhundert Millionen Mark in die Werbekampagne. Telekom-Chef Ron Sommer bauchpinselte: »Die Aktie wird so sicher sein wie eine vererbbare Zusatzrente.« 1,9 Millionen Kleinanleger glaubten ihm aufs Wort. Was ungewöhnlich war, da die Deutschen bislang eher dem Sparstrumpf denn Bulle und Bär vertrauten und lieber mit zwei Augen durchs Schlüsselloch guckten. Über Jahrzehnte hinweg wurden Bewegungen an der Börse lediglich im Wirtschaftsteil der Tageszeitung oder am Ende der Nachrichtensendungen im Radio gemeldet. Degussa plus 4,60, Gutehoffnungshütte plus 6, Conti-Gummi minus 3,20.

Als »Mutter aller Börsengänge« bezeichnet, entfachte die T-Aktie ungeahnte Begehrlichkeiten. Die Hatz auf Aktien brach aus, besonders wenn vielversprechende Papiere wie jene des Elektro-Bauelemente-Spezialisten Epocs, des Chip-Herstellers Infineon oder eben der Telekom eine wundersame Geldvermehrung versprachen. Wer nicht mitmachte, wurde mitleidig beäugt. Hobby-Börsianer glaubten sich sattelfest und tuschelten am Stammtisch über scheinbar todsichere Insider-Tipps. Goldgräberstimmung herrschte, und die kleinen Investoren hatten den ironischen Sound der Leipziger Pop-Gruppe Die Prinzen im Ohr. »Ich wär' so gerne Millionär«, denn dann wäre das Konto – vermeintlich – niemals leer. »Geld, Geld, Geld …«, so der Echo-Refrain.

Dann das Wetterleuchten! Abrupt platzte die Internetblase, die Kurse fielen im Strudel eines Sturzbachs. Viel Geld war futsch, die Anleger verloren Zehntausende, manche gar Hunderttausende: Notierte die T-Aktie 2000 auf ihrem Allzeithoch 103 Euro, sackte sie nach riskanten Firmenkäufen, vor allem in den USA, 2002 auf ein vorübergehendes Tief von läppischen 8,16 Euro.

Und dann der Euro. Zwischen Euphorie und Ernüchterung am Aktienmarkt mussten sich die Deutschen mit dem Euro anfreunden. Zum 1. Januar 1999 als Buchgeld eingeführt, raschelte und klimperte die neue europäische Währung ab dem 1. Januar 2002 in den Geldbörsen. Um sich schon einmal an den neuen »Look« zu gewöhnen, hielten deutsche Banken und Sparkassen ab Dezember 2001 das »Starterkit« bereit. Zwanzig Münzen im Wert von 10,23 Euro für 20 Mark (der exakte Umrechnungsfaktor lag bei 1:1,95583).

Seit Beginn der 1970er schwebte die Überlegung einer gemeinsamen Währung durch den europäischen Raum. In den Gesprächen um die von Deutschland angestrebte Wiedervereinigung Ende der 1980er verknüpfte angeblich der französische Staatspräsident François Mitterrand diesen Wunsch mit der »Vertiefung der Wirtschafts- und Währungsunion«. Bundeskanzler Helmut Kohl, sich bewusst, welche Bedeutung die mythenumrankte »harte« D-Mark in der Bevölkerung hatte, stimmte im Mai 1998 der Einführung des Euro dennoch zu. 2002 sagte Kohl, bei der Durchsetzung des Euro sei er »wie ein Diktator gewesen«, weil er ihn als »Synonym für Europa« verstand, als »einzigartige Chance« für das friedliche Zusammenleben auf dem Kontinent.

Es war kein leichter Abschied von der D-Mark.

Es war die zweite neue Währung seit der Geburt der D-Mark. Von dieser erhielt am 20. Juni 1948 mit der Währungsreform jede erwachsene Person gegen Vorlage von sechzig Reichsmark vierzig neue Mark. Kurz darauf brachte die »Ost-Zone«, nicht besonders gut vorbereitet, ihre Ost-Mark heraus, »Tapetenmark« oder »Klebe-Mark« genannt, weil die alten Reichsmarkscheine zunächst mit Coupons überklebt wurden.

Die D-Mark stand für den wirtschaftlichen Aufstieg der Bundesrepublik nach dem Zweiten Weltkrieg. Kein Wunder, dass im Frühjahr 1990 Bürger der DDR auf Transparenten forderten: »Kommt die D-Mark, bleiben wir, kommt sie nicht, gehen wir zu ihr!« Sie kam zum 1. Juli 1990. Löhne, Renten und Mieten im Umtausch 1:1, Guthaben, gestaffelt nach Alter und Höhe, 1:1 oder 1:2. Ein Kurs, der nicht unumstritten war. Ebenso wie später der Umstieg von D-Mark auf Euro. Das neue Geld musste sich mit allerlei Ressentiments herumschlagen. Noch 2004 standen nur sechzig Prozent der Deutschen zum Euro. Viele rechneten im Kopf jahrelang den Eurobetrag in D-Mark um. Eine wirtschaftliche Schwächephase hatte Preissteigerungen ausgelöst, sodass schnell vom »Teuro« die Rede war, besonders in der Dienstleistungsbranche.

Die ärgsten Befürchtungen traten nicht ein. Wie auch nicht bei der fast schon zur Hysterie gesteigerten Furcht vor kollabierenden Bankautomaten, kalten Wohnungen und Flugzeugabstürzen infolge des sogenannten Y2K-Bugs. Im Zuge der Umstellung auf das Jahr 2000 wurde Computern ein weltweiter Kollaps vorhergesagt. Letztlich bescherte die Angstmacherei lediglich einigen Software-Firmen Umsatzexplosionen.

Der Euro überstand die Wirtschaftskrise von 2008 und nahm auch die Kurve, als 2010 Griechenland der Staatsbankrott drohte. Und ein Großteil der T-Aktienbesitzer, die sich geprellt fühlten, bekam nach dreizehnjährigem Rechtsstreit 2022 einen Teil ihres Verlustes erstattet. Zumindest sechzig Prozent gingen auf einen Vergleich ein, der unter anderem vorsah, den 2000 gezahlten Kaufpreis von 66,50 Euro pro Aktie zurückzuzahlen.

Heute gilt: Vorsicht an der Bahnsteigkante. Über die einstige Börsenenttäuschung ist immer noch kein Gras gewachsen. 2023 besaßen nur 17,6 Prozent der Deutschen ab vierzehn Jahren Anteilsscheine von einzelnen Unternehmen oder Aktienfonds (im Vergleich dazu Niederlande 30 Prozent, USA 25 Prozent). Tendenz: sinkend.

Geld, Geld, Geld: Anfang der 2020er-Jahre gab es in Deutschland 2,6 Millionen Millionäre. Wobei die wenigstens ihr Euro-Vermögen mit den T-Aktien erwirtschaftet haben dürften.

2000

TELEFONSÄULE

Jene, die sie aufsuchten, weil ein Anruf keinen Aufschub duldete, weil ein Gespräch nicht für zu Hause lauernde Ohren bestimmt oder weil sie vor einem Regenguss Zuflucht suchten, verlieren sich beim Gedanken und im Gedenken an die Telefonzelle in heimelige Gefühle. Weil sie darin knutschten, sich verquasselten oder sich beim Telefonieren ständig drehen mussten, um nicht in die Gesichter von aufgebrachten, wütend fuchtelnden Menschen zu blicken, die nun endlich auch zum Zug kommen wollten. Die vielleicht dringend eine der von der Bundespost angebotenen Servicenummern anwählen wollten: Auskunft, Wettervorhersage, Kinoprogramm, Lottozahlen, Zeitansage. Über Jahrzehnte hinweg wurde die Telefonzelle gern in Kriminalfilmen als Requisit eingesetzt, wenn ein Erpresser seine Forderungen in das Taschentuch nuschelte, das er über die Sprechmuschel stülpte, oder sich ein Verfolgter mit weit aufgerissenem Mund zum Notruf in die Zelle flüchtete.

Noch heute steigt jedem, der aus einer nostalgischen Anwandlung im Geiste ein Telefonhäuschen betritt, die eigentümliche Mischung unterschiedlicher Gerüche in die Nase. Kalter Rauch (selbstverständlich war in der Zelle ein Aschenbecher angebracht), abgestandener Schweiß, leere Zigarettenschachteln, Getränkedosen, angekokelte Plastikteilchen, nun ja, auch hin und wieder dies: Notdurft, die sich, je nach Wetter, mit schmutzigen Pfützen vermengte. Jeder, der dort einst die Wählscheibe drehte, hat Geräusche im Ohr, die es verdienten, in das akustische Weltkulturerbe aufgenommen zu werden. Das Abheben des schwarzen Telefonhörers von der Gabel, das Ertönen des Freizeichens, das Einwerfen der Münzen in den Schlitz und schließlich das Klackern, wenn ein Geldstück beim Telefonieren nach versprochener Zeit ins Nichts verschwand und es galt, flugs zum Ende zu kommen oder umgehend nachzuwerfen.

Ab dem Jahr 2000 sprossen aus dem Pflaster der Innenstädte mehr und mehr spartanische Telefonsäulen, und die Kunden standen mitunter im Regen. Wenn nicht die spröde Säule unter freiem Himmel von einer Plexiglashaube geschützt wurde. Aber auch das konnte eine windige und laute Angelegenheit werden. Die einstige Intimität des Fernsprechhäuschens jedenfalls war perdu.

Über Jahrzehnte hinweg war im Straßenbild die ein Quadratmeter kleine Telefonzelle – im Amtsdeutsch aMünzFw – so selbstverständlich wie der Kiosk, der Tante-Emma-Laden und der den Verkehr regelnde Schupo. Im Westen wie im Osten gleichermaßen in Postgelb gehalten. Ab den 1970ern mahnte in beiden deutschen Staaten derselbe Slogan: »Fasse dich kurz!«, bisweilen ergänzt durch den Hinweis: »Nimm

Rücksicht auf Wartende«. Da es im Westen noch keinen Zeittakt für Ortsgespräche gab, kam diese frühe Flatrate (»All you can speak«) einer Einladung für Quasselstrippen gleich. In der DDR hingegen kursierte das Gerücht, der Staat halte seine Bürger zur Kürze an, um Bandmaterial zum Mitschneiden der Anrufe zu sparen. Anders liefen die Uhren bei »Jim Knopf und Lukas der Lokomotivführer« in der Augsburger Puppenkiste: In der Verfilmung von 1961 gab es nur eine Telefonzelle auf Lummerland. Dieser nur von König Alfons dem Viertel vor Zwölften genutzte Fernsprecher trug die Aufschrift: »fasse dich lang«. Mit der bekannteren, farbigen Verfilmung durch das Puppentheater 1974 entfiel diese Telefonzelle.

In den 1980ern, als die Bundespost 130 000 Kabinen unterhielt, kappte sie die unbegrenzte Gesprächsdauer und drängte nun: »Ruf doch mal an!« Diese Aufmunterung schien geboten, da die Zahl der Privatanschlüsse rapide zunahm. Ganz im Gegensatz zur DDR, wo 1989 1,8 Millionen Anschlüsse registriert waren, davon rund sechzig Prozent in Privathaushalten. Mit der Wende telefonierte sich auch auf diesem Gebiet zusammen, was zusammen kommunizieren sollte. Die 1994 privatisierte Post änderte allerdings flächendeckend ihr Erscheinungsbild vom gemütlich-betulichen Gelb ins untertemperierte Grau-Weiß-Magenta, das die Jahrtausendwende vorwegnehmen sollte.

Doch auch das Design der Zukunft konnte die Vernachlässigung der Zellen nicht aufhalten, beschleunigt durch die Verbreitung von Mobiltelefonen. Eh und je schon musste die Post eine Münze nach der anderen in den unrentablen Betrieb der Fernsprechhäuschen nachwerfen. Zudem waren Kosten in zweistelliger Millionenhöhe aufzubringen wegen Vandalismus: Glasschäden, gestohlene Hörer und Münzbehälter, Schäden an Wählscheiben und Halterungen, hingeschmierte Liebesbekundungen oder Verwünschungen. Beliebtes Ziel von Misshandlungen war das Telefonbuch, dass in einer speziellen Vorrichtung zum Nachschlagen hing. Neben mutwilliger Zerstörung rissen Anrufer, die gerade nichts zum Schreiben zur Hand hatten, gern die Seite mit der gewünschten Nummer heraus. Um die Würde dieses Verzeichnisses besorgt, warb der Literaturkritiker Marcel Reich-Ranicki 2001 für das Telefonbuch in Anzeigen: »Ich sehe weit und breit kein anderes Buch, das einen Umfang von über 500 Seiten rechtfertigen würde«, und lobte: »Hier triumphiert die Sachlichkeit.«

Pure Sachlichkeit trieb die Deutsche Telekom dazu, den Abbau der öffentlichen Telefonzellen voranzutreiben. 2000 begann sie die Häuschen durch freistehende »Basistelefone«, also Säulen oder Stelen, zu ersetzen, in denen nicht mehr entspannt gewählt, sondern beschleunigt Tasten gedrückt wurden – das Ende des Telefonhäuschens war besiegelt. Bis 2008 ersetzte das Schmalspurangebot ein Fünftel der damals noch 80 000 vorhandenen Häuschen. Ohne Anzeigetafel, weder mit Münzen noch mit den Ende der 1980er in Umlauf gebrachten Telefonkarten zu betreiben, sondern mit Calling Cards, für die ein Telefonguthaben anzulegen war, auf das mittels einer PIN-Nummer zugegriffen werden konnte. Als wollte die Telekom ihren Kunden das Telefonieren im Freien verleiden. Zumindest an festen Stationen. Denn öffentliches Telefonieren an sich – telephone to go – war mittlerweile populärer denn je: Bis 2015 wuchs die Anzahl der Mobilfunkanschlüsse auf 112 Millionen an, wobei sich Handybenutzer mehr denn je die Frage stellten, wer überhaupt noch eine öffentliche Zelle oder Säule benutzen mochte.

2021 endete der Versorgungsauftrag der Telekom, der Bevölkerung öffentliche Telefone anzubieten. Das war 144 Jahre nach Inbetriebnahme der ersten Telefonzelle in Deutschland der endgültige Ausmusterungsbefehl. Im November 2022 entfiel die Möglichkeit zur Münzzahlung, 2023 auch die Abrechnung mit Telefonkarte. Die 2024 noch vorhandenen zwölftausend öffentlichen Telefone sollen bis 2025 abgebaut sein. Einige ausrangierte Häuschen dienen als Mini-Tonstudio, Eis-Kioske oder Telediscos mit Platz für sehr wenige Menschen zum Tanzen, aber mit Discokugel und Kunstnebel. Privatmenschen sichern sie sich als Hingucker für ihren Garten oder als Dusche, andere dienen als öffentliche Tauschstellen für Bücher. Marcel Reich-Ranicki dürfte es freuen, vielleicht. Wer sich allerdings einem Objekt nähert, das von der Ferne einem Telefonhäuschen ähnelt, sollte sich nicht täuschen. Es könnte sich auch um eine Kabine für Raucher handeln, im gläsernen Pranger ihrer Laster frönend.

2001

DIRNDL

Die Wiesn findet statt.« entschied die Stadt München fünf Tage nach den Terroranschlägen im September 2001 in den USA. Man dürfe vor dem Terror nicht zurückweichen, sagte Gabriele Weishäupl, Tourismuschefin von München. Dafür verschärftes Sicherheitsreglement, erstmals kamen Überwachungskameras zum Einsatz. Schnell, so Gabriele Weishäupl, sei alles wie immer gewesen.

Denn: Das Dirndl war allgegenwärtig. Kleid, Bluse, Schürze (die Männer zogen mit Trachtenhemd, Lederhosen und Haferlschuhen nach). »Dirndl und Lederhose haben eigentlich nichts mit dem Oktoberfest zu tun«, sagte Wiesn-Expertin und Volkskundlerin Simone Egger, die ein Buch zu diesem Thema geschrieben hat. Früher sei das Dirndl »völlig absurd, ja sogar peinlich gewesen«. Einst billiges Arbeitsgewand für

Mägde und Bäuerinnen, verpasste ihm das Stadtmarketing 1972 zu den Olympischen Spielen ein neues Image. Dennoch, so Simone Egger, überwogen in den 1990ern auf der Wiesn Landhausmode, Sackkleider im Jutestil und Jeans.

Die Trendwende kam 2000. Das Dirndl wurde günstiger, und in der Münchner Schick-Schick-Schickeria war es sowieso immer mitgelaufen. Münchnerinnen, Fränkinnen, Japanerinnen, Amerikanerinnen – alle wollten nun das Dirndl für den Wiesnbummel. Von München aus verbreitete es sich im Rest der Republik, wo allerorten Veranstalter zu Wiesnfesten aufriefen – und das nicht nur zur Oktoberfestzeit. Dass ein Großteil der Besucher sich dafür eigens in Dirndl oder Lederhose warf, verstand sich von selbst.

Es schien, als bekomme der frühere Bundeskanzler Helmut Kohl noch recht, der 1993 gepoltert hatte: »Wir können die Zukunft nicht dadurch sichern, dass wir unser Land als kollektiven Freizeitpark organisieren.« Die SPD verteilte daraufhin einhunderttausend Postkarten, die Bürger an den Kanzler schicken sollten: »Wir sind nicht faul.«

Mit Beginn der Jahrtausendwende wurde »feiern« eine der beliebtesten Freizeitbeschäftigungen der Deutschen.

Natürlich wurde schon früher ausgegangen. Aber weniger nach Terminkalender, sondern auch mal spontan. Nun nahmen sich die Menschen, gerade die Jüngeren, mehr Zeit für die Planung des Wochenendes, um Erwartungen nicht zu enttäuschen. Früher war »ausgehen« weniger mit der unbedingten Erwartung eines wie auch immer gearteten Erlebnisses (»Event-Kultur«) belastet, nur selten mit dem Gefühl verbunden, man könnte etwas verpassen.

Brennpunkte der Partysanen waren unter dem Sammelbegriff »Ballermann« berüchtigte Lokalitäten auf Mallorca, dem Trinken und Feiern geweihte Stätten. Auch Lloret de

Mar, der bulgarische Goldstrand und die kroatische Küste von Zrce drehten die Boxen auf.

Neben der Fastnacht durfte sich der Feierkalender fortan über mindestens drei weitere Jahreszeiten freuen: das Après-Ski (selbst an Orten, die von Schneeflocken gemeinhin gemieden werden), Wiesn-Partys und sommerliche Strandpartys. Dazu einmal jährlich die Love-Parade und weitere exzentrische Events wie die Techno-Demo »Carneval Erotica« 2001 auf dem Kurfürstendamm in Berlin, wo »sexuelle Liberalisierung und ein positives Verhältnis zum Hedonismus« gefeiert wurden, was das Ordnungsamt allerdings kein zweites Mal erlaubte.

Da alle dazugehören wollten, sangen alle mit, kamen sich ziemlich nah, passten sich an. Das bedeutete für die Wiesn in der Lüneburger Heide im Mai: Ein Dirndl musste her. Die Suche nach Identität und Gemeinschaft müsse nicht mehr unbedingt zu Hause stattfinden, folgerte Dirndl-Expertin Simone Egger. Die Feiernden folgten dem Sound, der Kulisse, der Mode, wohin auch immer.

Das Dirndl ist längst kein Einheitslook mehr: Midi, Maxi, in Samt oder à la Venedig. Draufgängerinnen tragen es ohne Bluse. Was jede Novizin in bayerischem Ambiente zum Mallorca-Sound, Cocktailglas und Handy fotobereit in der Hand, wissen sollte: Schürzenschleife vorn rechts bedeutet Finger weg – Trägerin ist vergeben. Schleife vorn links – Single. Schleife vorn in der Mitte – Jungfrau.

2002

ARSCHGEWEIH

Im Jahr 2002 kam das Tattoo titelgebend im deutschen Kino an. Tätowierungen dienten als Motiv für Morde. Ein Psychopath suchte Opfer mit Körperzeichnungen, um deren Haut anschließend zu verkaufen. 2002, behauptet die Onlineseite *Pinterest,* wurde das Knöchel-Tattoo erfunden, das allerdings ob seines fast biederen Minimalismus den Verrückten aus dem Splatter-Film nicht im Mindesten gereizt hätte. Die Körperstelle, darf vermutet werden, wählten jene, die ein bisschen verwegen sein und sich ein paar Zentimeter vom Mainstream entfernen wollten, aber dann doch nicht so plakativ wie die jungen Frauen, die ein Lower-Back-Tattoo zur Schau trugen. Jene zur Wirbelsäule spiegelsymmetrische Tätowierung kurz oberhalb des Steißbeins. Angeblich erfand der österreichische Tätowierer Pogo 2002 dafür den Namen Arschgeweih. In Österreich auch »Oarschvignette«

genannt, in der Schweiz noch abwertender »Schlampenstempel«.

Waren früher Tätowierungen Matrosen, Söldnern und Gefängnisinsassen vorbehalten und wurden in den 1970ern von Rockern, Rockmusikern und Punks entdeckt, blieben sie lange Zeit Teil der Subkultur. Weshalb gern Totenköpfe oder an einem Galgen baumelnde Männchen den Blick abwenden ließen. Mitte der 1990er schlichen sich Tätowierungen in die Gesellschaft, was Experte Dirk-Boris Rödel auf die Popularität des Musiksenders *MTV* zurückführt. Bevorzugt: Tribals, abgeschaut von indigenen Völkern. Es folgten Sterne, Schwalben, Anker, Herzen.

Mit zunehmender Bauchfreiheit erschien Ende der 1990er das Tattoo oberhalb des weiblichen Steißes, meist ein geschwungenes, verzweigtes Fantasieornament, ein Tribal oder ein Schriftzug. Die waagrechte Ausdehnung in der Breite entsprach dem Zwei- bis Vierfachen der Höhe. Der Streifen kam gerade durch tiefsitzende Low-Rise-Jeans zur Geltung, die einen Blick auf den Stringtanga erlaubten. Spätestens 2004 war das Arschgeweih in aller Munde, kürte doch die *Bild*-Zeitung die »Miss Arschgeweih«.

Die Sängerin Luci van Org (»Lucilectric«) hatte 1994 den Ton für ein neues Rollenverständnis vorgegeben. Indem sie den Typen mit »dem Hintern« mitnahm, sich auch »ganz ohne Kohle« küssen ließ und keine Widerrede duldete, denn sie gewinne ohnehin: »Weil ich 'n Mädchen bin.« Wenige Jahre später demonstrierten »Girlies« neues Selbstbewusstsein, frech, sexy, trugen Zöpfe und bauchfreie T-Shirts, auf denen »Schlampe« oder »Zicke« stand – das sollte spöttisch verstanden werden –, und ließen ihr Arschgeweih blitzen: Wir bestimmen selbst über unseren Körper.

Bald jedoch setzte die Abwertung des Arschgeweihs ein.

Ina Müller sang 2006 »Bye bye Arschgeweih« – und gab dasselbe symbolisch zum Lasern frei. Nicht alle, die dem Geweih abschworen, entschieden sich dafür: Sie ließen ihr Tribal umtätowieren. Andere entdeckten neue Zielgebiete. Nach der Jahrtausendwende lagen Aquarell- und Watercolor-Tätowierungen, die ausschauen, als seien sie mit bunten Wasserfarben aufgetragen, im Trend. Rosen, Tiere, Symbole, Sinnsprüche, Namen der Lieblinge. Dann waren der Biomechanik entnommene Nerd- und Geek-Zeichnungen an der Reihe. Hautöffnungen, hinter denen Muskeln, Organe oder Maschinenteile herauslugten, Zahlenkolonnen, Linien und QR-Codes. Beliebt sind inzwischen Mini-Tattoos, beispielsweise ein Notenschlüssel hinter dem Ohr, auf dem Finger oder dem Fußrücken. Aber nicht nur die Jungen, sondern auch die Älteren suchen vermehrt das Tätowier-Studio auf, was zu einer weiteren Verbürgerlichung führte: Inzwischen ist jeder fünfte Deutsche gezeichnet.

Mit sinkender Taillenhöhe, so das Magazin *Vogue* 2024, feiere das Arschgeweih ein Comeback. Zunächst habe es so ausgesehen, als hätten die Frauen ihren Steiß aus lustigem oder ironischem Hintergrund wiederentdeckt, berichtet der Tattoo-Künstler AVT1116. Dann jedoch wollten es immer mehr aus ästhetischen Gründen. Nun begleitet von dem Selbstwertgefühl der »MeToo«-Bewegung: Selbst das freizügig dargebotene Arschgeweih ist unter keinen Umständen eine Einladung wofür auch immer.

2003

ROTES HERZ

Anita, Krankenpflegerin, 19 Jahre, sehr hübsch und mit guter Figur, zuverlässig und fleißig, möchte so gern einen Menschen kennenlernen, der keinen Flirt sucht und es wirklich ernst meint. Wird sich mein Herzenswunsch erfüllen?«, bangte eine junge Frau 1974 in der Chiffreanzeige einer Tageszeitung. »Marita, eine auffallend hübsche, natürliche, 26-jährige Sport- und Hauswirtschaftslehrerin. Ihre Hobbys: Kochen, Backen, Sport, Literatur und alles Schöne. Welcher nette Herr sucht nicht Flirt und Abenteuer? Ihm möchte ich meine ganze Liebe schenken, um für immer glücklich und geborgen zu sein«, buhlte eine Konkurrentin.

»W., 56, schlank, Ausstrahlung, sucht ihn: empathisch, humor- und liebevoll. Gib uns eine Chance, evtl. wird mehr daraus« oder »Frau, 61, schl., sportl., geistig aktiv, eigenständig, strukturiert, prakt., schöngeistig, mit Witz«. Zwei Bewerbungen von 2024 in einer Wochenzeitung, deren Leserschaft, so heißt es, sich vornehmlich aus Studienräten zusammensetzt.

Analoge Brautschau mag überholt erscheinen, ist aber einfach zu bewerkstelligen. Onlinedating ist allenthalben die Leimrute, die ausgeworfen wird, aber eine knifflige Angelegenheit. Ratgeber nehmen Kontaktsuchende bei der Hand, denn wer erfolgreich sein möchte, muss sich mit »Open Loops«, »Plot Twist« und »Call to Action« auseinandersetzen. Der Wettbewerb ist hart, Fotos und Text der Kandidatur werden auf die Goldwaage gelegt. Ein No-Go: Fotos mit Bier in der Hand oder Frau im Arm, Selfies im Spiegel, halb nackt oder mit Sonnenbrille. Ebenso zu vermeiden: Beauty-Filter, Öhrchen, Herzchen, Sternchen. Vor allem: »Mach dich nicht schöner, klüger, erfolgreicher oder intellektueller, als du bist«, wird den Suchenden ins Gewissen geredet. Denn wenn der Showdown unvermeidlich ist und der Vorhang sich öffnet, schlägt die Stunde der Wahrheit. Sich den Algorithmen auszuliefern, ist eine Wissenschaft für sich. Weshalb bei längerer erfolgloser Suche vom »Dating-Burnout« die Rede ist.

Mann und Frau unter die Haube zu bringen ist so alt wie die Menschheit selbst. Lange regelten das die Familien, im 18. Jahrhundert erschienen, begleitet von empörten Zwischenrufen, Heiratsanzeigen, und erste Ehevermittlungsinstitute boten ihre Köderdienste an, wobei es keineswegs um ein Eroskop ging, sondern stets um den Ehevertrag. Immer mehr Liebende machten die Sache unter sich aus, was die Partnerfindung nicht unbedingt vereinfachte und schon gar keine Garantie war für das Ehelotto.

Da es in der DDR trotz FKK-Begeisterung an der einen

oder anderen Stelle klemmte, eröffnete der Staat in den 1970ern zwei Eheanbahnungsinstitute. Im Westen ergötzte sich ab 1987 ein Millionenpublikum am öffentlichen Flirten bei der Fernseh-Show »Herzblatt«, anfangs mit Rudi Carrell als Verkuppler. Von 926 Paaren sollten bis 2005 aber nur zwei heiraten. Das war harmlose Unterhaltung auf kleiner Flamme. Auf der nach oben offenen Peinlichkeitsskala war noch viel Luft, und die wurde für weitere Formate genutzt: »Ex on the Beach«, »Bauer sucht Frau«, »Undressed – Das Date im Bett«.

Die Computer-Liebe mit Singlebörsen und Partnervermittlern ging in Deutschland 1998 mit der Singlebörse Dating-Cafe.de online. Es folgten Tinder, Parship, Badoo, Lovoo und rund 2500 weitere. Teils ist es möglich, sich mit einem Steckbrief anzupreisen und den Markt zu sondieren – eine nächtliche Zellverschmelzung nicht ausgeschlossen. Andere Dienste doktern herum, welches Deckelchen auf welches Töpfchen passen könnte. Teils ist das gratis, teils werden satte Abogebühren verlangt.

2003 eröffnete mit ElitePartner ein neuer Markt der Sehnsüchte. »Partnersuche für Akademiker und Singles mit Niveau« lautete das spezielle Versprechen. Nach Auswertung der Attribute wird den Interessenten individuell eine Rangliste auf dem silbernen Tablett serviert. Bei wem könnte es mit wem funken? Damit der Hoffnungsschimmer nicht schon beim ersten Stelldichein trostlos blakt.

Millionen surfen mittlerweile im Internet schlingernd auf der Suche nach Amors Pfeil, teilweise unterwegs auf mehreren Plattformen. Warum dieser skurrile Markt so gut als Millionengeschäft floriert? Weil Deutschland vereinzelt. 2021 gab es 17,3 Millionen Alleinstehende (24 Prozent der Bevölkerung); 19,3 Millionen sollen es bis 2040 sein. War der Nachkriegsgeneration noch eingebläut worden, dass nichts weggeworfen, sondern erst einmal repariert wird, sind Scheidungen (die Quote liegt inzwischen bei rund 40 Prozent) heute kein Makel mehr, ebenso wenig wie abends allein das Licht auszumachen und keine Kinder zu haben. Frauen können unabhängig ihr Leben meistern, für viele steht zunächst die berufliche Karriere im Vordergrund. Immer noch hadern genug Männer, heißt es, mit dem Rollenwechsel. Was Jahrhunderte eingeimpft wurde, ist offenbar nicht so einfach aus dem Ärmel zu schütteln: stark sein, keine Schwäche zeigen, nicht weinen dürfen.

Die zwischen 1995 und 2010 geborene Generation Z hat die sozialen Medien mit der Muttermilch aufgenommen, hat gelernt, dass es im Internet alles gibt. Es scheint für sie das Natürlichste der Welt, dass dieser 24-Stunden-Bestellmarkt auch für Beziehungen gilt. Zudem haben Single-Börsen ungleich mehr im Angebot, als das Revier vor der Haustür hergibt. Es herrscht die Qual der Wahl, wie an der Käsetheke, wo Kunden mitunter vor 100 Sorten verzagen und am Ende doch wieder den Gouda nehmen.

Ein Korb ist im Netz, wo es keiner mitbekommt, einfacher zu verdauen, weniger kränkend als eine Abfuhr in der Disco. Schüchterne und Mauerblümchen können in einem geschützten Raum ihr Schicksal ausloten. Kein Stottern, keine rote Birne, und dass sie Badewannentaucher sind, bekommt hier erst mal keiner mit. Bei Desinteresse wird nonchalant »geswiped« – weggewischt. Oder man »ghosted« sich, taucht ab, ohne sich erklären zu müssen in der Art: »Du, wir müssen mal reden …« Indessen ist anfangs nicht ausgemacht, ob der Herzblattkandidat sich auf dieser Spielwiese nicht im »catfishing« gefällt, also nur mit Platzpatronen unterwegs ist.

Liebe auf den ersten Klick – über den Erfolg gibt es widersprüchliche Angaben. Internet-Beziehungen scheinen zumindest nicht weniger stabil zu sein als andere. Eine Umfrage ergab 2021, dass sich jedes dritte Paar online kennenlernt. Wobei das Anbändeln in der Freizeit, über Freunde und am Arbeitsplatz nicht außer Mode gekommen ist.

Noch nie war Liebe so präsent. Nicht zu zählen die Ratgeber (»Liebe braucht Liebe«), die Beschwörung in der Werbung (»Wir lieben Lebensmittel«), im banalen Alltag (»Ich liebe meine Sneakers«). Alibi-Agenturen organisieren Doppelleben, entwickeln bei einer Krise bewusste Eifersuchts-Szenarien, ziehen mit in den Rachefeldzug gegen die oder den Ex. Und wenn die Worte für die Liebeserklärung fehlen, bucht der Wortklauber einen Liebesbrief-Service. Das wird er nicht mehr lange tun müssen. Denn KI wird nicht nur alle Suchenden wie blind zueinander führen, sondern auch die nötigen Liebesworte für die Ewigkeit zusammenfügen.

2004

TOMTOM-NAVIGATIONSSYSTEM

Nicht ungewöhnlich, dass heutzutage die weibliche Stimme während der Fahrt aus heiterem Himmel nachfragt, weil sie irrtümlicherweise davon ausgeht, der Fahrer habe ein Anliegen an sie gerichtet. Wer Überlandfahrten allein hinter dem Lenkrad zu bewältigen hat, mag froh sein über ein derartiges Gesprächsangebot, andere werden irritiert zusammenzucken wegen der abrupten Einmischung. Noch erfolgen Ermahnungen und Bevormundung in schriftlicher Form auf dem Display, versehen mit einem Ausrufezeichen. Die Geschwindigkeit sei zu hoch, das heruntergekurbelte Fenster sei bei eingeschalteter Klimaanlage der Öko-Bilanz nicht dienlich. Gut möglich, dass künftig keine freundliche Frauenstimme (beim Hersteller Škoda heißt sie beispielsweise »Laura«) einen höflichen Verweis erteilt, sondern eine Domina den Fahrer anraunzt. Oder die unsichtbaren Helferlein und Bestimmerlein den Wagen gleich an den Straßenrand lenken und zu einer einstündigen Pause zwingen.

Zurück in den März 2004, als der niederländische Hersteller TomTom auf der Messe Cebit in Hannover das erste mobile Navi (»Personal Navigation Device«) vorstellte – tragbar, mit einem Saugnapf im Inneren des Autos anzubringen, sofort einsatzbereit und einfach zu handhaben, preiswert und besser als die bereits vorhandenen Modelle zum Einbau. Eine »Navigations-Box mit eigenem Display«, nannte es das Computermagazin *Chip.* TomTom hatte eine neue Gerätegattung erfunden, wurde der digitaler Volks-Wegweiser und blieb Marktführer. Schon 2004 wiesen 250000 Geräte den Fahrern den Weg, im folgenden Jahr stieg die Anzahl auf 1,7 Millionen. Weil in der nüchternen technisierten Welt neben der Information immer stärker der Spaß-Faktor eine Rolle spielt, boten findige Unternehmer schnell andere Stimmen zum Aufsagen der Wegweisungen an. Da schröderte der Bundeskanzler vor sich hin, polterte Bruce Willis in nasalem Ton, ein »Ali« zielte auf die Fans von Comedy-Stars, eine »Chantal« säuselte wie »Susi«, die Off-Stimme der Fernseh-Show »Herzblatt«. »Gerade in stressigen Verkehrssituationen ist eine angenehme Stimme beruhigend«, glaubte Kathleen Kleißner, Mitarbeiterin eines Anbieters, während ein Konkurrent abwiegelte: »Wir legen Wert auf professionelle Sprecher, etwa Radiomoderatoren.«

Innerhalb von gerade mal zwei Jahrzehnten hat sich der kleine, drollige Pfadfinder zu einer Kommunikationsplattform in Tablet-Format entwickelt, die nicht nur Fahrtrouten inklusive Umleitungen auskundschaftet, sondern ebenso Musik aus dem Radio oder dem Internet abspielt, Anrufe entgegennimmt und über sinkenden Reifendruck informiert.

Vor allem muss die nachfolgende Generation nicht mehr lernen, wie Landkarten zu lesen sind, von einer Bestimmung der Himmelsrichtung ganz zu schweigen.

Generationen von Jugendlichen, deren Eltern ein Automobil besaßen, waren mit dem rot-gelb leuchtenden Shell-Atlas aufgewachsen, der im Handschuhfach lag. Er erschien erstmals 1950 ebenso wie die ersten Karten des Automobilklubs ADAC. Neben dem praktischen Nutzen konnte er helfen, die Reisezeit für Kinder und Jugendliche (»Wann sind wir endlich da?«) zu verkürzen, indem sie mit dem Finger die noch zu bewältigende Strecke abfuhren oder europäische Städte mit unaussprechlichen Namen entdeckten. Das fachte die Fantasie an, wie es dort wohl aussehen mochte und was einen Besuch lohnend machen könnte. Ein Wissen, das sich mitunter im Erdkundeunterricht auszahlte. In der DDR wiederum half der »Kleine Verkehrsleitfaden« beim Erreichen des avisierten Ziels, wobei es für die dortigen Kinder und Jugendlichen wesentlich weniger europäische Städte zu entdecken gab. Immer noch im Handel ist »Der große Verkehrsatlas Deutschland und Europa« der mit Reiseinformationen, Ausflugszielen, Hotels, Campingplätzen und Werkstätten der digitalen Allmacht trotzt.

Wer per pedes in Städten unterwegs war, griff auf einen Plan des Falk-Verlags zurück. Gegründet 1945 von Gerhard Falk, der sich angeblich im zerstörten Hamburg nicht zurechtfand und sich zudem wegen eines unhandlichen Stadtplans die Haare raufte. 1948 ließ er sich seine Falttechnik patentieren. Obwohl auf einem einzigen Blatt gedruckt, konnte der Suchende mit dieser Technik in alle Richtungen blättern. Die Titelcover der zunächst individuell für jede Stadt gestalteten Falk-Pläne wurden vereinheitlicht: Hintergrund gelb, Wahrzeichen als Schwarz-Weiß-Foto, Städtename weiß auf rotem Balken, rechter Rand blau mit Straßenraster, Falk-Logo rechts oben. Allerdings fiel es jenen, die in der Disziplin Geschicklichkeit schwächelten, gelegentlich schwer, die aufgeschlagenen Planquadrate ordentlich zurückzufalten. Was dann dazu führte, dass auch sie sich die Haare rauften. Dennoch setzte sich der Falk-Stadtplan als Branchenprimus durch, flankiert von markanten Sprüchen wie »Planlos läuft er durch die Stadt, weil er keinen Falk-Plan hat«. Solche Falk-Falt-Pläne gab es von allen möglichen Städten in Deutschland und dem benachbarten Ausland. Und für alle Fälle brachte Falk 1960 eine Mondkarte heraus mit der naturähnlichen Darstellung der von der Erde aus sichtbaren Seite.

Ob Mond, Dortmund, München oder Dresden – längst schon muss der Fußgänger nicht mehr auf gedrucktes Material zurückgreifen, wenn er sich in einer Stadt zurechtfinden möchte. Er zückt sein Mobilfunkgerät und lässt sich per grafischer Darstellung oder per Stimme durchs Straßenwirrwarr lotsen. Wobei Wissenschaftler nicht nur bei Jugendlichen, sondern auch bei Erwachsenen wegen des Einsatzes elektronischer Hilfsmittel einen verkümmerten Orientierungssinn und einen dadurch entstehenden Tunnelblick beklagen. Schon ist die Rede von Orientierungs-Analphabeten, die selbst absurden Anweisungen ihres Navis Folge leisten. Vielfach und beinahe schon legendär sind die Beispiele, dass der feste Glaube an die Unfehlbarkeit des Computers in ein Himmelfahrtskommando münden kann. So folgte der Fahrer eines Transporters stur der Anweisung, rumpelte über eine Weide und blieb am Betonrand eines Güllebehälters stecken. Und die Polizeiinspektion im thüringischen Suhl erhielt den Hilferuf einer Fahrerin, die dem Navi blind vertraute, einige Treppenstufen hinab fuhr und sich verkeilte. Einen Urlauber leitete das Gerät in Österreich auf den stark vereisten Köhlergraben – das dies eine Rodelbahn war, merkte er nicht.

Diese Missgeschicke dürften künftig ausbleiben, denn das erweiterte TomTom führt nachgerade zur Entmündigung. Geschwindigkeitsassistent, Müdigkeitswarner, Notfall-Spurassistent, alkoholempfindliche Wegfahrsperre. Weniger Arbeit für den Fahrer bedeutet das indessen nicht. Passwörter melden, updaten, in die Cloud verschieben, Ziffern eintippen, seitenlange Nutzungsbedingungen abnicken, Gutscheincodes eingeben. Der Fahrer könnte ansonsten merken, dass er nicht mehr Herr des eigenen Wagens ist.

2005

POLEDANCE

In der feministischen Zeitschrift *Emma* kochten die Gemüter hoch. Die einen beklagten Sexualisierung, Exhibitionismus und Voyeurismus, die »Kapitulation vor dem sexistischen Denken anderer«; die Kindersendung »Tigerenten Club« im *ZDF* habe von einer »jungen Trendsportart« gesprochen – demnächst würde wohl für Kinder statt Schwimmkursen Poledance angeboten. Empfehlung: Boxen statt Stange. Flankenhilfe erhielten die Kritikerinnen von der Kommunikationswissenschaftlerin Daniela Schaaf. In einem ihrer Bücher scharfrichtete sie über die Adaption von Riten aus der Rotlichtbranche als neue Sportart.

Einige Leserinnen zeigten sich ob der Missbilligung empört, sprachen von einem Übergriff des Feminismus, betonten, das halbnackte Auftreten habe sicherheitstechnische Gründe.

Besonders hoben die Frauen an der Stange, die von Bekannten ab und an gefragt wurden: »Ehrlich, du strippst jetzt?«, die sportlichen Aspekte an der etwa 45 Millimeter starken polierten Metallstange hervor. Drehende akrobatische Figuren, Kopfüber-Positionen, Spagat, Abfaller, der Kampf mit der eigenen Körperkraft, mithilfe der Anpresskraft von Armen, Beinen oder Händen ausgeführt. Figuren, die teilweise der Schwerkraft zu widersprechen scheinen. Die Akteure sind in allen Gesellschaftsschichten zu finden, unabhängig von Alter und Geschlecht, ohne besondere Voraussetzungen – bis auf einen eisernen Willen.

Akrobatischer Stangentanz, seinerzeit hauptsächlich von Männern betrieben, tauchte erstmals im 12. Jahrhundert in Indien auf. Zu Beginn des 20. Jahrhunderts traten Artistinnen bei »Girlie Shows« in Wanderzirkussen der USA auf und entblößten sich vor männlichem Publikum. In den 1980ern gewann diese Spielart des Striptease in den Rotlichtvierteln an Beliebtheit, schwappte von den USA nach Europa, ehe in Amerika die ersten Poledance-Studios eröffneten, die den Schwerpunkt auf den sportlichen Aspekt legten.

2005 eröffneten die ersten Studios in Deutschland, berichten die Betreiber des »Lift off«, der Poledance Academy in Frankfurt. »Mutigen Stripperinnen mit einem Traum haben wir es zu verdanken, dass wir heute diese tolle Kunstform bzw. diesen Sport in einem geschützten Raum und nur für uns selbst machen können.« Wer wollte, durfte diesen geschützten Raum verlassen. Ab 2006 wetteiferten Frauen jeglichen Alters, aber auch die ersten Männer, um Punkte und Medaillen, die Internationale Pole Sport Föderation (IPSF) möchte die Stangenakrobatinnen olympisch aufwerten, um das Rotlicht endgültig auszuknipsen.

Studios wie jenes in Frankfurt bieten die Grundelemente

des Poledance an und heben die Darbietung auf das Schild des Empowerments. Der klassische Stil in freizügigem Dress und hohen Schuhen erfreut sich wachsenden Zulaufs. »Nicht nur, dass es eine faszinierende und höhere Kunst ist, sich so smooth wie Stripper*innen im Club zu bewegen, es fördert – in dem gesicherten Rahmen eines Poledance-Studios – das Körpergefühl und Selbstvertrauen von tanzbegeisterten Menschen«, schreiben die »Lift Off«-Betreiber.

Die Fron für gestählte Körper traf in den 2000ern auf eine Gesellschaft, die immer adipöser wurde. Der BMI (Body Mass Index) wurde den Fitness-Verfechtern so etwas wie der Dax des Körpers, Abnehmprogramme galten als neue Religion. Mit den Jahren wechselten die angesagten Diäten: Low Carb, Intervallfasten, Keto, TLC-Diät, Flexitarische Ernährung, Mittelmeer-Diät. Verunsicherung rief bei jenen, deren Geist durchaus willig war, hervor, dass jene, die noch tags zuvor auf eine bestimme Methode geschworen hatten, unversehens eine andere Lehre als die einzig heilbringende anpriesen. Alle, denen das zu kompliziert wurde, die nicht täglich mit einer Waage ihre Kalorien und Proteine (ohne die ging es überhaupt nicht mehr) bestimmen wollten, beließen es bei der bewährten Methode: FDH – friss die Hälfte. Was aber auch nicht mehr so einfach war, wie es klang. Denn nun gab es sogar Superfood: Goji-Beeren, Acerola-Kirschen, Chiasamen, Mikroalgen – exotische Naturalien schwirrten vom Fernsehen bis in die Lokalzeitungen. Was als geheimnisvoll und wurzelnah angepriesen wurde, musste gesund sein. Aber, halt: Tat es nicht auch heimisches Superfood? Leinsamen, Blaubeere, Hirse, Schwarze Johannisbeere. Fragen über Fragen im Anblick von immer mehr Spezialitäten, die die Supermärkte in ihre Regale füllten, und Restaurants, die die Speisekarten der Welt bis zum Hindukusch abdeckten.

Die Gewichtslage der Nation war vergleichbar mit jener gut dreißig Jahre zuvor, als Sport und Politik die Trimm-Bewegung rund um Trimmy (siehe Seite 132) angeschoben hatten. Allerdings klagten Sportvereine, wie schwer es geworden war, Mitglieder zu gewinnen. Viele durchaus Trimmwillige wollten sich nicht mehr dauerhaft binden. Dafür florierten Workshops, Kurse und private Fitnessanstalten. Anfang der 2010er stieg die Anzahl der Studios, die Pole-Fitness anboten, in Deutschland auf über 150. Um das Fett zum Schmelzen zu bringen, fanden nun sportliche Betätigungen Zulauf, die aus den USA kamen. Rollerblades, Skateboard, Slackline (Seillaufen), Spinning, Callanetics (eine Mischung aus Gymnastik, Yoga und Tanz), Calisthenics (Training mit eigenem Körpergewicht), Aerial Yoga (an einem Tuch hängend), Hyrox (Kraft-Ausdauer-Übungen). Selbst Kunstfertigkeiten wie Trampolinspringen und Hula-Hoop tauchten wieder auf. Ähnlich wie die Ernährung, war die Wahl der Sportart im Trimmy-Jahrzehnt wesentlich einfacher gewesen. Damals tat es noch der Dauerlauf.

Wer derart harte Körperarbeit vollbrachte und sich bei der Ernährung in Askese übte, hatte sich einen Wellness-Urlaub, zumindest ein Wellness-Wochenende verdient. Die Angebote schossen zur Jahrtausendwende schwindelerregend aus dem Nordseestrand, den Mittelgebirgen und dem Alpenvorland. Neben Selbstverständlichkeiten wie Sauna, Swimmingpool und Ayurveda (möglichst bio, nachhaltig und CO_2-arm) fuhren die Unterkünfte auf mit Digital Detoxing (Auszeit von digitalen Medien), Biohacking (Selbstoptimierung durch besseren Schlaf), Klangbad (Einsatz von tibetanischen Klangschalen, Gongs und Windspielen), Crystal Healing (Heilkraft der Kristalle) und Apitherapie (Honig, Pollen, Gelée Royal und Bienengift für die Haut); mit einer Kneipp-Kur brauchte da keiner mehr zu kommen. Die gestresste, überforderte und übergewichtige Gesellschaft wusste überhaupt nicht mehr, wo sie ihr Geld für sich selbst lassen sollte. Dafür lockte die Ü-100-Jahre-Garantie.

Selbst die evangelische Kirche konnte dem Poledance etwas abgewinnen, weniger aus sportlichen oder sinnlichen Gründen, sondern schlichtweg, um wieder mehr Kirchgänger in Bewegung zu setzen. Unter der Überschrift »Poledance trifft Orgel« ließ ein Gotteshaus in der mittelhessischen Kleinstadt Nidda 2021 im Altarraum einen halbnackten Mann und eine halbnackte Frau sich an der Stange rekeln. Von einem »begeisterten Publikum«, das von »Weltklasse« schwärmte, schrieb die ansässige Lokalzeitung. Halleluja.

2006

DEUTSCHLANDFAHNE

Brüh im Lichte dieses Glücks …« Das ging ziemlich daneben, als die Pop-Sängerin Sarah Connor vor 66 000 Zuschauern beim Eröffnungsspiel in der neuen Münchner Fußballarena zwischen den Bayern und der deutschen Nationalmannschaft im Mai 2005 vor dem Anpfiff die Nationalhymne anstimmte. Sie selbst führte den Sing-Unfall auf ihre Aufregung zurück. Deswegen habe sie das von Hoffmann von Fallersleben eigentlich vorgesehene »Blüh im Glanze« ein wenig durcheinandergebracht.

Textsicher war ein Jahr darauf die multiethnisch zusammengesetzte deutsche Nationalmannschaft bei der zweiten Weltmeisterschaft, die nach 1974 auf deutschem Boden stattfand, ebenso wie ein Großteil des Publikums. Was lange als Ausweis von Nationalismus und Chauvinismus, wenn nicht gar von reaktionärem Gedankengut geholten hatte, war nun mehr oder weniger Pflicht: das Mitsingen der Hymne. Wurde ein Spieler in diesem Moment mit schmalen Lippen erwischt, hagelte es in der Öffentlichkeit harsche Kritik, die Loyalität des Stummen zu Land und Leuten schien zweifelhaft.

Jahrzehntelang war das Mitsingen der Hymne verpönt. Wozu die deutschen Spitzenkicker seit 1974 (»Ha, ho, heja heja he! ... Fußball ist unser Leben«) ihre Münder jedoch öffnen mussten, war das Einsingen einer Schallplatte vor Beginn jeder Weltmeisterschaft. Frappierende Hörerlebnisse sind dem Gedächtnis verhaftet geblieben. 1978 »Buenos Dias Argentina« mit Udo Jürgens fast wie eine Huldigung an die Videla-Militär-Diktatur (»Komm wir reichen uns die Hand«), »Olé Espana« 1978 mit Michael Schanze (mit dem Heraufbeschwören des Lachens der Senoritas und deren Lippen »rot wie Mohn«), 1986 »Mexico mi amor« mit Peter Alexander (»Sombreros verbergen Stolz in den Augen der Männer«), 1990 »Sempre Roma« nochmals mit Udo Jürgens (»Wir finden uns selbst, als hätten wirs gespürt« – Ja! Deutschland wurde Weltmeister!) und 1994 mit YMCA (»Far Away in America«), wobei Fußballer wie konventionelle Fans nicht unbedingt wussten, in welche queere Gesellschaft sie dabei geraten waren. Ab 1998 mussten die Spieler nicht mehr im Chor mitsingen, denn nun übernahmen Profis das Mikrofon. 2006 durfte Herbert Grönemeyer ran. Mit dem afrikanischen Pop-Duo Amadou & Mariam spielte er »Zeit, dass sich was dreht« ein. Der Bochumer brachte die Leichtigkeit zum Ausdruck, die Deutschland im Juni und Juli 2006 einen Monat lang in einen sommerlichen Karneval versetzte, bei Temperaturen wie in Rio. »Du fühlst du träumst, du fühlst du glaubst, du fliegst«, sang Grönemeyer. Vorübergehend verflüchtigten sich sogar die Probleme, die die schwächelnde große Koalition umtrieben. Sie brachte Gesetze durch wie die Erhöhung der

Mehrwertsteuer, die Streichung der Pendlerpauschale und der Eigenheimzulage. In stimmungsärmeren Zeiten hätte das mächtig Zunder gegeben. Stattdessen wurde diskutiert, wen Jürgen Klinsmann aufstellen soll und welche schwarz-rot-geile Party bei der nächsten Fernsehübertragung angesagt war.

»Zu Gast bei Freunden«, das offizielle Motto des Weltfußballverbandes FIFA für die Wettkämpfe, schien nicht übertrieben. Fans aus anderen Ländern reihten sich in den bunten Trubel ein, tanzten und feierten mit. Der Taumel nach dem ersten Erfolg der Adlerträger (es begann mit einem 4:2 gegen Costa Rica) erfasste das Land mit einer Euphoriewelle, auf der auch jene mitsurften, deren Herz für ein anderes Team schlug.

Seit dem Zweiten Weltkrieg war es nicht en vogue gewesen, Flagge zu zeigen, eine aus Scham, Unsicherheit und schlichter Verweigerung gespeiste Haltung, die sich nun gewissermaßen ins Gegenteil verkehrte. Ganz Deutschland ein Flaggenmeer, Schwarz-Rot-Gold allenthalben: Geschminkt auf Wangen und Stirn, als Dreiklang auf Schals, Plastik-Blumenketten, Hüten, T-Shirts, Schals. Fähnchen an Balkonen und an Kinderwagen geklemmt, Spiegelüberzieher am Auto und, ganz weit vorn, die fünfzig Zentimeter breite und dreißig Zentimeter hohe »Auto-Flag«, zu befestigen am Seitenfenster des Wagens. Als rollten Tausende Würdenträger mit flatterndem Stander über die Straßen. Neu auf dem Markt: Das 66 Meter lange »Deutschband«, um damit alles Mögliche zu bekleben, ohne, wie der Hersteller versicherte, etwa Lack zu beschädigen. Händler, die in China produzierte Deutschlandfahnen verkauften, klagten über Lieferengpässe und berichteten im gleichen Atemzug, dass auch italienische, kroatische, brasilianische, schweizerische und französische Fahnen hoch im Kurs stünden.

Unbeschwert, unpolitisch, unüberheblich schwenkten Menschen jeglichen Alters Fahnen oder spannten sie hinter ihren Schultern, als wollten sie der ganzen Welt zeigen, wie cool Deutschland sein kann. Nur die Gewerkschaft Erziehung und Wissenschaft überlegte, ob es nicht angebracht sei, Broschüren zu verteilen, die vor dem Absingen der Hymne warnen sollten. Aber keiner, den die Fröhlichkeit mitriss, ließ sich die Laune verderben. Deutschland zeigte sich weltoffen, entspannt, locker – ähnlich wie bei den Olympischen Spielen 1972 in München, die ein »neues Deutschland« hatten zeigen wollen.

Diese unbeschwerte Stimmung schwappte in die Event-Kultur über, die gern alles aufsaugt, was sich für eine überschwängliche Fete anbietet – Anlass eigentlich schnuppe. So stießen bei den Straßen-und-Park-Partys Laien auf Fußball-Fans, ohne die mindeste Ahnung von Abseits und Viererkette zu haben. Zumindest lernten sie schnell, wann es galt die Arme hochzureißen.

»Fanmeile« wurde zum Wort des Jahres gewählt. Landauf, landab kamen Menschen zusammen, um in ausgewiesenen Bereichen zu feiern, zu jubeln und gemeinsam Fußball zu gucken – und sich selbst zu inszenieren. Ähnlich wie bei einem Rock-Festival. Viele nahmen sich als wichtigen Teil der Veranstaltung wahr – im Bewusstsein, ohne sie würde es das Fest, würde es Public Viewing vor der großen Leinwand nicht geben. Die längste Fanmeile erstreckte sich in Berlin über 1,8 Kilometer, vierzig Meter breit. Nur einmal während des Turniers flossen hier bei Hunderttausenden sowie an anderen Orten der Republik Tränen – als Deutschland im Halbfinale gegen Italien mit 0:2 unterlag. Was jedoch die Stimmung im weiteren Verlauf nicht trübte.

Seit Sönke Wortmanns gleichnamigem Film ist die Rede

vom »Sommermärchen«, wobei es sich bei dem Ereignis eigentlich nicht um eine unglaubwürdige und erfundene Geschichte handelt, wie das Wörterbuch den Begriff Märchen definiert. Angelehnt ist der Titel an Heinrich Heines »Deutschland. Ein Wintermärchen«, in dem vom »hölzern pedantischen Volk« die Rede ist. So ganz anders die Bilder, die aus Deutschland 2006 um die Welt gingen. Da lag Innenminister Wolfgang Schäuble nicht einmal weit daneben, als er vor dem ersten Anpfiff des Spektakels seiner Hoffnung Ausdruck gab: »Wenn wir Glück haben, entsteht wieder jene sommerliche Leichtigkeit wie 1995 bei der Verhüllung des Reichstags durch Christo« – gegen die er noch vehement eingetreten war. »Und im Idealfall merken wir dann am Ende sogar selbst, was für ein tolles Land wir sind.« Das taten die Menschen, selbst als es nur zum dritten Platz reichte, der aber nicht weniger gefeiert wurde, als hätte Mannschaftskapitän Michael Ballack nach dem Endspiel den Weltcup in die Höhe gehalten.

2007

iPHONE

AT&T
9:42 AM
SMS
Tuesday
9
Text
Calendar
Photos
Camera
YouTube
Stocks
Maps
Weather
Clock
Calculator
Notes
Settings

Im Jahr 2007 brachte Microsoft sein neues Betriebssystem Vista für Privatkunden auf den Markt, die Weltraumsonde Rosetta erblickte den Mars, amerikanischen Forschern gelang erstmals die Gewinnung von Stammzellen aus einem geklonten Embryo dieser Primaten. Das alles war aber nichts gegen den 9. November, als die ersten glücklichen Menschen in Deutschland ihr erstes iPhone in den Händen halten durften, was ihnen die Amerikaner schon einige Monate voraushatten. Denn mittlerweile war klar: Das iPhone setzte nicht nur in puncto Technik neue Maßstäbe, sondern bediente auch die Erwartung an ein außergewöhnliches Design, das sich mit der Coolness von Steve Jobs verband. Das iPhone war die »Erfindung des Jahres« (so das Nachrichtenmagazin *Time*). Zugleich war es eine Art Markenkern für die Generation Z, Digital Natives genannt. Weil, ständig auf Empfang, für sie ein Dasein ohne Smartphone nicht vorstellbar ist, so der Jugendforscher Simon Schnetzer. Das iPhone und folgende, vergleichbare Geräte, revolutionierten nicht nur die Kommunikation, sondern das Leben schlechthin. Das galt für die Generation Z und sehr bald schon für alle Altersklassen – Senioren tauschen sich längst in WhatsApp-Gruppen über Spaziergänge und erhöhte Cholesterinwerte aus. Das iPhone war die erste Erfindung, die, zunächst auf Jugendliche zielend, die gesamte Bevölkerung ergriff.

Vorbei die Zeiten, als Restaurantgäste sich noch etwas zu sagen hatten, statt über den Touchscreen hin und her zu wischen, als Kino- und Theaterbesucher nach Beendigung der Vorstellung nicht automatisch online gingen, um die eingegangenen Mails zu checken, sondern sich angeregt über das gerade Gesehene austauschten. Als Fahrgäste öffentlicher Verkehrsmittel unbelästigt von Wichtig-Telefonierern reisen konnten (der Kabarettist Matthias Beltz sprach von »Handsprechlümmeln«) und als Kinder noch nicht an der digitalen Leine der Eltern hingen. All das – Filme schauen, Fotos machen, Zeitung lesen, Reiserouten aushecken, mit einer Taschenlampe leuchten und noch vieles mehr – ermöglichte das iPhone, von dem mitsamt seiner regelmäßig herausgebrachten Nachfolgemodelle bis 2016 allein in Deutschland 28 Millionen Geräte verkauft wurden, weltweit sind es bislang mehr als zwei Milliarde Geräte. Zwar liegen die Modelle des südkoreanischen Anbieters Samsung mittlerweile vor dem Flaggschiff der US-amerikanischen Firma Apple, aber nach wie vor glänzt das Lifestyle-Image des hochpreisigen iPhone vor allem wegen seiner Form und dem Bonus des Revolutionärs, damals, als sich die Konkurrenz noch lustig machte über ein Gerät ohne Tasten.

Erich Kästner lässt in seinem Roman »Der 35. Mai oder

Konrad reitet in die Südsee«, geschrieben fünfundsiebzig Jahre vor dem Erscheinen des iPhones, einen umtriebigen Mann ein unsinniges Gespräch mit einem mobilen Telefonapparat führen. Kästner war wieder einmal weitsichtig. Mobiles Telefonieren – ob mit oder ohne Sinn – funktionierte in Westdeutschland 1958 aus dem Auto heraus. Wegen der notwendigen Vakuumröhre saßen diese Geräte mächtig im Auto, schrumpften mit dem Aufkommen der Transistoren, waren aber dennoch zunächst nur erschwinglich für Machthaber, Magnaten und Mafiosi. Gespräche wurden per Hand vermittelt, der Einbau des Gerätes lag bei rund fünfzig Prozent des Wagenpreises.

Ab 1985 ermöglichte das kleinzellige analoge C-Netz in Deutschland sogenannte »Portables«, Kistchen mit Tragegriff und angeschlossenem Hörer. 1992 nahm das D-Netz seinen Betrieb auf. Nun stieg die Anzahl der Benutzer von Mobiltelefonen, aufgrund ihrer Größe als »Knochen« verballhornt. Die Träger wurden zunächst als Imitatoren von Filmstars verspottet, die in der Wall Street oder am Strand vom Miami Beach mit dem Geld um sich warfen. Ungeachtet dessen waren sie Erkennungszeichen der Yuppies, junger, großstädtischer Menschen, die angeblich ihre Karriere genau im Auge hatten und auf deren Stirn das Schild klebte: Sehr wichtig.

Den Begriff »Smartphone« erwähnte erstmals 1999 das schwedische Unternehmen Ericsson. Es war das Jahr, in dem das erste Blackberry mit einem Tastenfeld unter dem Touchscreen Furore machte. Dann ging es rasend schnell. Toshiba mit integrierter Kamera, Siemens mit integriertem MP3-Player, Nokia mit Videoaufzeichnungen und wiederum Siemens mit GPS-Empfänger.

Für all diese Geräte, ob simples Telefon, ob Telefon zum Klappen oder als Gerät, mit dem alles Wissen dieser Welt in

Sekundenbruchteilen abgefragt werden kann, bürgerte sich in Deutschland der in den englischsprachen Ländern unbekannte Begriff Handy ein (CB- und Funkamateurkreise nannten so schon vor 1992 einen in der Hand gehaltenen Sender und Empfänger).

Kaum noch ein Mensch, der heute sein Haus ohne Handy verlässt. Unentbehrlich geworden für die Kommunikation, sei es im althergebrachten Telefonat oder in Häppchen-Texten per SMS oder mit Smileys versehenen WhatsApp-Nachrichten. Zugleich berichtet die Forschung in beunruhigendem Ausmaß, welche psychischen Folgen gerade unter Kindern und Jugendlichen die massive Benutzung von Smartphones in Kombination mit sozialen Medien nach sich zieht. Darüber hinaus erlaubt das Smartphone die Erledigung vieler Dinge des alltäglichen Lebens: bezahlen, bestellen, Banküberweisungen tätigen, Beziehungen knüpfen und beenden …

In einer Umfrage des Anbieters handydeutschland sagten 41 Prozent der Befragten, sie benutzten ihr Handy auf der Toilette, weil sie dort am meisten Ruhe fänden. Denn die Ablenkung durch das Handy kann lebensgefährlich werden. Pro Jahr sterben trotz des Verbots, am Steuer ohne Freisprechanlange zu telefonieren, auf deutschen Straßen etwa 500 Verkehrsteilnehmer bei 100 000 Zusammenstößen, 25 000 Passanten verletzen sich. Der Hans-Guck-in-die-Luft ist dem Smombie gewichen (zusammengesetzt aus Smartphone und Zombie), 2015 zum Jugendwort des Jahres gewählt. Peter Schlanstein, Vize-Präsident der Landesverkehrswacht Nordrhein-Westfalen, beteuert, das Handy sei bei diesen Unfällen ein wichtiger Faktor. Nach einer Erhebung der Allianz tippen 43 Prozent der Befragten beim Gehen auf ihrem Handy, zwei Drittel telefonieren, ein Viertel hört Musik.

Scheint für viele ein Leben ohne Smartphone nicht mehr

attraktiv zu sein, so gibt es jetzt auch jene, die zu »Dumbphones« greifen, wie der Fernsehmoderator Tommi Schmitt 2024 bekannte. Er habe sich für zwanzig Euro ein Handy gekauft, dass nichts könne »außer telefonieren und SMS verschicken«. Was sich ziemlich retro anhört, aber irgendwie auch befreiend klingt.

Dennoch werden sich demnächst wieder weit vor Ladenöffnung lange Schlangen vor den Apple-Stores bilden, wenn das nächste neue iPhone Verkaufsstart hat. Es darf spekuliert werden: bessere Kamera, verändertes Design, optimierte Zoomoption, A16-Bionic-Chip, Makrofotografie? Aber so revolutionär und aufregend wie November 2007 wird es nie mehr werden.

2008

BRIEF »DIN LANG«

Ob sich die Fortbewegungsweise des Briefträgers mit dem Jahr 2008 veränderte, nachdem im Dezember 2007 das Postmonopol gefallen war, ist nicht zu beweisen, jedoch eine gefällige These. Der Liberalisierung staatlicher Dienstleistungen wurde ein weiteres Kapitel hinzugefügt. Über ein Jahrzehnt zuvor war die staatliche Post aufgeteilt worden in Postdienst, Postbank und Telekom; 1998 hatte die Bundesnetzagentur Lizenzen zur Beförderung von Briefsendungen erteilt, für die keine Gewichtsbeschränkung galt. 2005 fiel das Monopol für Briefe bis hundert, 2007 bis fünfzig Gramm. Die Konkurrenz – bis 2024 eintausend Unternehmen – hinkt der jahrhundertealten Erfahrung und dem daraus gewonnenen Vertrauen der Bevölkerung in die staatliche Post hinterher. Hatte der Grund für das Monopol zunächst im herrschaftlichen Bereich (mit Information und Kontrolle des Informationsflusses konnten Entwicklungen besser gesteuert werden) gelegen, so waren es später vor allem handfeste wirtschaftliche Gründe. Einerseits war die Unterhaltung eines landesweiten Postnetzes aufwendig und teuer, als Infrastrukturmaßnahme aber notwendig, andererseits warf die Beförderung von Sendungen erhebliche Gewinne ab, solange keine Konkurrenz zu fürchten war.

Die neuen Zeiten mit den Effizienzgeboten, die eine Liberalisierung nun mal mit sich bringt, beschleunigten den Briefträger. Früher war er, der als Postjungbote begonnen hatte und vielleicht zum Postbetriebsassistenten aufstieg, als Respektsperson von Haus zu Haus gegangen, hatte hier und da einen Plausch gehalten. Zu Weihnachten oder Silvester klingelte er an den Haus- und Wohnungstüren seines Zustellbezirks, um gute Wünsche zu überbringen und hatte wie selbstverständlich ein Trinkgeld eingestrichen, das die Menschen ausdrücklich gern gaben. Nun blieb der Plausch aus, vielmehr erinnerten Briefträger bisweilen an Menschen auf der Flucht. Handlesegeräte statt der schriftlichen Empfangsbestätigung verkürzten die Verweildauer zusätzlich, das Ausgeben von Trinkgeldern (obwohl bis 25 Euro erlaubt sind) erschien vielen Kunden nicht mehr zeitgemäß, wenn nicht gar anrüchig. Um die Austräger zu entlasten, testete die Post 2017 einen Zustell-Roboter, den PostBOT. Das 1,50 Meter hohe Gefährt, das bis zu 150 Kilogramm Fracht transportieren konnte, rutschte dem Briefboten als stummer Assistent hinterher. Ein Ausblick auf das, was die Postendkunden in Zukunft möglicherweise erwartet: Roboter an der Tür, Post aus der Luft mittels einer Drohne.

Schon ab 2014 tauchten die ersten elektrisch betriebenen StreetScooter auf, von der DHL-Paketpost gemeinsam mit einer Technischen Hochschule ausgetüftelt, Kleinlaster, die eine Strecke von bis zu achtzig Kilometern schafften, ohne dass ihnen die Puste ausging. Auf der Motorhaube, so viel Nostalgie durfte schon sein, das Posthorn aus der Postkutschenzeit. Hoch auf dem gelben Wagen: Diese Flotte fuhr die Post auf zehntausend Fahrzeuge hoch.

Zu einem prosperierenden Geschäftszweig entwickelte sich die Paketzustellung. 2002 hatte die Deutsche Post AG nach der Übernahme zweier amerikanischer Unternehmen die DHL auf die Beine gestellt, die international operiert. Klingelte früher der Bote, um ein Paket abzugeben, war das ein klein wenig wie Weihnachten. Viele Haushalte sehnten die Kataloge von Versandhäusern wie Neckermann, Otto, Bader, Baur und Quelle herbei. Sie wurden den Postboten aus den Händen gerissen, um sich durch die bebilderten Warenwelten zu blättern und zu träumen – der Katalog von Neckermann stand 1990 mit eintausend Seiten und einer Auflage von zehn Millionen Exemplaren in seinem Zenit. Ab 1998 rollte das amerikanische Unternehmen Amazon auch in Deutschland den Markt neu auf, die meisten Versandhäuser havarierten. Anfangs bot Amazon online nur Bücher, CDs und Videos an, erweiterte jedoch sein Angebot seitdem um so ziemlich alles, was der Mensch braucht oder zu brauchen glaubt. Die Sekundenbestellung änderte nachhaltig das Konsumverhalten. Nach Hause geliefert, in der neuen Kostenlos-Kultur ohne Gebühren umtauschen, hin und her und noch einmal, wenn es sein soll. Die Online-Kunden mussten sich nicht mehr die Füße plattlaufen, nicht mehr Schlange stehen, sich keine pampigen Antworten bei der Bitte um Rückgabe oder Umtausch anhören. Die digitale Bestelllust wurde regelrecht zu einem neuen Sport. Der Einzelhandel und die Kaufhäuser taten sich schwer, mit attraktiven Angeboten dagegenzuhalten, und waren zu selbstsicher, wie das manchmal bei mächtigen, aber unbeweglichen Ozeandampfern so ist.

2022 erhielt jeder Deutsche durchschnittlich 50 Pakete. Die seit Jahren anwachsende Paketflut rief neue Anbieter auf den Logistik-Markt, die wiederum Fußtruppen rekrutieren mussten, damit Sandalen, Bettwäsche und Laptops überhaupt zugestellt bzw. retourniert werden konnten. Die einen übten sich in Vorfreude auf das Paketöffnen, die anderen fluchten über Treppenstufen, nicht anzutreffende Empfänger und ausbleibende Trinkgelder. Es häuften sich Berichte über prekäre Lohn- und Arbeitsverhältnisse. Der Schriftsteller Günter Wallraff heuerte 2012 undercover bei einem Paketzusteller an und rannte sich, wie die meisten seiner Kollegen, beinahe die Lunge aus dem Hals.

Die DHL hat dennoch bis heute weiterhin die Nase vorn. 2022 lieferte sie 1,7 Milliarden Pakete aus – das war mehr als ein Drittel aller in diesem Jahr zugestellten 4,2 Milliarden Pakete. Zurückgegangen ist die Zahl der Briefsendungen, gleich ob im »DIN lang«- oder im »B5«-Format. Die Deutschen simsen und whatsappen, statt Briefe zu schreiben. Sie küssen, strahlen oder übertreffen sich mit Emoticons und üben sich im Digital-Steno auf einem Messenger. Von 2019 sank die Zahl der Briefe von jährlich 15,9 Milliarden auf 13,3 Milliarden 2022, achtzig Prozent davon entfielen auf Geschäftskunden, Behörden und Kommunen, die mit üppigen Portorabatten rechnen dürfen.

Ziemlich fad kommt das Angesicht der Briefe seit einigen Jahren herüber. Jährlich verkauft die Post nur noch 1,4 Milliarden Postwertzeichen, der Rest ist mit einer öden Frankierung bestempelt. Galt Briefmarkensammeln einmal als Steckenpferd mit akademischen Weihen, das Geschichte, Kunst, Flora und Fauna näherbrachte und überdies, wie

Philatelisten-Vereine nicht müde wurden zu erklären, der »Ruhe und Entspannung« diente, gehen nun zwar immer noch drei Millionen Deutsche diesem Hobby nach, aber es ist abzusehen, wann die letzte Briefmarke von einer Zunge benetzt werden wird.

Um den zunehmenden Drang nach Selbstdarstellung zu bedienen, kam die Post 2009 auf eine pfiffige Idee: Sie kreierte die »Marke individuell«: Einzelpersonen, Familien und Gruppen können ihr Konterfei auf Marken drucken lassen.

Zum Ende des Jahres 2023 beraubte uns die Post dafür einer Dienstleistung, die über Generationen hinweg helle Aufregung auslöste, die von Geburt, Tod oder einem unerwarteten Besuch kündete: Sie stellte ihren Telegrammdienst ein. Klar, seitdem Geburt, Tod oder Anreise live auf dem Handy zu verfolgen sind, ist das Telegramm überflüssig geworden. Als würde die Postkutsche wieder über die Straßen zuckeln …

2009

TRAUMFÄNGER

Das erste Jahrzehnt des neuen Jahrtausends neigte sich dem Ende zu. Die Bundeswehr kämpfte in Afghanistan, die Pleite der Lehman-Bank löste die Finanzkrise aus, Kanzlerin Angela Merkel und Finanzminister Peer Steinbrück sahen sich genötigt, den Deutschen zu versichern, ihre Spareinlagen seien sicher. Kriege, Terroranschläge. Dazu ständig Veränderungen im digitalen Wirrwarr. Einiges stand auf dem Kopf. Einfache Lösungen waren nicht in Sicht.

Vielleicht glaubte deswegen jeder zweite Deutsche an Wunder. Dreißig Prozent waren und sind aufgeschlossen gegenüber Wunder- und Geisterheilern, immer mehr riefen die Sterne an, griffen zu Kristallen, besuchten Heilseminare und Schamanen. Obwohl es noch nie so viel Wissen gab, wuchs der Wunsch nach dem Unfassbaren, dem Unglaublichen. Eine

Branche, die unter der Überschrift Esoterik erkleckliche Zuwachsraten erzielte.

Beispielsweise mit dem Traumfänger, meist aus einem hölzernen, kreisrunden Reifen aus Weide bestehend, in den ein Geflecht aus Darmschnur oder einem Sehnenfaden eingearbeitet ist. Perlen, Lederstreifen, Federn und Pferdehaar verleihen dem Geflecht sein schmuckes Aussehen. Er entspringt der nordamerikanischen Ojibwe-Kultur und diente den Ureinwohnern dazu, ihren Schlaf zu verbessern, weil böse Träume im Netz hängen bleiben.

Beim Traumfänger multiplizierte sich der Hang zum Spiritualismus mit dem »manischen Verhältnis« der Deutschen zu den Native Americans, wie es der emeritierte Professor für Amerikanistik, Hartmut Lutz, beschreibt. Die »Indianertümelei« gründe im Bild vom edlen Wilden, der ökologisch lebte und friedfertig durch die Prärie streifte.

Einfühlsame Pädagoginnen begannen, Traumfänger in Kindergärten aufzuhängen. Noch häufiger wehten die in Indianer-Shops oder Arizona-Galerien gekauften Traumfänger an Schlafzimmerdecken von Teenagern und deren Eltern. Das Objekt machte sich gut als Deko neben Halogenleuchten, Gummibären- und Plasmalampen und Sheepworld-Kissen vor terracottafarben getönten Wänden. Vertrieb der Traumfänger tatsächlich den Alb, die Spareinlagen seien doch nicht sicher, umso besser.

Nun übten Gläserrücken, um Verstorbenen Hallo zu sagen, Kartenlegen, Glaskugeln und Spökenkiekerei aller Art schon immer eine Faszination aus. Einen beinahe wissenschaftlichen Touch erfuhr die Spiritualität Ende der 1990er- und zu Beginn der 2000er-Jahre. Die Ideen von Naturverbundenheit, Harmonie, positiver Energie und eigenem Schutz versprachen ein besseres Leben. Energieheilung, Kristalltherapie, Reiki und

Aromatherapie wollten das seelische Gleichgewicht wiederherstellen, sollten der Selbsterforschung dienen. Dazu lief Musik, geprägt von Synthesizern, Naturklängen, sanften Gitarren- und Klaviermelodien. Enya, Kitaro und Yanni rückten in den Charts nach vorn.

Deutschland wurde inniger, wurde achtsamer. Ein Grund dafür mochte angesichts des Rückzugs von traditionellen religiösen Bindungen die Suche nach anderen Formen spiritueller Lebensphilosophie sein, begünstigt durch die zunehmende Weltoffenheit und wachsendem Interesse für fremde Kulturen. Anhänger diese Hinwendung verstanden sie als Bekenntnis gegen die Leistungsgesellschaft und das unausgesprochene Gebot der Selbstoptimierung. Stressbewältigungsprogramme wie MBSR klangen vertrauenerweckend, sollten Burn-out-gefährdete Mitarbeiter in die Spur bringen. Bei diesen Angeboten dämmerte aber die Frage, ob nicht auch ihre Vielzahl Stress auslösen konnte. Die richtige Lebensweise, die richtige Therapie. Alles schien auf der Kippe zu stehen.

Wer sich den Traumfänger aufhängte, machte nichts falsch. »Sieht schön aus«, konnte der Schlafzimmerbewohner jenen entgegnen, die ihn mit spöttischem Blick streiften. Am Ende zählt immer: Wahr ist, was jeder für wahr hält. Hauptsache, es ist Balsam für die wunde Seele und fängt böse Träume ab.

2010

NORDIC-WALKING-STÖCKE

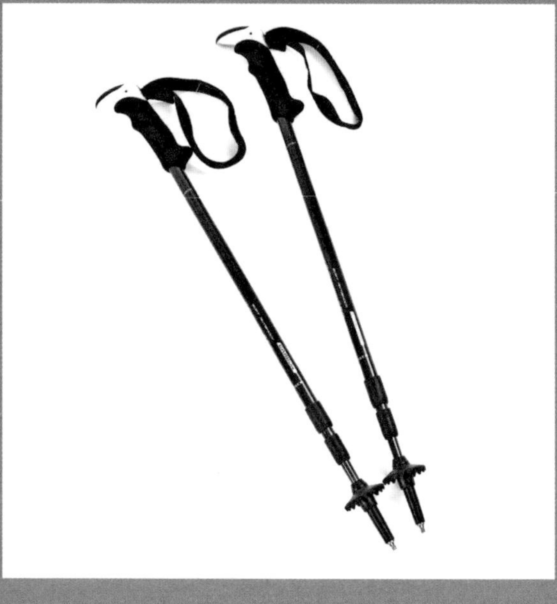

Da geriet der 50-jährige Ultra-Läufer Matthias Meininger in Harnisch. »Ohne despektierlich sein zu wollen: Die meisten Nordic Walker gehen einfach spazieren, quatschen und haben eben ihre Stöcke dabei«, sagte er 2016 in einem Interview mit dem Magazin *Der Spiegel*. An Möglichkeiten und Gelegenheiten, seinen Körper in Schwung zu bringen, mangelte es nicht. Aber die, die ab Anfang der 2000er mit zwei Stöcken in den Händen durch Straßen und Wälder staksten, riefen Aufmerksamkeit hervor. Im Oktober 2010 kamen, im Wettbewerbsgedanken vereint, 194 Teilnehmer der ersten Deutschen Nordic-Walking-Meisterschaft im Halbmarathon im oberschwäbischen Altshausen zusammen.

Zehn Jahre vor dieser Meisterschaft lud die finnische Firma Exel ein deutsches Vertriebsteam ein. Exel stellte Stöcke für den Skilanglauf her, stieß auf Absatzgrenzen und entdeckte zufällig den Artikel eines Sportstudenten, der das Gehen mit Stöcken als Sommertraining für Skilangläufer empfahl. Das neue Produkt weckte das Interesse der Vertriebler. Was macht der Deutsche, wenn er eine Idee voranbringen will? Er gründet einen Arbeitskreis. In diesem Fall finanzierte Hersteller Exel die Gründung des Deutschen Nordic Walking Verbandes (DNV).

Endlich eine neue Sportart, beheimatet unter einem deutschen Vereinsdach –, das sprach zunächst die Älteren an und jene, die sich sportlich eher im Hintergrund hielten. Laufen mit Stöcken – das schien weniger anstrengend zu sein als Jogging und dessen softe Gangart namens Walking. Beinahe so, als dienten die Stöcke aus einer CFK-Glasfaser-Mischung oder Aluminium wie ein Hilfsmotor. Zumal die Versprechungen, den Körper wieder in Schuss zu bekommen, nicht ohne waren. Nordic Walking stärke Oberkörper, Rumpf und Beine, verlautbarten jene, die daran verdienten.

Der rechte Stock sollte immer Bodenberührung haben, wenn die linke Ferse aufsetzte, und umgekehrt der linke Stock, wenn die rechte Ferse den Boden berührte. Die Stöcke sind nah am Körper zu führen, der jeweilige Stock wird schräg und flach nach hinten eingesetzt, immer unterhalb des Körperschwerpunktes. Wo es beim Vorwärtsgehen so viel zu beachten galt, verfielen einige lieber ins Spaziergängertempo.

Nordic Walking wurde rasch als gesundheitsfördernd vermarktet, Krankenkassen spendierten Subventionen für einen Kurs. Schließlich bezuschussten sie auch Aqua Fitness, Qigong, Pilates und progressive Muskelentspannung.

Die Vermarktung funktionierte. Mitte der 2000er war die Zahl der Nordic Walker auf zwei Millionen gestiegen, die meisten davon Frauen. Im selben Jahr verkaufte der Handel

2,4 Millionen Paar Stöcke, von billig bis edel. Es lag nahe, dass der Trend die Fantasie der Industrie entfachte, um Produkte zu schaffen, die sie den Walkern als notwendig empfahl: Handschuhe, Fitnessgürtel, Kopfbedeckung, Rucksack, Trinkflasche, Herzfrequenzmesser, Stirnlampe, Reflektoren, besondere Unterwäsche, Stöcke mit Click-Funktion, um das Verheddern der Hände in den Schlaufen zu verhindern.

Natürlich erschien eine Illustrierte, das *Nordic Fitness Magazin,* natürlich blieb auch der Buchmarkt nicht verschont: Technik, Training, Gesundheit … Besser ging es kaum, weshalb auch Hotels Nordic Walking in ihr Wellnessprogramm aufnahmen. Für jene, denen es mehr um sportliche Aspekte ging, etablierten sich zahleiche Begegnungsanlässe wie der Berliner Frauenlauf, der OMV Halbmarathon in Altötting und Mammutmärsche bis einhundert Kilometer – gern auch ohne Stöcke.

Meldungen, die Gelenke beim Nordic Walking würden doch mehr belastet als vermutet, wurden und werden dabei eher ausgeblendet.

Mit den Jahren ist aus dem Trend eine etablierte sportliche Freizeitbeschäftigung geworden, die das Bayerische Fernsehen mit einem Tele-Gym aufgegriffen hat – mit flotter Musik und fröhlichen Menschen wie einst bei den Aerobic-Kursen. Vielleicht laufen die Gesundheitsbewussten nicht mehr so oft sichtbar durch Parks und Wälder, weil es mittlerweile quer durch Deutschland zahlreiche spezielle Nordic-Walking-Parks gibt, gelegen in Wäldern, an Seen und Flüssen …

2011

LASTENFAHRRAD

Gammelfleisch, Dioxin und Fipronil im Ei, BSE, Würmer im Fisch. Die Rückrufaktionen der Lebensmittelhersteller sind Legion: Schokolade wegen möglicher Kunststoffteile, Salmonellen in Schinkenwürstchen, Blausäure im Maniokmehl, die Chemikalie BPA in Konserven. Daran hatte sich mancher gewöhnt und registriert die Meldungen nur noch mit einem Schulterzucken. Dann das: Der Rückruf eines Lastenrades, ausgerechnet. Das nicht wenigen als einziges, der Klimakrise angemessenes Fortbewegungsmittel galt. Es gibt nur wenige Symbole, die derart für einen großstädtischen Lebensstil stehen, auch für die Gentrifizierung ganzer Stadtteile. Gleichgesetzt mit einem – oft akademischen – Milieu, dem Überheblichkeit und Bevormundung unterstellt wird, mit dem Masterplan für ein besseres Leben. Und nun der Total-Crash eines Vorzeigeunternehmens mit einem Marktanteil von fünfzehn Prozent in Deutschland. Babboe aus Holland, spezialisiert auf Lastenfahrräder, musste 2024 eine Vielzahl seiner Modelle zurückrufen. Allein in Deutschland etwa dreißigtausend Räder.

Die niederländische Aufsichtsbehörde NVWA leitete eine strafrechtliche Untersuchung ein wegen möglicher Täuschung. Es bestünde die Gefahr, dass während der Fahrt der Rahmen breche und Kinder aus dem Ladekasten fallen könnten. Die Frage stand im Raum: Wie sicher ist es, Kinder darin durch Großstadtschluchten zu schaukeln?

Raumgreifende Lastenräder stechen an sich ins Auge, aber das Babboe zog wegen der auf den Rahmen gesetzten auffälligen Holzbox, die sich gerade zum Transport von Kindern eignete, noch mehr die Blicke an.

Die Kontroverse verlief und verläuft auch deswegen so heftig, weil sie sich um ein Thema dreht, ähnlich brisant wie das Für und Wider von Atomenergie oder der fleischlosen Gesellschaft: die Verkehrswende. Für das liebste Kind der Deutschen, das Auto, wurde es auf den Straßen der Städte eng, nachdem dort jahrzehntelang für kein anderes Fahrzeug Raum war – Fahrräder waren allenfalls am Rande geduldet.

Auch deshalb entdeckten zu Beginn der 2010er-Jahre immer mehr Deutsche das Lastenrad, auch Transportrad oder Cargobike genannt. Hinten ein Rad, vorne oft zwei, dazwischen Sattel und Ladefläche für Gepäck und Kinder. Schnell bildeten sich Fan-Clubs wie etwa die Lastenrad-Werkstatt in Berlin-Kreuzberg, die regelmäßig zu einem Jour fixe einlud. Im November 2011 versuchten sich die Teilnehmer am experimentellen Lastenradbau, am Bau von Fahrradanhängern und an der Rahmenverlängerung.

Der Elektroantrieb von Fahrrädern beförderte die Begeisterung. Die so angetriebenen Vehikel wurden zunächst in

Form der Postlastenräder wahrgenommen. 2020 waren in Deutschland erstmals 100 000 Lastenräder auf den Straßen unterwegs, 2022 waren es schon 210 000, 75 Prozent davon mit Elektromotor ausgestattet.

Welten fuhren nebeneinander her oder frontal aufeinander zu. Wurde eine Zeit lang die urbane Frau als Abziehbild vorgeführt, die vom Gatten einen panzerähnlichen SUV geschenkt bekam, womit sie den Nachwuchs zur Schule fuhr, um dort mit anderen Müttern einen Stau auszulösen, stand nun als Karikatur die Lastenradmutter im Raum, die sich mit Gleichgesinnten über Gangschaltungen, Achsschenkel- und Drehschenkellenkung austauschte.

Ein Vorwurf: Die Lastenräder seien etwas für Besserverdiener. Einen Fahrkasten für 3500 Euro aufwärts konnte sich nicht jeder leisten. Dafür gab es aus Fördertöpfen auch noch Staatsknete.

2021 argumentierte die damalige Fraktionschefin der Partei Die Linke im Bundestag, Amira Mohamed Ali: Diese Förderung würde in ländlichen Regionen »praktisch niemandem helfen«. War ja auch ziemlich weit, aus der Provinz in die Stadt zu radeln, ob mit oder ohne Elektro-Doping. Gelegentlich artete das Bashing befremdlich aus. So bezeichnete die *Berliner Zeitung* 2022 in einem Kommentar Lastenräder als »rollende Pest Berlins«, relativierte dies später mit dem Satz, Eltern mit Lastenrädern seien oft selbstverliebt und egoistisch. Als seien Autofahrer per se die guten Geister auf den Straßen.

Die Zukunft von Babboe? Die Holländer sollten nicht zu pessimistisch sein. 1997 kippte beim »Elchtest« ein Modell der A-Klasse von Mercedes-Benz aus den Latschen, was eine heftige Sicherheitsdiskussion auslöste. Die A-Klasse gibt es immer noch, losgelöst von Sicherheitsbedenken. Die betreffen nach wie vor diejenigen, die hinter dem Lenkrad sitzen.

2012

WEBER-GRILL

Es klang wie der Eid, den die Kampfrichter vor Wettkämpfen ablegen müssen. »Ich gelobe, meine Wertung fair und objektiv abzugeben. Der Beste möge gewinnen.« Was die 150 Mitglieder der Jury in Schwäbisch Hall im Mai 2012 zu bewerten hatten, war Geschmackssache. 33 Teams brutzelten bei den Deutschen Grillmeisterschaften um die Wette. Ganz weit vorn in der Kategorie »Bratwurst« lag das Team von »Gut Glut«. Nun gut, im selben Jahr gab es die erste Deutsche Meisterschaft im Matschfußball im sächsischen Wöllnau, in Beelitz-Klaistow trafen sich zum Championat die Kürbiswieger, und in Brunsbüttel stieg die Wattolümpiade. Warum also nicht auch eine Meisterschaft im Grillen, zumal die Anzahl der Griller die Zahl jener übertraf, deren Leidenschaft dem Matschfußball galt.

Was mit Zahlen unterlegt werden kann. Eine Umfrage ergab 2012, Grillen sei nach wie vor eine Lieblingsbeschäftigung der Deutschen. Zwar zog an den ersten Frühlingstagen und erst recht im Sommer der meiste Qualm durch Parks und Gärten, doch mittlerweile grillten die Deutschen auch bei Wind, Nebel und Schnee.

Zumindest am Grill konnten sich die Deutschen mit Experimenten anfreunden. Zwar lag der klassische Holzkohlegrill wegen Lagerfeueratmosphäre weit vorn, doch der von vielen belächelte Elektrogrill und jener mit Gas betriebene holten auf.

Grillen war und ist ein Gemeinschaftserlebnis, ein beliebter Anlass, Gäste einzuladen, um das Zusammengehörigkeitsgefühl zu fördern.

Würstchen und Schweinefleisch waren 2012 immer noch die Klassiker, aber Schaf und Lamm, Grillkäse, Fisch, selbst gebackenes Brot und Gemüse holten auf. Erst im Jahr 2022 konnte das Steak mit 46 Prozent das Duell gegen die Bratwurst für sich entscheiden. Zwar ließ die Schnäppchen-Mentalität der Deutschen ein wenig nach, ermittelte zumindest das Marktforschungsinstitut GfK, doch immer noch gäben sie weniger Geld für Lebensmittel aus als beispielsweise Franzosen und Italiener. »Das Thema Ernährung hat in Deutschland einen geringeren Stellenwert«, so die Marktforscher. Jedoch nicht beim Grillen. Die Hälfte der Konsumenten, die regelmäßig das Feuer anwerfen, seien sich einig, dass Grillen eine bewusste und gesunde Ernährung unterstütze. Dazu gehörten neben Fisch- und Fleischgerichten eben auch pflanzliche Alternativen.

Die Amerikaner brachten in den 1950ern ihr Barbecue, das Grillen, nach Deutschland. Daran hatte George Stephen gewichtigen Anteil. Er erfand in den USA den Kugelgrill und gründete die Firma Weber. Bis dahin waren eingemauerte Grills üblich, was sich mit dem transportablen Gerät, das dank seines Deckels sogar indirektes Grillen erlaubte, entscheidend änderte. 1999 wurde in Ingelheim am Rhein eine deutsche Tochtergesellschaft gegründet unter dem Markennamen Weber Grill, die neben Holzkohle-, Gas- und Elektrogrills eine umfassende Produktpalette auffuhr. Smoker-Grills, To-go-Grills, ganze Outdoorküchen und jede Menge Zubehör.

Weber steht stellvertretend dafür, dass die simple, vom Homo erectus vor 1,5 Millionen Jahren erstmals ausprobierte Nahrungszubereitung, sich zu einer Art Kunst mit High-End-Geräten entwickelte. Vorbei die Zeiten, in denen sich Männer um den Grill scharten und sich über der Glut die Köpfe heißredeten, welche Methode die richtige sei. Jetzt rösteten Laien neben geschulten Profis auf zeitgemäßer Flamme, wobei es genug Gelegenheiten gab, Wissen nachzuholen. Neben Büchern und Zeitschriften kamen allenthalben Grillkurse auf. Weit vorn: Die Firma Weber, die 2010 auch die Grillpädagogik entdeckte und mit ihrer Grill Academy der Fleischzubereitung unter freiem Himmel seitdem akademische Weihen verleiht.

Immer weniger Deutsche brachten Zeit fürs Kochen auf. Einzige Ausnahme: Grillen. Der Grill flammte als einer der wenigen Orte auf, wo der Mann unangefochten Hand anlegen durfte. Mit sich selbst im Mittelpunkt. So wie seit Tausenden von Jahren der Mann das unter Lebensgefahr erlegte Wild am Feuer selbst zubereitete. Die Frau als Herrin von Nudel- und Kartoffelsalat bleibt unterdessen im Hintergrund.

Was nicht unklug ist. Soll sich doch der Mann am Grill austoben. Hauptsache, das Fleisch ist schön durch.

2013

BIRKENSTOCKSANDALE

Sie galt als Sinnbild des unattraktiven Gesundheitsschuhs. In Kombination mit weißen Tennissocken überdies als Attribut des »hässlichen Deutschen«, der in dieser Aufmachung über Boulevards schlurfte. Lange waren sie als Ökolatschen verschrien, wurden als typisches Schuhwerk von Studienräten, Grünen, Betbrüdern und -schwestern bespöttelt. In den 2010er-Jahren vollzogen die Birkenstocksandalen eine sensationelle Imagewende. Ab 2013 arbeitete das Unternehmen mit Modemarken wie Dior und Valentino Garavani zusammen und wagte 2023 den Sprung an die New Yorker Börse. Stars wie Kate Moss und Harrison Ford zeigten sich ungeniert in Birkenstocks, Apple-Gründer und IT-Guru Steve Jobs sowieso. Immerhin wurden seine ausgelatschten Treter (Modell: »Arizona«) 2022 für beinahe 220 000 Dollar versteigert. Diese Summe dürfte getoppt werden, wenn jene Birkenstocks unter den Hammer kommen, die Margot Robbie 2023 in dem Film »Barbie« trug. So weit also ist es gekommen mit Birkenstock, 1774 im hessischen Langen-Bergheim gegründet. Statt Stilsünde nun voll in der Spur. Die praktischen Birkenstocks mit dem Fußbett aus Jute, Kork und Latex, dem Barfußlaufen im Sand nachempfunden, gab es nun auch bunt, pastellfarben, glänzend, golden, mit Leopard- und Zebramuster. Die Welt trägt Birkenstock. Natürlich ohne weiße Socken.

60 Jahre vor dem Börsengang brachte Karl Birkenstock den Prototyp des heutigen Birkenstocks, die Birkenstock-Fußbett-sandale, auf den Markt. »Naturgewolltes Gehen im Trittspur-system« umschrieb es der Sandalenkönig ungewollt komisch.

Im Gründerland stieß sein Bemühen zunächst auf wenig Gegenliebe. Allgegenwärtig war in den 1950ern der Holzklepper mit Fußbett, einem roten oder weißen Schnallenriemchen und einer dünnen Gummilaufsohle. Nicht lange, und die »Klapperlatsche« (wegen des Geräuschs, wenn beim Gehen das Holz die Sohle berührt) eroberte Haus, Heim und Straße. Die Popularität mochte in dessen simpler Ausführung liegen und dem niedrigen Preis. Minimalismus, Luftigkeit, nahezu klinische Reinheit. Beinahe ein Gegenentwurf zur Holzpantolette und dem Schnürstiefel der vergangenen Zeit. Auch in der DDR klepperte es. Der VEB Pantolette Naumburg ahmte das Modell nach und etikettierte es als Fußgymnastik-Pantolette.

Schließlich waren es die US-Amerikaner, die das Sandalengeschäft ankurbelten. In den 1960ern sprachen die »Birks« in den USA die Jugend an, weil sie als »ugly« galten. Ob an den Stränden Kaliforniens oder in Haight-Ashbury, der asketische Schuh konnte als Statement gegen »Konsumterror« und das Establishment verstanden werden. Spätestens mit dem Aufkommen der Öko- und Friedensbewegung setzte auch in Deutschland ein anderes Verständnis für die Birkenstocks ein.

Zuvor wurden die Schuhe vor allem von Pflegepersonal geschätzt, weil das stundenlange Stehen im OP so leichter zu ertragen war. Mit seinen erdigen Farbtönen und einfachen Lederriemen war »Madrid«, das erste Modell der Birkenstock-Fußbettsandale, später umbenannt in Gymnastiksandale.

Sie waren über viele Jahre hinweg keine Kinder ihrer Zeit, eher die hässlichen Entlein im Süden des Körpers. Mut zur Bequemlichkeit und eine gewisse Nonchalance setzten sich nur langsam durch, verbunden mit einer schnoddrigen, flip-flop-flapsigen Haltung. Nicht viel anders als bei der Adilette, um das Jahr 1972 von adidas-Gründer Adolf Dassler als Gummischuh mit Saugnäpfen an der Sohle entworfen, um ausgelaugte Sportler vor dem Ausrutschen unter der Dusche zu bewahren. Der blau-weiße Duschschuh schlich sich aus dem Bade- und Saunabereich und wurde vermehrt auf dem Campingplatz gesichtet. Er ersetzte vielerorts den Pantoffel und dient mittlerweile als Arbeitsschuh für jene Männer, die samstags andächtig ihr Auto schrubben. In weißen Socken. Fast drei Jahrzehnte später, 2002, wurde ein billiger Kunststoff-Zehengreifer zum Trendschuh des Jahres. Seitdem flippt und floppt es allerorten. Wer gedacht hatte, es gebe keine Steigerung, kam nicht aus dem Augenreiben heraus, denn plötzlich irrlichterten immer mehr Menschen in Crocs durch die Gegend: in Giftfarben, mit Löchern wie ein Schweizer Käse und 2010 vom *Time Magazine* unter die »50 schlimmsten Erfindungen« gewählt.

Stehen Schuhe mit einem Hang zur Hässlichkeit nicht für einen bewussten Lebensstil? Sie strengen nicht an und verursachen keine Hammerzehen und Hühneraugen. Wenn dann noch die Prominenz öffentlich darin flaniert – alles richtig gemacht!

2014

SELFIESTICK

Andy Warhol hatte 1968 vorhergesagt: »In Zukunft wird jeder für 15 Minuten weltberühmt sein.« Gut 45 Jahre später sollte Warhols Prophezeiung Wirklichkeit werden, wobei sich die individuelle Berühmtheit eher in einem begrenzten Raum entfaltete. Es sei denn, jene, die auf ein spektakuläres Selbstbild aus waren, scheuten vor selbstmörderischen Handlungen nicht zurück. Wie jene Touristen, die 2015 am kalifornischen Lake Tahoe einem Bären auflauerten, um mithilfe eines Selfiesticks ein gemeinsames Foto schießen zu können.

Derart dramatisch war die überwiegende Zahl an Selfies mitnichten, die sich mit Beginn der 2000er im Internet gleich einer ansteckenden Krankheit verbreiteten. Es waren banale Aufnahmen mit dem Selbstdarsteller vor dem Kölner Dom, vor den Niagara-Fällen, vor einer Tasse Cappuccino oder den aktuellen Liebling herzend. Freilich gab es derartige Bilder schon lange, aber nicht annäherungsweise in dieser Flut. Weil früher gut überlegt sein wollte, für welches Motiv ein Foto lohnte, da Film und Entwicklung den Griff ins Portemonnaie voraussetzten. Zudem fehlte ein Medium, das eine Plattform für die Weltschau geboten hätte. Die Abzüge, abgelegt in Holzkästen oder eingeklebt in Alben, kamen allenfalls bei Besuchen von Verwandten oder Freunden zur Ansicht oder dienten der nostalgischen Erinnerung. Private Fotos blieben privat.

Das änderte sich mit dem Aufkommen der digitalen sozialen Medien. Nun konnte jeder teilhaben an den flüchtigen Augenblicken, die dem User etwas bedeuteten oder mit denen er sich inszenieren, also zur Schau stellen wollte. Wer die Anzahl der Betrachter reduzieren wollte, zog einen Vorhang um seine Bühne, zu der nur seine Follower Zugang hatten. Eine Form der Selbstverliebtheit, der Selbstbestätigung: In einer Welt der unbegrenzten Öffentlichkeiten wenigstens Herr zu sein über das eigene Bild – das heißt, über jenes Image, das der Fotograf von sich selbst in die Welt gerückt sehen wollte. Um die Selbstvermarktung zu kultivieren, boten Smartphones und entsprechende Software vielerlei Werkzeuge: das Zurechtschneiden des Bildausschnitts, Filter zum Aufpolieren und Aufhellen, den magischen Radierer, um Unliebsames zu tilgen, ein Klick, um die Aufnahme im Retro-Stil zu präsentieren. Was an einem Bild noch echt war, wusste nur der, der es ins Internet gestellt hatte. Die wichtigste Währung der Anerkennung für viele User: ein Like, der nach oben gestreckte Daumen, der durch *Facebook* zum Gemeingut wurde.

Um das Jahr 2011 tauchte das Wort Selfie in Deutschland auf und verbreitete sich wie viele Anglizismen und wie der Drang zum Ego-Shooting rasend. Wobei das »ie« am Ende des Wortes einer Verniedlichung gleicht, einer Aufforderung, die Selfieness nicht allzu ernst zu nehmen – bis auf jene, die ihr Selbstwertgefühl von der Anzahl der erhaltenen Likes abhängig machen.

2014 wurde, auch in Deutschland, der erste »Museum Selfie Day« ausgerufen und fügte dem Kalender kurioser Feiertage neben den Tagen des Reißverschlusses, der Bretzel und der Superhelden einen weiteren Höhepunkt hinzu. Seit diesem Jahr sind Besucher, Kuratoren, Manager und Mitarbeiter der Museen an jedem dritten Mittwoch des Januars aufgerufen, ein Selfie anzufertigen und es auf einer Kurznachrichten-Plattform zu posten.

Um sich noch besser in Szene zu setzen, half der 2005 patentierte Selfiestick, der 2014 vom *Time Magazine* zu den »25 besten Erfindungen des Jahres« gekürt wurde. Der Mensch wusste sich schon immer zu helfen. Prothesen für Arme und Beine, Stöcke für das Skifahren oder Walken. Hier nun kam eine Teleskopstange zum Einsatz, die bis zu einem Meter Länge ausgezogen werden konnte – ein Ende rutschfest zum Halten, das andere ausgestattet mit einer Klemmhalterung für das Smartphone. Die Verlängerung ermöglichte einen größeren Hintergrund und andere Winkel, um auch mehrere Personen auf einem Foto unterzubringen. Ja, selbst die gesamte Hochzeitsgesellschaft war nun mehr weniger komplett auf einem Bild unterzubringen samt dem Selbstauslöser. Zum Auslösen dienten ein Knopf an der Stange oder Bluetooth.

Bald stachen in Innenstädten, vor oder in Sehenswürdigkeiten die Greifarme unübersehbar in die Luft, die signalisierten: Hallo, hier bin ich! Weshalb das Instrument schnell den Spottnamen »Narcissstick« weghatte. Das war Häme. Unmut hingegen löste unkontrolliertes Herumfuchteln des Sticks aus, was hier und da blaue Augen und blaue Flecken verursachte. An mancherlei öffentlichen Orten prangte bald ein Verbotsschild. In Museen fühlten sich Besucher belästigt, wenn die Stick-Fotografierer um die beste Position vor dem Mann mit dem Goldhelm rangelten oder den Stick in der Menschenmenge als eine Art Periskop nutzten. Zoo-Betreiber sorgten sich, dass Mensch und Armverlängerung Tieren zu nahe kamen, Manager von Freizeitparks führten die Selbstgefährdung der Benutzer an, die sich auf der Achterbahn für einen coolen Schuss verrenkten oder drohten, mit dem Stab andere Fahrgäste zu gefährden. »Erstmals in größerem Umfang ist dieses Phänomen in diesem Winter aufgetreten«, berichtete 2015 Jakob Wahl, Sprecher des Europa-Parks Rust.

Nun, die Selfiesticks verschwanden schneller, als der Teleskoparm ausgefahren war. Zum einen kamen sich immer mehr Benutzer affig vor und wollten nicht mehr Zielscheibe von Spott sein. Außerdem verfügten die Smartphones zunehmend über technische Finessen wie eine Weitwinkelfunktion, die den Stick überflüssig machte. Bei den Filmchen, die mit starren Selfies konkurrierten, beim Singen, Tanzen, Herumhampeln und auf dem Fahrrad den Berg hinabsausen, wäre er sowieso hinderlich gewesen.

Der Stick ist so gut wie weg, das Selfie ist geblieben. Wie schon das iPhone ist er von der Jugendkultur längst in die Erwachsenenwelt hinübergeschwappt. Eine Umfrage des Digitalverbandes Bitkom ergab 2021, dass 75 Prozent der 16- bis 29-Jährigen mindestens einmal wöchentlich ihr Handy für ein Selfie nutzen, 61 Prozent sind das bei den 50- bis 64-Jährigen und bei den noch Älteren sogar 63 Prozent.

Wie es nicht anders sein kann, bediente sich auch die Politik zunehmend des Selfies. Eines der berühmtesten ist jenes, das 2015 während er Flüchtlingskrise Kanzlerin Angela Merkel mit dem Flüchtling Shaker Kedida zeigt, entstanden in einer Erstaufnahmestelle in Berlin. Als »Selfie der Macht« bezeichnete die *Bild*-Zeitung 2021 eine breitwandige Selbstaufnahme von Robert Habeck und Annalena Baerbock (Grüne) sowie Christian Lindner und Volker Wissing (FDP) während der Sondierungsgespräche zur Bildung einer Regierungskoalition.

Politik kann modern, Politik kann mit der Jugend. Ob aber die Damen und Herren auch firm sind mit den neuen Kategorien von Selfies? So steht Drelfie für ein Porträt im betrunkenen Zustand, Footsie für eine Fokussierung auf die Füße, Belfie mit Spezialisierung auf das eigene Gesäß und das Nudie versteht sich von selbst … Selbst wenn Politikern diese Begriffe nicht geläufig sind, so ist wohl nicht damit zu rechnen, dass sie solcherlei Selfies posten. Zumindest nicht wissentlich.

2015

DOPPELSTOCKBETT

Wir schaffen das!« Es gibt nicht viele Sätze aus dem Mund von Politikern, die es in die Geschichtsbücher schaffen und zudem als eine Art geflügeltes Wort im kollektiven Gedächtnis haften bleiben. In diesem Fall vielfach als rückwärtsgewandte Anklage verwendet. In der Langversion sagte Bundeskanzlerin Angela Merkel bei der Bundespressekonferenz am 31. August 2015 in Berlin: »Ich sage ganz einfach: Deutschland ist ein starkes Land. Das Motiv, mit dem wir an die Dinge herangehen, muss sein: Wir haben so vieles geschafft – wir schaffen das! Wir schaffen das, und dort, wo uns etwas im Wege steht, muss es überwunden werden, muss daran gearbeitet werden.« Jenen, die Merkel damals und viel später ihr Zitat um die Ohren schlugen, hielten Befürworter entgegen: Hätte Merkel in der damaligen Situation, die aus dem Ruder hätten laufen können, sagen sollen: Wir schaffen das nicht?

In der aufgeheizten Stimmung dieses Sommers ging völlig unter, dass Vizekanzler und Wirtschaftsminister Sigmar Gabriel eine Woche vor Merkel gesagt hatte: »Frieden, Menschlichkeit, Solidarität, Gerechtigkeit: Das zählt zu den europäischen Werten. Jetzt müssen wir sie unter Beweis stellen. Ich bin sicher, wir schaffen das.«

Der Zorn richtete sich aber vor allem deswegen gegen Merkel, weil sie am 5. September ohne Konsultation des Deutschen Bundestages, aber in Absprache mit den Regierungen Ungarns und Österreichs Flüchtlinge, die zu Fuß unterwegs waren, ausnahmsweise ohne Grenzkontrolle und Prüfung des Anspruchs auf Asyl nach Deutschland einreisen ließ. Neben Syrern vor allem Afghanen, Iraker und Menschen aus Afrika. Eine Woche zuvor waren im österreichischen Burgenland 71 erstickte Flüchtlinge in einem abgestellten, von Schleppern im Stich gelassenen Lkw gefunden worden. Tausende Menschen warteten in jenen Tagen im Bahnhof von Budapest auf Weiterreise, auf der sogenannten »Balkan-Route« drohte eine humanitäre Katastrophe. Mit unabsehbaren Folgen für die nach den Kriegen in den 1990ern einigermaßen befriedete, aber nach wie vor fragile Region. Politische Gegner stellten die Entscheidung Merkels als Einladung und Ursache des weiteren Anstiegs von Asylsuchenden in den Ländern der Europäischen Union dar. Der bayerische Ministerpräsident Horst Seehofer drohte, würde die Regierung nicht unverzüglich alles tun, um die Einreise zu stoppen, werde man sie notfalls vor dem Verfassungsgericht verklagen und an der bayerischen Grenze selbst durchgreifen.

»Flüchtlinge« bzw. »Geflüchtete« und »Asylbewerber« wurden während der Krise im Jahr 2015 im allgemeinen

Sprachgebrauch nicht präzise von »Migranten« unterschieden; der Ausdruck umfasste Betroffene von erzwungener, freiwilliger oder unfreiwilliger Migration, nicht nur staatlich Verfolgte. Allein 2015 wurden 890 000 Geflüchtete in Deutschland registriert und untergebracht, in Turn- und Traglufthallen, in Notquartieren, wo sich Doppelstockbett an Doppelstockbett reihte und die Menschen zunächst ein sicheres Dach über dem Kopf fanden. Millionen von Freiwilligen engagierten sich in spontanen Zusammenschlüssen, in Kirchen und Verbänden. Kleidung, Decken, Hygieneartikel und anderes war schnell zusammengetragen. Der Begriff »Willkommenskultur« umschreibt die Hilfsbereitschaft vieler Deutscher in diesem Spätsommer. Hunderte empfingen am Münchner Bahnhof eintreffende Flüchtlinge mit Applaus und hielten Plakate mit der Aufschrift »Refugees welcome« in die Höhe. Die Ankommenden zeigten sich vereinzelt mit Porträts von Angela Merkel. Die Wochenzeitung *Die Zeit* brachte auf der ersten Seite das Foto einer syrischen Familie am Rand der Autobahn und titelte dazu: »Willkommen!«

Eine Flüchtlingskrise hatte bereits nach dem Fall des Eisernen Vorhangs zu Beginn der 1990er Deutschland in Atem gehalten. 1992 beantragte fast eine halbe Million Menschen Asyl, die Nettozuwanderung zwischen 1988 und 1993 lag bei 3,7 Millionen. Die Gemütslage im Land vibrierte. Der *Spiegel* titelte »Aufstand der Armen« und »Asyl – Die Politiker versagen«, die *Frankfurter Allgemeine Zeitung* brachte eine Karikatur mit Aussagekraft: Das Boot ist voll. Rechtsextreme Parteien wie die DVU und Die Republikaner sahen sich im Aufwind. Rostock-Lichtenhagen, Hoyerswerda, Mölln und Solingen waren jene Orte, die aus einer Reihe von fremdenfeindlichen Angriffen und Anschlägen als traurige Höhepunkte in Erinnerung geblieben sind. Aber es gab auch die Reaktion der Mehrheitsgesellschaft. An vielen Orten bildeten sich Lichterketten, bekannte Musiker traten bei Konzerten vor Zehntausenden auf, wie in Frankfurt (»Heute die! Morgen du!«) und in Köln (»Arsch huh – Zäng ussenander!«).

Nicht alle Deutschen wussten 2015 etwas mit der Willkommenskultur anzufangen oder lehnten sie rundweg ab. Die AfD, 2013 eigentlich als eurokritische Partei gegründet und nicht sonderlich erfolgreich, besetzte dieses Thema. Über zweitausend Angriffe auf Flüchtlingsunterkünfte zählten die Behörden 2015 und 2016, knapp sechshundert tätliche Angriffe auf Einzelpersonen; eine hohe Anzahl der Straftaten hatte einen rechtsradikalen Hintergrund. Im sächsischen Heidenau randalierten im August 2015 Rechtsradikale vor einer Flüchtlingsunterkunft, Bundesminister Gabriel suchte den Ort des Geschehens auf. »Bei uns zu Hause würde man sagen, das ist Pack, was sich hier herumgetrieben hat«, sagte er mit Blick auf die Randalierer. Zwar fanden die meisten dieser Ausschreitungen in Sachsen statt, doch war die gesamte Republik von den Attacken betroffen. Mit der ganzen Härte werde der Rechtsstaat gegen Menschen vorgehen, die Flüchtlinge angreifen, versprach Angela Merkel. Im Oktober 2015 begann das System der Verteilung wegen der massiven Einreise von aus Österreich kommenden Flüchtlingen zusammenzubrechen, tausende Personen konnten gegen Ende des Monats nicht mehr untergebracht werden, teilweise herrschten chaotische Zustände.

Die Zahl von Asylsuchenden ging in den folgenden Jahren zurück, hauptsächlich wegen einer Verschärfung der Asylgesetzgebung und eines 2016 zwischen der EU und der Türkei getroffenen Abkommens, dass verhindern sollte, dass Flüchtlinge die Union erreichten. 2019 kamen knapp 166 000 Menschen nach Deutschland, 2022 und 2023 stieg die

Zahl – unter anderem wegen des Krieges in der Ukraine – auf 325 000.

Asylsuchende und illegale Einwanderer blieben ein beherrschendes Thema und waren neben der Coronapolitik ein Grund für die sich abzeichnende Spaltung der Gesellschaft.

Angela Merkels Satz wurde von den Medien gern neben Äußerungen von Helmut Kohl (»Wir werden es schaffen«, 1990, in Bezug auf die Deutsche Einheit) und US-Präsidentschaftskandidat Barack Obama (»Yes, we can«, 2008) gestellt. Sie wiederholte den Satz am 26. März 2021 in einer Regierungserklärung zur Covid-19-Pandemie: »Wir werden das Virus besiegen. Und deshalb bin ich ganz sicher, dass wir das schaffen werden.«

2016

SCHOCKBILDER

Den »Duft der großen weiten Welt« versprach Peter Stuyvesant und unterstrich diese Verheißung mit Fotos von rauchenden, gesunden Menschen auf dem Sonnendeck des Lebens. Jets hoben ab in den Himmel, mondäne Yachten durchpflügten das blaue Meer. Den »Geschmack von Freiheit« verhieß Marlboro und setzte hemdsärmelige, verwegen dreinblickende Cowboys auf einen Hengst. »Ich geh' meilenweit für eine Camel Filter«, behaupteten Allerweltstypen, und streckten der Kamera demonstrativ einen Schuh entgegen, in dessen Sohle sie sich tatsächlich ein Loch gelaufen hatten. Auch Frauen tummelten sich in der Zigarettenwerbung. Zwei elanvolle Mittdreißigerinnen, auf dem Weg, die Welt zu erobern, über ihre Kim: »Genuss, der zu uns passt. Sie ist lang, sie ist schlank.« In einem Werbespot für West servierte die elegante Hausfrau auf einem Tablett geöffnete Packungen, erntete Lob für die gewählte Sorte und belehrte die Herren in der geselligen Wohnzimmerrunde: »Auch Rauchen will gelernt sein.«

Seit dem Frühjahr 2016 dann das: Ekelfotos von schwarzen Zahnstümpfen, Löchern im Kehlkopf, krebszersetzten Lungen und todgeweihte Menschen. Vorbei die Zeiten, in denen die Zigarette für Lässigkeit, Freiheit, Lebensqualität, für die Mitgliedschaft im Weltbürgertum und, ja, auch das, für Emanzipation stand. Studieren ohne Gaulloise, Gitane, Selbstgedrehten aus Drum-Tabak wären der Exmatrikulation gleichgekommen. Vorbei die Zeiten, in denen, wenn als Geschenk für Vater oder Mutter partout nichts einfiel, eine Präsentbox gefüllt mit den Nikotinstängeln immer ging. Vorbei die Zeiten, in denen der Gastgeber, zog der Gast ein Päckchen aus der Tasche, selbstverständlich den Ascher reichte und in politischen Fernsehgesprächsrunden und Talkshows die klugen Köpfe hinter einer Wolke Zigarettenqualm verschwanden und dazu noch im Zehn-Minuten-Takt Wein kredenzt bekamen. Vorbei die Zeiten, da beim Mittagessen jener, der die Mahlzeit als Erster beendete, leutselig in die Runde fragte: »Hat jemand was dagegen, wenn ich schon mal rauche?« Hatte natürlich keiner.

Wahrscheinlich hätte auch der Schutzheilige der deutschen Raucher, der 2015 verstorbene frühere Bundeskanzler Helmut Schmidt, die Schockbilder nicht verhindern können. Er, der in einem Fernsehinterview versicherte, auch die Ärzte könnten ihn vom Rauchen nicht abbringen, und der in seiner besten Zeit drei Päckchen am Tag schaffte. Und – von der Tabakindustrie wie von überzeugten Rauchern gern zitiert – es dennoch auf beinahe 97 Lebensjahre brachte.

Die Bekämpfung der Rauchzeichen erfolgte gegen heftigen Widerstand der Tabak-Lobbyisten, das allmähliche Verglimmen der Glut geschah schrittweise. 2003 schrieb die Europäische Union deutlich sichtbare Warnhinweise auf den Breitseiten der Zigarettenpackungen vor, 2008 trat das bundesweite Rauchverbot in Gaststätten in Kraft. Raucher wurden, auch in Teilen des öffentlichen Lebens, wie zur Zurschaustellung in Glaskabinen verbannt. Ab 2014 mussten die Warnungen 65 Prozent der Packung abdecken: »Rauchen tötet«, »Rauchen lässt ihre Haut altern«, »Rauchen kann die Spermatozoen schädigen und schränkt die Fruchtbarkeit ein« und dergleichen Warnungen zierten fortan die Päckchen. Ab 2016 schließlich wurden Fotos von Krebsgeschwüren, Raucherlungen und Fußamputationen vorgeschrieben. Wem sollte bei dem Anblick nicht der Appetit auf das Lungenbrötchen vergehen?

Weil sich viele Raucher den Genuss nicht verderben lassen wollten, erlebte vorübergehend ein Accessoire eine Renaissance, das in den Jahren zuvor als spießig oder snobistisch gegolten hatte: das Zigarettenetui, das die Schockbilder verbarg. Von preiswert bis hin zur silbernen Klappschatulle mit Namensgravur. Die kleine Firma Tabak Pietsch aus dem Bergischen Land vergoldete sogar auf Wunsch die Etuis mit Echtgold in 24 Karat. Noch besser, so der Inhaber, verkauften sich mit Leder bezogene Behältnisse. Zehn bis etwa 60 Euro waren für die normalen Etuis zu zahlen.

Nächste Stufe der Anti-Rauch-Kampagne: 2024 mussten auch die Supermärkte ihre Zigarettenautomaten umrüsten. Der Bundesgerichtshof entschied, dass die auf den Automaten gedruckten Marken ebenfalls Ekelbilder und Totenkopf-Warnungen enthalten müssen.

Inwieweit die Bilder wirken, ist nicht eindeutig bewiesen. Die Zahl der täglichen Raucher in Deutschland sank von 17,5 Millionen im Jahr 2000 auf 13,8 Millionen im Jahr 2020, wobei neben Prävention und Verboten sicherlich auch die ständig steigende Tabaksteuer eine Rolle spielte – der Staat möchte schließlich am ungesunden Lebensstil seiner Bürger mitverdienen. Allerdings stieg ab 2022 die Zahl der 14- bis 17-jährigen Raucher deutlich an (insgesamt mehr als 400 000 Minderjährige), auch bei der in Mode gekommenen E-Zigarette. Fachleute wie Suchtforscher Daniel Kotz führen die Steigerung auf die Corona-Pandemie, den Ukraine-Krieg und weitere Krisen zurück.

Krise und Zigarette – eine Rauchspur weht mindestens bis zum Zweiten Weltkrieg; Trendforscher Matthias Horx bezeichnete sie als »Alltagsstimulanz der Kriegsgeneration«. Nicht wenigen Deutschen half die Zigarette in den Nachkriegsjahren bei prekärer Ernährungslage, ihr Hungergefühl zu stillen. Allerdings waren im Krieg viele Produktionsstätten zerstört worden – es herrschte allenthalben Mangel, weshalb das Aufheben von weggeworfenen Zigarettenstummeln auf der Straße keine Seltenheit war. In das Vakuum stießen die GIs mit ihren American Blend-Zigaretten (Lucky Strike, Chesterfield, Camel). Die »Amis« entwickelten sich bis zur Währungsreform 1948 zu einem begehrten Tauschobjekt auf dem Schwarzmarkt. In der britischen Zone galten inoffiziell folgende Umtauschkurse: 1,5 Kilo Brot für zehn, ein Huhn für 30, ein Bettbezug für 125, 15 Gramm Bohnenkaffe für zehn Zigaretten. Gut möglich, dass ähnliche Kurse wieder aufblühen. Denn Wissenschaftler der Weltgesundheitsorganisation (WHO) forderten Ende 2023 den Schachtelpreis auf 22,80 Euro anzuheben. Schon bei den jetzigen Preisen kann die früher beiläufig gestellte Frage »Hast du mal eine für mich« Schnappatmung auslösen.

Nicht mehr lange, und die letzte Zigarette ist in Deutschland ausgedrückt, der letzte Zigarettenautomat abmontiert.

Immerhin war Deutschland einmal das Land mit den meisten Nikotin-Ausgabestellen in Europa. Aber die Zahl sank von 815 000 Automaten 1997 auf 320 000 im Jahr 2018. Für Jugendliche ist das Vorfreude auslösende Ratschen des Ausgabeschachts aufgrund unterschiedlicher digitaler Altershürden kaum noch zu hören.

In über achtzig Ländern bereits verboten, hat in Deutschland die Schokoladenzigarette (wahlweise gefüllt mit einem Kaugummi), überlebt, noch. Ohne (kindgerechte) Schockbilder, noch. Vom Aussehen und den Namen her – Pell Mell, Guitare, Regent – den Originalen teilweise verblüffend ähnlich. Nie hat die ansonsten bei den Markenrechten pingelige Tabakindustrie dagegen die Hand erhoben. So tun als ob, für Kinder sicherlich zunächst bloß ein Imitieren der Erwachsenen. Dennoch: Was Hänschen schon lernt, ist für Hans dann nur noch ein Kinderspiel. Schokolade, die sanfte Art des Anfütterns.

2017

DROHNE

Der Traum vom Fliegen treibt die Menschen seit ewigen Zeiten um und bisweilen zu närrischen Aktionen an. Da die Natur jedoch strikt etwas gegen diese Illusion hat – Ikarus und Albrecht Ludwig Berblinger alias der Schneider von Ulm bekamen es schmerzhaft am eigenen Leib zu spüren –, erfand der Mensch unterschiedliche Apparate, um mit ihrer Hilfe in die Luft zu gehen. Da sich nur eine Minderheit den Traum vom eigenen Fluggerät erfüllen kann (Reinhard Mey schwärmte davon 1973 in seinem Lied »Über den Wolken«, wo die Freiheit angeblich grenzenlos ist), gibt es seit mehreren Jahrzehnten die Möglichkeit des Flugmodellbaus.

Ab Mitte der 2000er tauchten unvermittelt neue, zunächst unbekannte Objekte am Himmel auf: Drohnen, benannt nach der männlichen Biene oder Wespe. Bekannt geworden waren die ferngesteuerten Roboter vornehmlich durch ihren Einsatz im militärischen Bereich. Sie waren nicht unumstritten und lösten eine Diskussion aus um die »gezielte Tötung« vor allem durch das US-amerikanische Militär bei geheim gehaltenen Einsätzen in Pakistan. Die Kontroverse entzündete sich besonders an der Frage, inwieweit es ethisch und moralisch vertretbar sei, dass der Angriff aus einem sicheren Bunker Tausende von Kilometern weit entfernt ausgeführt wurde.

Nicht um Menschenwohl zu gefährden, sondern vor allem um ihr Freizeitvergnügen ging es den Hobby-Piloten von Drohnen, auch Multicopter genannt. Zum einen übte das Steuern dieser Fluggeräte gerade auf Männer eine technische Faszination aus. Freude und Könnerstolz erfüllten sie bei schneidigen Manövern und kühnen Flugfiguren – solange die Drohne nicht am Boden zerschellte. Einige der künstlichen Vögel verfügten über eine Kamera, was Chronisten als Aufforderung verstanden, Hochzeitsgesellschaften, die Familie am Strand oder die Nachbarn beim Nacktsonnenbaden in deren Garten von oben zu dokumentieren. Die Drohne gewissermaßen als verlängerter und technisch aufgerüsteter Selfiestick. Wobei: Den Einsatz über privatem Gelände verstand der Gesetzgeber als Beeinträchtigung des Eigentums und der Privatsphäre.

Eine andere Gruppe von Enthusiasten – von Nichtverstehern als »Freaks« verspottet – pilgerte zu Flugplätzen, um hier ihrer Drohne Auftrieb zu verschaffen. In der Hoffnung auf spektakuläre Aufnahmen von Start und Landung von Flugzeugen und Hubschraubern. Die DRF Luftrettung warnte bereits 2015: »Insbesondere Rettungshubschrauber, die bei Notfalleinsätzen auf Straßen, Parkplätzen, Sportflächen oder Wiesen landen müssen, sind durch den leichtsinnigen Einsatz von Drohnen gefährdet.« Auch die Luftrettung des ADAC berichtete von drohenden Drohnen-Kollisionen. Weshalb das Luftfahrtbundesamt die Regeln für das fliegende Spielzeug sogleich verschärfte. Für Geräte, die schwerer waren als fünf Kilogramm, mussten die Betreiber eine Flugerlaubnis einholen, der Umkreis von anderthalb Kilometern um einen Flughafen war fortan tabu, die Piloten mussten ihr Objekt stets im Blick haben und durften es nicht ikarushoch aufsteigen lassen; die genaue Höhe sollte noch festgelegt werden.

Doch der Ärger ließ nicht nach. Abstürze und Unfälle bereiteten den Behörden weiterhin Kopfschmerzen. 2017 gab es siebzig gefährliche Begegnungen von Unbemannten mit Flugzeugen – doppelt so viele wie im Vorjahr. Im Schwarzwald konnte ein Rettungshubschrauber nicht starten, weil eine Drohne über den Rotorblättern kreiste, im Münchner Olympiapark krachte ein 1,7 Kilogramm schwerer Brummer neben einer Familie zu Boden. Zudem entdeckten Kriminelle den Flieger für sich. Mitunter bekamen es Haftanstalten mit Drohnen zu tun, wenn auf diesem Wege Handys oder Drogen einschmuggelt werden sollten.

Um das Risiko zu minimieren, trat am 1. Oktober 2017 eine neue Drohnen-Verordnung in Kraft. Wollte ein Betreiber seine Drohne nun abheben lassen, musste er sie beim Luftfahrt-Bundesamt anmelden, vorausgesetzt sie wog mindestens 250 Gramm oder verfügte über eine Kamera. Mit der Registrierung gab es ab Januar 2021 eine e-ID, womit die Behörden den Eigentümer identifizieren konnten. Außerdem war ab diesem Jahr ab dieser Gewichtsklasse der kleine Drohnenführerschein notwendig, sozusagen das Seepferdchen der Lüfte. Allerdings reichte dafür der theoretische Online-Test beim Luftfahrt-Bundesamt.

2017 schwirrten Schätzungen zufolge mehr als 400 000 Drohnen über den Köpfen der Deutschen, die Mehrzahl davon privat genutzt. Experten gingen davon aus, diese Zahl werde in drei Jahren die Millionengrenze überschreiten. Weit gefehlt. Zwar stieg die Zahl der privat genutzten Drohnen 2019 auf 455 000 und jene der kommerziell betriebenen auf 19 000. Doch dann ließ im Privaten der Spaß an der Fernfliegerei nach: Bis 2021 sank die Zahl auf 385 000. Darunter ein Drittel Spielzeugdrohnen (die es bereits ab sechzig Euro im Handel gibt) und zwei Drittel sogenannte Prosumer, ausgerüstet mit Kamera. Hingegen wuchs die Zahl der kommerziellen Objekte auf 45 200 an – mit zunehmender Tendenz.

Vielfältig sind inzwischen die Einsatzmöglichkeiten von Drohnen. Sie dienen der Begutachtung von Schäden durch Sturm, Brand oder Wasser, erstellen 3-D-Modelle und Dokumentationen für das Baugewerbe und vermessen Landschaften. Das Allzweckgerät hebt ab, um für die Industrie Temperaturen und Schadstoffkonzentrationen zu ermitteln oder einen Blick auf Orte zu werfen, an denen der Mensch bei seinem Einsatz einem Risiko ausgesetzt wäre. Drohnen überwachen heute unwegsame Regionen und Gewässer, machen Rehkitze ausfindig, die sich im hohen Gras verbergen und Gefahr laufen, Opfer einer landwirtschaftlichen Maschine zu werden. Die Studie eines Branchenverbandes ergab 2020, dass bereits elf Prozent der landwirtschaftlichen Betriebe in Deutschland auf die Unterstützung durch Drohnen setzen. In Feldversuchen stellte das International Water Management Institute 2015 fest, dass man mit Drohnen, die über entsprechende Kameras verfügen, die Temperaturschwankungen erkennen kann, die Pflanzen bei Wassermangel, Schädlingsbefall oder Düngermangel entwickeln, bis zu zehn Tage bevor die Probleme mit dem bloßen Auge zu sehen sind. Durch eine solche Kontrolle könnten Ernteausfälle auf ein Minimum beschränkt werden.

Warum andererseits diese Art der Hobbyfliegerei nachgelassen hat? Steuern und dabei in den Himmel zu gucken ist doch etwas anderes, als selbst fliegen zu können. Und wenn es die Drohnenfans wieder einmal packt, klicken sie einfach auf den Ballermann-Song »So ein schöner Tag«, das »Fliegerlied« von Tim Toupet von 2009 und heben im Geiste ab. »Und ich flieg', flieg', flieg' wie ein Flieger« … und fühlen sich stark wie ein Tiger: Lizenzen und Prüfungen überflüssig, außerdem keine Gefahr zu kollidieren.

2018

THERMOMETER

Den Hit, den Showmaster Rudi Carrell 1975 gesungen hatte, spielten die Rundfunkanstalten 2018 tunlichst nicht ab – wer weiß, erhitzte Gemüter wären womöglich zu Kurzschlussreaktionen imstande gewesen: »Wann wird's mal wieder richtig Sommer, ein Sommer, wie er früher einmal war?«, trug Carrell nostalgisch berührt vor und bezog dieses Flehen auf das Vorjahr. Hoffnung auf eine Saison, in der es noch Hitzefrei gab und Sonnenbrand und Riesenquallen am Strand, als der Schutzmann die Jacke auszog, man mit dem Wasser sparsam umgehen sollte, es vierzig Grad im Schatten gab und selbst ein Schaf froh war, wenn man es schor. »Es war wie in Afrika, wer durfte, machte FKK …«

Als habe der Holländer die Zustände in Deutschland vierzig Jahre später vorausgesehen und schon mal beschrieben:

eine blockierende Omegalage, die zu einem völligen Abreißen der Westwinddrift führte. Folge: Dauerwärme und Trockenheit ab April in Deutschland und anderen Ländern Mitteleuropas. Nur bei einer Beschreibung hatte Carrell untertrieben: »Sonnenschein von Juni bis September«. Selbst noch im Oktober 2018 zeigten die Thermometer eine Höchsttemperatur von 28,6 Grad an. Da gerieten Spekulatius und Stollen, die zu dieser Zeit längst in den Supermärkten zum Verkauf lagen, ins Schwitzen. Erst kurz vor dem Fest folgte ein nachhaltiger Wandel der Wetterlage. Fiel im Oktober noch vierzig Prozent weniger Regen als im langjährigen Durchschnitt, öffnete der Himmel seine Schleusen im Dezember scheunentorweit, sodass teilweise mehr Niederschläge hinabströmten als während der vorangegangenen Sommermonate zusammengerechnet.

Klimaforscher deuteten diese außergewöhnlichen Ereignisse vor dem Hintergrund des menschengemachten Klimawandels: Dieser habe die Wahrscheinlichkeit für extreme Wetterlagen erhöht. Vielen ist indessen dieser Sommer nicht mehr auf Anhieb als »Heißzeit« in Erinnerung (so der von einer Jury zum »Wort des Jahres« gewählte Begriff), weil es danach während des Sommers oft stets viel viel wärmer zuging, als im von Rudi Carrell beklagten »sibirischen Sommer« 1974.

2018, das war in Deutschland der zweitheißeste Sommer seit Beginn der Wetteraufzeichnung 1881, eine sogenannte Wetteranomalie; nur im Jahrhundertsommer 2003 lag die Durchschnittstemperatur mit 19,5 Grad während der Monate Juni, Juli und August höher. Der Thermometer-Rekord 2018: Im Juli kletterte die Quecksilbersäule in Bernburg in Sachsen-Anhalt auf 39,5 Grad. Anfang August riet das Bundesamt für Strahlenschutz dringend dazu, sich vor hoher UV-Strahlung zu schützen und plädierte für die Schaffung von Schattenplätzen. Jeder, der Schatten suchte, sollte welchen finden.

Die Folge der monatelangen Hitzewelle: Deutsche Wälder brannten viermal so viel wie 2017, 1708 Feuer wurden gemeldet, 2349 Hektar waren dahin – im Vorjahr mussten nur 400 Hektar aufgegeben werden. Da die Feuerwehr häufig mit dem Löschen nicht mehr hinterherkam, leisteten Bundeswehr, Technisches Hilfswerk und die Bundespolizei Amtshilfe. In der Lieberoser Heide in der Niederlausitz, einem ehemaligen Truppenübungsplatz, stand eine Fläche von mehr als umgerechnet 570 Fußballfeldern in Flammen – die Feuerwehr war machtlos wegen vermuteter Blindgänger.

Die Dürre wirkte sich auch auf die Flüsse aus, neun der fünfzehn größten Ströme Deutschlands meldeten an mehr als einhundert Tagen Niedrigwasser – am stärksten betroffen von dem Wassermangel waren Elbe und Oder. Durch einige Flüsse wie die Oder wateten Menschen, als habe Moses hier die Fluten geteilt.

Mochten die einen über ausgedehntes Sonnenbaden und Planschvergnügen in Schwimmbädern jubeln, mochten sich die Betreiber von Fotovoltaik-Anlagen über einen Allzeitrekord die Hände reiben, so litten gerade ältere Menschen unter dem Thermometer-Hoch. Hitzestress und Hitzeschlag, Herz-Kreislauf- und Atemwegserkrankungen nahmen zu. The Lancet Countdown, eine internationale interdisziplinäre Forschungskooperation, schätzte die hitzebedingte Übersterblichkeit 2018 in Deutschland auf rund 20200 Todesfälle. Allein in Berlin, so das Robert-Koch-Institut, seien 490 Menschen wegen der Hitze gestorben. Der Verbrauch an Trinkwasser kletterte auf neue Rekordmengen ebenso wie jener von Speiseeis. Konsumierten die Deutschen 2017 7,9 Liter im Schnitt pro Person, waren 2018 schon 8,7 Liter. Ganz vorne die Klassiker Schokolade, Vanille und Erdbeere. Zum »Eis des Jahres« gekürt wurde die Sorte »German Black Forest« (eine Variante der gleichnamigen Torte).

Der Hitzesommer schwächte nicht nur die Menschen, sondern auch die Natur. Die Dürre führte zu einem Rückgang verschiedener Insekten, beispielsweise der Mücken. Vögel waren deshalb zusätzlich von einem Futtermangel betroffen. Wespen, die sich aufgrund der Hitze stark vermehrten, konnten wahrscheinlich weniger Insekten, mit denen sie ihre Larven versorgen, fangen und waren deswegen relativ klein. Massenweise krabbelten Borkenkäfer los, die Holzschäden bei elf Millionen Festmeter Holz verursachten. Der Waldzustandsbericht 2020 legte offen, dass die deutschen Wälder noch nie so schlecht dran gewesen waren wie nach den Dürrejahren 2018 und 2019. Die Traubenlese begann 2018 drei Wochen früher als üblich, die Winzer erwarteten eine hohe Qualität der Trauben, soweit sie keinen Sonnenbrand abbekamen, immerhin. Dafür büßten die Landwirte erheblich bei der Ernte ein. Im August erklärte das Bundeslandwirtschaftsministerium die Trockenheit als »außergewöhnliches Witterungsereignis nationalen Ausmaßes«, bei dem 10 000 Betriebe mit einer Schadenshöhe von 680 Millionen Euro in ihrer Existenz bedroht seien. Bund und vierzehn Länder beschlossen, je zur Hälfte den Betrieben mit 340 Millionen Euro unter die Arme zu greifen. Geknüpft an zahlreiche Kriterien, war die Auszahlung allerdings im April 2019 noch nicht abgeschlossen. Das noch am Rande: Die deutsche Fußballnationalmannschaft schied erstmals bei einer Weltmeisterschaft, jener in Russland, bereits in der Gruppenphase aus. Wobei dies, wahrscheinlich, weniger an der Hitze lag.

In den Folgejahren standen die Thermometer weiter unter Druck nach oben: Im Juni 2019 kletterten die Temperaturen mancherorts auf 40 Grad, im Juli setzte eine zweite Hitzewelle ein, abermals mit dem Überspringen der 40-Grad-Marke. Und noch ein Rekord wurde geknackt: Der meteorologische Sommer – Juni, Juli, August – war der heißeste seit Messbeginn im Jahr 1940. *And the heat goes on:* 2022, geprägt von unterdurchschnittlichen Regenmengen, war der heißeste Sommer in Europa seit 1881, dem in Deutschland rund 8200 Menschen zum Opfer fielen. Durchschnittlich schien die Sonne an 817 Stunden (die bisherige Bestmarke hatte 2003 bei 793 Sonnenstunden gelegen). Mehr als die Hälfte der Kommunen klagten über Wasserknappheit, 16 Prozent von ihnen erließen Einschränkungen wie das Verbot, Autos zu waschen oder Gärten zu bewässern.

Rudi Carrells Sommerhit bleibt wohl vorerst als toxisches Liedgut verschlossen. Aber Sommerhits gibt es nach wie vor. 2018 war es der Elektro-Mix der Partisanen-Hymne »Bella Ciao«, 2019 der Latin-Ohrwurm »Señorita« von Shawn Mendes und Camila Cabello, 2022 landeten DJ Robin & Schürze ganz weit vorn. Der Skandal um eine gewisse »Layla«, ließ bei vielen Kritikern die Temperatur so ansteigen, dass sie kurz vor einem Hitzschlag standen. Viel schneller, als es die Sommer-Hochs – Frido, Jürgen, Lebrecht und all die anderen – vermocht hätten.

2019

E-SCOOTER

Alles schon mal dagewesen. 1919 gelangte der vier Jahre zuvor in den USA auf den Markt gebrachte »Motorläufer« nach Deutschland, in Form eines lizenzierten Nachbaus des Stahlmagnaten Krupp. 1,30 Meter lang, wuchtiger Sattel, dreißig Stundenkilometer schnell, ausgestattet mit einem Merkel-Motor, betrieben mit Benzin, da handliche Akkus noch nicht verfügbar waren. Krupp beschrieb den »Motorläufer« als »Glied zwischen dem Motorrad und dem gewöhnlichen Fahrrad«, er sei »billig, sicher und bequem«. Eine großartige Zukunft wurde dem Vehikel vorhergesagt – doch es verlangte nicht genug mobile Menschen nach einem Zwitter zwischen Rad und Motorrad, sie wollten entweder das eine oder das andere. Ab 1922 stellte Krupp keine motorisierten Zwitter mehr her.

2019 war der »Motorläufer« zurück, nun als E-Tretroller

oder, im allgemeinen Sprachgebrauch, als E-Scooter (in der Schweiz verniedlichend E-Trotti), im behördlichen Jargon Elektrokleinstfahrzeug. Da sich ihre Anzahl auf deutschen Straßen drastisch erhöhte, musste eine für alle geltende Verordnung her, ab Juni 2019 galt deshalb die Elektrokleinstfahrzeuge-Verordnung (eKFV), das E-Scooter-Gesetz. Das bedeutete: Die Führerscheinpflicht für dieses Fortbewegungsmittel fiel weg, das Mindestalter zur Benutzung betrug vierzehn Jahre, die Höchstgeschwindigkeit zwanzig Stundenkilometer. Es bestand die Pflicht, Radwege oder Radstreifen zu benutzen. Falls nicht vorhanden – ab auf die Straße, was im dichten Verkehr nicht unbedingt vertrauenerweckend aussah. Das Gefährt musste über eine Klingel, zwei voneinander unabhängige Bremsen, Beleuchtung vorn und hinten, eine Versicherungsplakette und einen unter dem Trittbrett oder an der Lenkstange befestigten Akkumulator verfügen – und schon konnte der Spaß beginnen. Eine Helmpflicht gibt es bislang noch nicht. Im Gegensatz zu Fahrradfahrern sind auch die wenigsten Scooter mit dem Kopfschutz unterwegs. Wahrscheinlich, weil sie den als uncool empfinden. Rund fünfzig Prozent jener, die einen Scooter ihr Eigen nennen, verzichten auf den Helm, bei jenen, die sich bei einem Verleiher bedienen, sind es nur 22 Prozent.

Wobei – an Spaß hatten die Befürworter von Roller und Gesetz weniger gedacht. Sie setzten ihre Hoffnungen vielmehr auf einen Einsatz auf der »letzten Meile«, um eine Verringerung des Autoverkehrs in den Städten und eine Entlastung der Umwelt zu erreichen. Das Ideal: Mit dem elektrisch angetriebenen Roller zu Bahnen oder Bussen, um dort die eigentliche Fahrt anzutreten. Zwar verdreifachte sich die Zahl versicherter E-Scooter bis 2022 auf 764 000 (davon 75 Prozent in Privatbesitz, der Rest Eigentum von Leihflotten), doch eine

Umfrage ergab, dass 62 Prozent den Roller zu Freizeitzwecken benutzten, zum »Fahrspaß«. Bei der CO_2-Bilanz schnitt der Scooter deutlich besser ab als Autos; aber Zahlen aus dem Jahr 2019 besagen, dass nur 5,5 Prozent der E-Scooter-Fahrten das Auto ersetzten. Vielmehr verdrängten sie den Fußweg sowie Busse und Bahn.

Selten schieden sich die Geister nachdrücklicher an einem Fahrzeug. 36 Prozent der Deutschen – so eine Umfrage – fürchteten sich gar vor Elektrorollern. Ein Grund dafür: Fahrer, die rücksichtslos durch Fußgängerzonen rasten, wobei sich Passanten oft nur mit einem beherzten Schritt zur Seite in Sicherheit bringen konnten – gerade für ältere Menschen ein mitunter beträchtliches Problem. Zum anderen: auf den Gehsteigen und auf Plätzen stehen gelassene oder querliegende Roller (einige landeten sogar in Gewässern) als Stolperfallen. War die Ausleihzeit beendet oder der Akku leer, warteten die zwei Räder darauf, dass sie von Mitarbeitern der Verleihfirma eingesammelt wurden. Beim eigenen Roller oder dem eigenen Fahrrad wäre keiner auf die Idee gekommen, sein Fahrzeug im Stich zu lassen. Laut einer ADAC-Studie glauben 30 Prozent der Bevölkerung, dass E-Scooter eine schlechte Reputation haben.

Was gleichfalls zur schlechten Reputation beitrug: Sich häufende Unfälle. Im Jahr 2023 erhöhte sich die Zahl der E-Roller-Unfälle mit Personenschaden im Vergleich zum Vorjahr um 14,1 Prozent. Die Zahl der Toten verdoppelte sich auf 22. Eine Studie der Uniklinik Essen ergab, dass die offizielle Statistik wohl nur einen Bruchteil der Unfälle darstellte. Viele E-Scooter-Fahrer mit geringen Schäden gaben offenbar Gas und machten sich aus dem Staub. Fachleute gaben an, Fahrdynamik und Stabilität seien ungünstiger als bei anderen Kleinstfahrzeugen, die Füße und der Kopf beim Touchieren oder Sturz besonders gefährdet. Zudem bestünden Defizite beim Umgang mit der Technik.

Häufigste Unfallursachen waren die falsche Benutzung der Fahrbahn oder Gehwege, zu schnelle Geschwindigkeit und Fahren unter Alkoholeinfluss. Dabei gelten beim elektrischen Rollen dieselben Promillegrenzen wie beim Autofahren. Wer mit Hicks den E-Roller benutzt und erwischt wird, kann den Führerschein verlieren.

Schließlich wurde der Nutzen für die Umwelt infrage gestellt. Eine Untersuchung der Eidgenössischen Technischen Hochschule Zürich kam zu dem Resultat, dass der E-Scooter dem Klima mehr schade als nutze, weil viele das Surfen durch die Straßen dem Fahren mit dem Öffentlichen Personennahverkehr, dem Fahrrad oder der Fortbewegung zu Fuß vorzögen. Dazu komme das Abholen und Zurückbringen der liegen gelassenen Scooter zur Leihstation durch sogenannte selbstständige Juicer – die die Vehikel eher selten zurückrollten, sondern mit Autos abholten.

Ebenso, und zwar ziemlich schnell in der Kritik: die energieintensiv hergestellten Lithium-Ionen-Akkumulatoren. In den Verkauf kamen dann auch Roller mit austauschbaren Akkus. So musste nur noch das Aufladegerät und nicht mehr das gesamte Fahrzeug zum Aufladen bewegt werden. Die größte Umweltbelastung, so das Bundesverkehrsministerium, ging indes von der Produktion aus, weshalb die Lebensdauer ein wichtiger Aspekt zur Gesamtbewertung der Umweltfreundlichkeit sei. Die Verleiher gaben an, die Fahrzeuge könnten in der Zwischenzeit etwa zwei bis drei Jahre länger genutzt werden; diese Zahlen seien aber bislang nicht durch unabhängige Untersuchungen gestützt.

Dem nicht genug: Der Verband Deutscher Verkehrsunternehmer (VDV) gab im April 2024 eine Empfehlung, die Mitnahme der Tretroller in Bussen und Bahnen zu untersagen, weil das Risiko von Explosionen und Bränden bestünde. In London, Barcelona und Madrid sei es bereits dazu gekommen, das könne jederzeit auch in Deutschland passieren.

Mehrere Städte mokierten sich über die E-Scooter und gingen gegen sie vor. Gelsenkirchen sprach im Frühjahr 2024 ein Verbot gegen Leihroller aus, weil sich die Benutzer nicht registrieren lassen müssen.

Zwischenstand dieses Road-Movies: Nicht alle Versprechungen, die mit dem E-Scooter einhergingen, wurden erfüllt, manche Vorurteile mögen überzogen sein. Die Zukunft wird es weisen, ob der E-Scooter dasselbe Schicksal erleidet wie einst der »Motorläufer«. Oder sich als Glied zwischen Motorrad und Auto wie selbstverständlich durch den Verkehr schlängelt.

2020

CORONA-MASKE

Die *Süddeutsche Zeitung* empfahl Anfang März 2020, sich wegen des Corona-Virus vorerst mal lieber nicht die Hand zu reichen, und zeigte Alternativen auf: die asiatische Verbeugung, Hut ziehen, die »Hallo-Hand« heben, den Mittelfinger und Ringfinger spreizen wie bei Star Trek, sich mit der flachen Hand an die Stirn tippen. Noch wusste kaum einer mit dem Virus, das offenbar aus dem chinesischen Wuhan nach Europa gelangt war, etwas anzufangen. Am 27. Januar meldete Bayern den ersten Fall in Deutschland, am 22. März verhängte die Bundesregierung den ersten Lockdown, dem weitere folgten, für die in der Öffentlichkeit vielerlei Begriffe kursierten: harter Lockdown, Lockdown light, bundesweite Notbremse, Knallhart-, Weihnachts-, Brücken, Teil-, ewiger Lockdown. Oder, so die *Bild*-Zeitung: »Einsperrgesetz«.

Am 11. März erklärte die Weltgesundheitsorganisation WHO die Infektionskrankheit Covid-19 zur weltweiten Pandemie.

Am 31. März meinte Gesundheitsminister Jens Spahn, er halte eine Mundschutz-Pflicht zur Eindämmung der Pandemie derzeit nicht für erforderlich. Wenige Tage später riet das Robert-Koch-Institut dazu, in der Öffentlichkeit Gesichtsmaske zu tragen. Anfangs waren das blaue medizinische Masken, Einwegmasken, wobei die meisten auf diese Einschränkung nichts gaben. Um den Markt nicht zu arg zu belasten, legte die *Süddeutsche Zeitung* nahe, Masken selbst zu nähen. In einem Video zeigte die Textildesignerin Fabienne Rako, wie es ging. Wenig später folgte die erste Maskenpflicht, Schals und selbst gebastelte Masken galten nicht mehr, es folgte die Pflicht zur FFP2-Maske. Allenthalben kursierten Empfehlungen, die für viele schon vorher selbstverständlich gewesen waren: andere nicht anniesen, in die Armbeuge oder ein Taschentuch husten, sich zwischen zwanzig und dreißig Sekunden lang die Hände waschen. Um das auch den Kindern einzuimpfen, sei es hilfreich, bildlich von »Dreckmonstern« oder »Krankheitstierchen« zu sprechen. Die Zeitschrift *Öko-Test* beteuerte, mit einstudierten Reimen falle Kindern das Händewaschen leichter: »Hände waschen muss ein jedes Kind, Hände waschen, bis sie sauber sind.« Das konnte am Buchmarkt nicht vorbeigehen und, schwupps, lag die »Kleine Prinzessin. Ich will meine Hände nicht waschen« in den Regalen.

Die Halbwertzeit von Regeln, Vorgaben und Erkenntnissen sollte nur wenige Monate, Wochen, manchmal gar nur Tage betragen. R-Wert, mRNA, Inzidenz und Evidenz torkelten durch die Medien und von Ohr zu Ohr. Ebenso Kontaktbeschränkungen und Schließungen von Geschäften. Wobei zur Verunsicherung der Bevölkerung in einem Bundesland die

Öffnung von Cafés noch erlaubt war, dafür die Baumärkte schließen mussten, während es nebenan genau umgekehrt gehandhabt wurde. Obwohl viele Arbeitgeber ihre Mitarbeiter ins Homeoffice schickten, kamen die Menschen nicht mehr zur Ruhe. Die Medien betonten das Gefühl der Bedrohung, Experten tingelten von einer Talkshow zur nächsten und brachten noch die Zeit auf, Podcasts zu besprechen und Bücher zu schreiben, was das Publikum auch nicht klüger machte.

Etwas, mit dem beim Ausbruch der Pandemie keiner gerechnet hätte: Während in den USA die Menschen Schlange vor Waffengeschäften standen und die Franzosen verstärkt Rotwein und Kondome nachfragten, hamsterten die Deutschen Toilettenpapier. Die Sozial- und Wirtschaftspsychologin Anja Achtziger gab zu, die »wissenschaftliche Seite … [stehe] derzeit vor einem Rätsel«. Angstforscher führten es auf den Widerwillen des Menschen vor Bakterien zurück; deshalb sei es für die Deutschen eine »Horrorvorstellung«, kein Toilettenpapier mehr auf der Rolle zu haben. Andere brachten eine viel simplere Erklärung: Kauften die Nachbarn massenweise Zeugs ein, rege das zum Nachmachen an. Im November 2020 war die Klopapierkrise ausgesessen – bis im August 2022 erneut eine Verknappung drohte. Diesmal allerdings wegen des Ukrainekrieges und des befürchteten Engpasses beim Gas, auf das die Produktion des Hygieneartikels angewiesen ist. Dann auch noch das: Im Januar 2021 warf der Zentralverband des Deutschen Friseurhandwerks in einem offenen Schreiben den Fußball-Profis vor, dass sie sich illegal die Haare schneiden ließen (wegen Covid hatten die Friseurläden im November wieder geschlossen). Mit Verwunderung hätten die Friseure festgestellt, dass sich ein Großteil der Fußballer auf dem Platz mir frisch geschnittenen Haaren präsentiert hätten.

»Ein rasierter Scheitel, auf wenige Millimeter getrimmtes Nacken- und Schläfenhaar, saubere Konturen, die nur professionelle Friseurinnen und Friseure mit Profi-Equipment schneiden können«, beurteilte der Verband diese haarige Angelegenheit.

Und die Maske? Kognitionsforscher schrieben Abhandlungen, wie die Gesichtsmaske das Erkennen von Gefühlen unterdrücke. Fehlten visuelle Signale, begegneten sich Menschen wie Astronauten oder Tiefseetaucher. Vielmehr begegneten sich jedoch immer mehr Menschen wie Gegner – das Virus entwickelte sich zum Spaltpilz, ein Teil der Bevölkerung radikalisierte sich. Die neuen Begriffe sprachen Bände: Covid-Idioten, Multi-Spreader, Wirrologen, Corona-RAF, Corona-Petzen, Impfverweigerer und Impfdrängler, Maskentrottel, Corona-Sünder, Virenbomber, Maskenmuffel, Plandemie, Maskensklaven, Impftouristen, Corona-Panik, Corona-Diktatur. Dazu allerhand kruder Verschwörungsbrei.

Andererseits gab es immer auch Regeln, die auf Unverständnis trafen. Ausgehverbote auch in ländlichen Gebieten zu nachtschlafender Zeit, Angehörige, die sich von sterbenden Verwandten im Krankenhaus oder Pflegeheim nicht verabschieden durften. Klassenräume sollten alle zwanzig Minuten durchlüftet werden, auch bei Eiseskälte. Angela Merkels guter Rat: »Es hilft, mal in die Hände zu klatschen oder eine Kniebeuge zu machen.« Bis auch die Schulen geschlossen wurden. Es kam zur Verunglimpfung von Politikern und Wissenschaftlern, die teilweise in Bedrohungen ausarteten, und es gab den Wunsch nach mehr Autorität. Die *Süddeutsche Zeitung* forderte im Februar 2021 eine strengere Überwachung der Corona-Regeln: »Mehr Diktatur wagen.«

Im April 2023 fiel die letzte Maskenpflicht. Sechs Monate später meldete die *Frankfurter Rundschau,* die sich auf die

Meta-Studie eines internationalen Netzwerks von Wissenschaftlern berief, die Masken seien nach derzeitigem Wissensstand wohl eher wirkungslos gewesen; deutliche Hinweise auf positive Effekte gebe es hingegen bei der Handhygiene.

Im April 2024 beklagte der Bundesrechnungshof, der Bund habe ein Vielfaches dessen an Masken beschafft, was nötig gewesen wäre. Nur ein Drittel der OP- und weniger als ein Viertel der FFP2-Masken seien »schließlich zur Pandemiebekämpfung« verteilt worden. Allein in diesem Jahr müssten 534 Millionen Euro aufgewendet werden, um Masken zu entsorgen.

Bis April 2024 starben in Deutschland an und mit dem Virus rund 183 000 Menschen, 38,8 Millionen infizierten sich.

2021

REGENBOGENFAHNE

Bei der Fußballeuropameisterschaft im Sommer 2021, ausgerichtet in zehn Ländern mit elf Spielorten (Glasgow und London im Vereinigten Königreich), trug der Kapitän der deutschen Nationalmannschaft, Manuel Neuer, die Regenbogenbinde, ein Bekenntnis zu Vielfalt, Offenheit und Toleranz. Im Dezember 2022, bei den umstrittenen Titelkämpfen im Wüstenstaat Katar, gaben sich Neuer und der Deutsche Fußball-Bund (DFB) fest entschlossen, dem Vorbild des niederländischen Fußballverbandes zu folgen und mit der One-Love-Binde aufzulaufen, selbst wenn der Weltfußballverband deswegen eine Geldstrafe verhängen sollte. Ähnlich wie die Regenbogenbinde ist die One-Love-Binde ein Statement gegen Homophobie, Rassismus und Antisemitismus. Verband und Kicker knickten am Ende nach einem Machtwort der FIFA doch ein und verzichteten auf die Binde – wofür es aus der Heimat heftige Kritik hagelte. Die Spieler hielten sich stattdessen vor dem Anpfiff des ersten Spiels gegen Japan beim Gruppenfoto in einer ungelenken Geste die Hand vor den Mund, den sie sich von der FIFA hatten verbieten lassen. Das Spiel verloren sie 1:2, und der Weg bis zum vorzeitigen Ausscheiden war nicht mehr weit. Als ein Grund für die Blamage wurden die Diskussionen rund um die Binde angeführt.

Dafür zeigte beim ersten Spiel Nancy Faeser Flagge und trug auf der Tribüne die Binde am Oberarm. Im Dezember 2021 hatte die sogenannte Ampel-Koalition (SPD, Grüne, FDP) die Bundesregierung gebildet, mit Nancy Faeser als erster Innenministerin auf Bundesebene. Die Ampel-Regierung stellte sich ausdrücklich unter das Symbol des Regenbogens, wollte Diversität und verschiedene Lebensmodelle jenseits der klassischen Familie fördern. Die Regenbogenfahne flatterte nun noch häufiger im Wind, wurde gedruckt auf Broschüren und auf Plakaten verbreitet und an Hauswände gemalt.

1996 war sie erstmals an einem öffentlichen Gebäude gehisst worden, auf Vorschlag des damaligen Lesben- und Schwulenverbandes Berlin-Brandenburg anlässlich eines lesbisch-schwulen Stadtfestes und des Christopher Street Days (CSD) in Berlin. Vor den Rathäusern von Schöneberg, Tiergarten und Kreuzberg flatterte sie als bunter Farbtupfer. Die Folge war der »Berliner Flaggenkrieg«. Innensenator Jörg Schönbohm versuchte, sich auf die Berliner Flaggenordnung berufend, über mehrere Jahre ohne Erfolg, das Hissen zu verhindern. 2001 trat Klaus Wowereit (»Ich bin schwul – und das ist auch gut so«) sein Amt als Regierender Bürgermeister in Berlin an. Seitdem ist das Hissen der Regenbogenfahne am CSD in Berlin üblich.

Lesbische Frauen waren bereits in den 1970ern als Teil der

feministischen Bewegung aktiv etwa bei den »Walpurgisnacht-Demos«, 1972 fand die erste Schwulen-Demo Deutschlands in Münster statt. Ab 1979 zogen die ersten CSD-Paraden (zunächst u. a. noch »Gay Freedom Day« genannt) durch deutsche Städte, übernommen aus den USA, wo der Tag an die Drangsalierung von Schwulen und die mehrtägige Auseinandersetzung mit der Polizei in New York gemahnen soll.

Köln entwickelte sich zu einer der größten CSD-Paraden Deutschlands, in ihrer Buntheit und mit ihren Themenwagen an den Karneval der Domstadt erinnernd, Berlin stand dem nicht nach. Zu Beginn der 2000er-Jahre schrieb die *taz*: »Love Parade mit Regenbogenfahne«. In Frankfurt forderten Demos die »Solidarität der Uneinsichtigen« ein. Das Motto bezog sich auf eine Äußerung des Oberbürgermeisters, der eine »lebenslange Quarantäne der Uneinsichtigen forderte« und damit AIDS-Erkrankte meinte, die nicht zu einer Verhaltensänderung zu bewegen seien.

CSD-Paraden fuhren an immer mehr Orten Deutschlands auf. Noch standen Passanten verdutzt am Straßenrand und staunten, wie man »so sein« konnte – und dies auch noch in der Öffentlichkeit zur Schau stellte. Es sollte noch ein langer Weg sein, bis 2017 der Bundestag nach emotionaler Debatte die Ehe für Personen gleichen Geschlechts beschloss. Seit 2001 war zwar die amtlich eingetragene Lebenspartnerschaft für gleichgeschlechtliche Menschen möglich, allerdings durften die Partner keine Kinder adoptieren.

1978 war die Regenbogenflagge in den USA als Symbol für die schwul-lesbische Bewegung entworfen worden, angelehnt an die Peace-Flagge der internationalen Friedensbewegung, zum ersten Mal 1961 in Italien gezeigt und zu sehen in Deutschland bei Demonstrationen gegen den Krieg und bei Ostermärschen.

Das Original des schwul-lesbischen Regenbogens, zunächst auf den CSD-Paraden in die Höhe gehalten, leuchtete in acht Farben: Pink für Sexualität, Rot für das Leben, Orange für das Heilen, Gelb für die Sonne, Grün für die Natur, Türkis für die Kunst, Blau für Harmonie und Lila für die Seele. Ab 2018 enthielt das auch Progress-Pride-Fahne genannte Banner ein Dreieck zur Einbeziehung diverser gesellschaftlicher Gruppen: Weiß für nichtbinäre Personen, Rosa und Hellblau für binäre Transpersonen, Braun für People of Color und Schwarz für die Opfer von AIDS.

Zusammengefasst wurde die Bewegung jetzt unter dem Begriff LGBT* IQ (Lesben, Schwule, Bisexuelle, trans*, intergeschlechtliche und queere Menschen). So wie die heterosexuellen Deutschen einst erstaunt den bunten Paraden zuschauten, mussten sie in der zweiten Hälfte der 2010er-Jahre feststellen, wie viele soziale Geschlechter, Gender, es neben den biologischen gab, in denen sich Menschen in ihrer Identität fanden. Die *Wirtschaftswoche* gab im Juni 2021 Nachhilfe, welche Begriffe zur Kennzeichnung der sexuellen Identität üblich und anerkannt sind: »Androgyner Mensch, Androgyn, Bigender, Weiblich, Frau zu Mann, Gender variabel, Genderqueer, Intersexuell (oder auch inter*), Männlich, Mann zu Frau, Weder-noch, Geschlechtslos, Nicht-binär, Weitere, Pangender, Trans, Transweiblich, Transmännlich, Transmann, Transmensch, Transfrau, trans*, trans* weiblich, trans* männlich, Trans*Mann, Trans*Mensch, Trans*Frau; Transfeminin, Transgender, Transgender weiblich, Transgender männlich, Transgender Mann, Transgender Mensch, Transgender Frau, Transmaskulin, Transsexuell, weiblich-transsexuell, männlich-transsexuell, transsexueller Mann, transsexuelle Person, transsexuelle Frau, inter*, inter* weiblich, inter* männlich, Inter*Mann, Inter*Frau, Inter*Mensch, Intergender, Intergeschlechtlich, Zweigeschlechtlich, Zwitter, Hermaphrodit, Two-Spirit (Drittes Geschlecht), Viertes Geschlecht, XY-Frau, Butch, Femme, Drag, Transvestit, Cross-Gender«.

Repräsentative Umfragen ergaben, dass sich zwischen fünf bis zehn Prozent der Deutschen einer dieser Gruppen zugehörig fühlen. »Da kann man als klar definierter Mann oder als eindeutige Frau große Augen machen, den Kopf schütteln darf man aber nicht. Es gibt bekanntlich mehr auf der Welt, als vor den eigenen Horizont passt«, stellte die *Wirtschaftswoche* fest.

Zurück zur Regenbogenfahne: Endgültig angekommen ist ein Symbol, wenn es in der Vermarktung landet. So findet sich im Shop der taz im Frühjahr 2024 der Regenbogen auf Kissen, Ansteckern, auf Blüten und Herzen aus Stoff, auf einem Fächer (»gegen Hetze und Intoleranz«), wird in Verbindung gebracht mit Hüpfseilen, Finger- und Deckfarben, einem Turmspiel und mit Straßenkreide. Bunte Republik Deutschland, wie Udo Lindenberg bereits 1989 sang: »Denn graue deutsche Mäuse, die haben wir schon genug.«

2022

WASCHLAPPEN

Zumindest klang das glaubwürdig. Allein von seiner Erscheinung her hatte der 74-Jährige durchaus etwas Asketisches an sich. Ja, man sah den baden-württembergischen Ministerpräsidenten Winfried Kretschmann von den Grünen regelrecht vor dem inneren Auge am frühen Morgen bei seiner Körperhygiene vor dem Spiegel stehen, Gesicht, Hals und nackte Brust reinigend, möglicherweise fröhlich dabei pfeifend. »Auch der Waschlappen ist eine brauchbare Erfindung«, hatte Kretschmann im Sommer 2022 seinen Landsleuten ans Herz gelegt. Er habe ein Elektroauto und eine riesige Fotovoltaikanlage auf dem Dach, er heize in der Regel nur ein Zimmer. Es sei gesünder, wenn man im Haus nicht überall die gleiche Temperatur habe. Außerdem müsse man nicht »dauernd« duschen. Nur in einem Punkt schwächle er: »Bei der Reduzierung des Fleischkonsums habe ich noch Luft nach oben.«

Duschen war auch für seinen Parteikollegen, Bundeswirtschaftsminister Robert Habeck, in diesem Sommer ein wichtiges Thema. Er habe seine Duschzeit noch einmal »deutlich reduziert«, habe »noch nie« in seinem Leben »fünf Minuten lang geduscht«. Da stand Berlins grüne Umweltsenatorin Bettina Jarasch nicht nach. Sie belasse es morgens bei einer »Katzenwäsche« – äußerst kurz duschen – sie mache daraus »einen richtigen Wettkampf«. Diese Vorstellung drängte sich dem inneren Auge nun weniger auf als die Waschlappen-Wäsche von Ministerpräsident Kretschmann. Der im Übrigen nicht in den Verdacht geriet, eine jener Personen zu sein, die umgangssprachlich manchmal mit diesem Stück Stoff gleichgesetzt werden.

Die Deutschen kamen nicht zur Ruhe. Erst die Corona-Epidemie, deren Ende zwar absehbar, aber immer noch nicht ausgestanden war. Dann der Angriffskrieg Russlands gegen die Ukraine ab Februar 2022, der das Land aufrüttelte, weil plötzlich der Frieden in ganz Europa bedroht schien und Kanzler Scholz eine »Zeitenwende« ausrief. Als eine Folge dieses Überfalls stiegen die Verbraucherpreise eklatant, die Inflation kraxelte munter in Regionen, in denen für viele Konsumenten die Luft dünner wurde. Die Deutschen machten lange und besorgte Gesichter, wie wenig plötzlich für das Geld, das sie an den Kassen der Supermärkte ließen, in ihrem Einkaufskorb landete. Die Preise für Speisefette und Öle beispielsweise stiegen um 86 Prozent, jene für Butter um beinahe 52 Prozent. Gemüse war teilweise um 23 Prozent teurer als vorher, bei Brot und anderen Getreideerzeugnissen ging es um gut zwanzig Prozent nach oben. Am dramatischsten jedoch erhöhten sich die Energiekosten. Der Preis für Erdgas schoss um 80,4 Prozent empor, Heizöl langte mit einem Plus von 104 Prozent zu, Strom mit 26 Prozent – von einem Niveau ausgehend, dass selbst vor dieser Krise nicht ohne war. Autofahrer verfolgten gebannt die Preise an der Tanksäule: 25 Prozent mehr für Benzin standen am Ende auf dem Bon.

Für den bevorstehenden Winter drohte ein Engpass bei der Gaslieferung, und viele kamen bei der Frage ins Schwitzen: Sitzen die Deutschen an Weihnachten in kalten Wohnzimmern?

Deshalb fühlten sich Politiker bemüßigt, den Bürgern Verhaltensempfehlungen an die Hand zu geben. Das war nicht neu. 2008 hatte sich wegen hoher Energiekosten der damalige Berliner Finanzsenator Thilo Sarrazin zu Wort gemeldet: »Wenn die Energiekosten so hoch sind wie die Mieten, werden sich die Menschen überlegen, ob sie mit einem dicken Pullover nicht auch bei fünfzehn oder sechzehn Grad Zimmertemperatur vernünftig leben können.« Er spreche aus Erfahrung: »Bei uns waren es zu Hause immer sechzehn Grad. Am Morgen hat mein Vater die Koksheizung befeuert und sie erst am Abend, wenn er von der Arbeit zurückkehrte, wieder angemacht. Das hielt dann immer gerade für sechzehn Grad. Ich habe es überlebt.« Im Dezember 2020 sah der Berliner Bürgermeister Manfred Müller wegen umstrittener Kontakte in der Corona-Zeit keine Notwendigkeit für die Menschen, das Haus zu verlassen, um sich einen Pullover zu kaufen.

Die Bevormundung, »naseweise Tipps« von »Spitzenverdienern«, wie das viele Bürger empfanden, setzte sich im Sommer 2022 fort. Daniel Günther, Ministerpräsident von Schleswig-Holstein, erklärte, eine Begrenzung der Raumtemperatur müsse auch in Privaträumen denkbar sein. Er wolle mit gutem Beispiel vorangehen – alle landeseigenen Gebäude orientierten sich an zwanzig Grad. Sollte es der Bund rechtlich ermöglichen, würde er auch unter diese Marke gehen. Vielleicht hatte Günther die einst von Sarrazin beschworenen sechzehn Grad im Sinn. Die Menschen erfuhren nie mehr über das Dusch- und Waschverhalten von Politikern wie in dieser Zeit. Er dusche jeden Morgen kalt, tat Günther kund: »Nur beim Haarewaschen muss ich ein wenig wärmer drehen, sonst schäumt es nicht.« Dann gab er noch jenen eine kalte Dusche mit, welche die Sauna – zur Abhärtung eigentlich empfohlen – aufsuchten. Die könne im bevorstehenden Winter gern einmal geschlossen bleiben.

Es gab jedoch auch Politiker, die dagegenhielten. FDP-Vize Wolfgang Kubicki sagte, wenn der Staat Vorgaben zur Körperpflege mache, habe das ein Niveau erreicht, das »schwerlich unterboten« werden könne. Jan Korte von der Partei Die Linke nannte die »Schlaumeier-Tipps« »zynisch«, denn es gebe in diesem Land genug Menschen, die seit Jahren wegen der Energiekosten sparen müssten.

Im Juni startete das Wirtschaftsministerium die Kampagne »80 Millionen für den Energiewechsel« mit zahlreichen Tipps. Der Appell zur verkürzten Duschzeit nun um eine Nuance ergänzt: »Das tut nicht nur der Umwelt, sondern auch unserer Haut gut.« Außerdem wurde empfohlen, das Eisfach regelmäßig abzutauen, den Duschkopf gegen eine sparsame Variante zu tauschen (oder gar zur Regendusche zu greifen), stoßzulüften, die Beleuchtung auf LED umzustellen. Abschließend Robert Habeck: »Im Sommer bin ich sehr ungern in klimatisierten Gebäuden, und im Winter heize ich sparsam.« Zugleich entlastete die Bundesregierung Bürger und Unternehmen mit der Strom- und Gaspreisbremse und der Streichung der EEG-Umlage. Dazu wurde es in vielen Städten früher als üblich dunkel, weil die Straßenbeleuchtung sowie die Scheinwerfer für Denkmäler und Gebäude abgeknipst wurden. Hallenbäder senkten zudem die Wassertemperatur in den Becken.

Auch wegen nicht allzu strenger Kälte im Winter waren die Gasspeicher dann doch gut gefüllt: Industrie, Haushalte und Gewerbe sparten teilweise bis zu 23 Prozent Energie.

Eine Umfrage der GfK-Marktforscher von 2023 ergab, dass im Vorjahr viele Deutsche im Supermarkt auf billigere Eigenmarken umgestiegen seien und weniger Fleisch, Alkohol und Süßigkeiten in ihren Einkaufskorb gelegt hätten. Und – welch ein Erfolg für die asketischen Vor-Duscher – 47 Prozent sagten, sie brausten sich kürzer oder seltener. Wie viele auf den Waschlappen zurückgegriffen haben, ergab die Umfrage leider nicht.

2023

SEKUNDENKLEBER

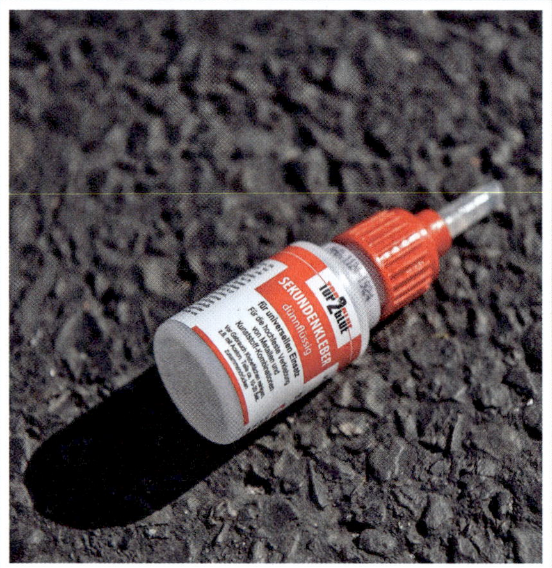

Cyanacrylat kam 1959 auf den Markt. Das US-Militär setzte die chemische Verbindung im Vietnamkrieg zur Behandlung großflächiger Wunden ein, um Blutungen zum Stillstand zu bringen. Seinen Durchbruch erreichte der Stoff allerdings zum Verkleben von Stein, Metall, Holz, vielen Arten von Plastik, Leder, Keramik und Papier – als Sekunden- oder Zwei-Komponenten-Kleber. Wie es der Name verspricht, haften diese Gegenstände im Handumdrehen, wenn sie damit behandelt werden.

Auch die menschliche Hand – wofür der Superkleber allerdings nicht erfunden worden war. Aber die Aktivisten des Bündnisses Letzte Generation wussten die Wirksamkeit zu schätzen. Mitglieder von ihnen begannen sich auf Straßen zu leimen, um den Verkehr massiv zu behindern. Schnell hatten sie in der Öffentlichkeit die Bezeichnung »Klimakleber« weg.

Die Einschätzung dieser Aktionen hing oft davon ab, ob die Befragten in einem Stau standen oder sich von fern lobend über dieses Engagement für das Weltklima äußerten.

Im Dezember 2021 gründeten Henning Jeschke, Lea Bonasera und Melanie Guttmann die Gruppe, die 2023 – so viel Ordnung musste dann doch sein – sich und die dazugehörige Bildmarke (schwarzes Herz in einem roten Verbotskreis) beim Deutschen Patent- und Markenamt für »Klima- und Umweltaufklärung zum Erhalt der lebenssichernden Ökosysteme e. V.« eintragen ließ.

Im Frühjahr 2023 verunstalteten Aktivisten das Denkmal Grundgesetz 49 des israelischen Künstlers Dani Karavan in der Nähe des Reichstags in Berlin zunächst mit schwarzer klebriger Farbe. Man habe das Denkmal symbolisch in Erdöl getränkt, verlauteten die Aktivisten. Kurz darauf wiederholten sie die Schändung in blutroter Farbe und hängten Plakate an: »Diese Regierung zerstört unsere Lebensgrundlagen« und »Diese Regierung bricht die Verfassung«.

Die Gruppe beließ es aber weniger bei der Aufklärung und beschränkte sich nicht auf Beiträge zur Diskussion um den Klimawandel, sondern sie schritt zur Tat. Zunehmend gerieten die Aktionen zum Selbstzweck, lautete ein Vorhalt gegenüber der Gruppe, der, so unterschiedliche Schätzungen von 2022, von achtzig bis mehrere Hundert Menschen im Alter zwischen 19 und 73 Jahren angehörten. Die Mehrheit ihrer Mitglieder, betonte die Letzte Generation, arbeite nebenbei, andere hätten ihr Studium aufgegeben oder es unterbrochen, um sich dem Protest zu widmen. Laut Angaben des Bundeskriminalamtes waren 740 Aktivisten von 2022 bis Mitte 2023 verantwortlich für 580 Straftaten, wobei es sich überwiegend um Nötigung und Sachbeschädigung handelte.

Das Credo der Bewegung: »Wir sind die erste Generation,

die den Effekt des Klimawandels zu spüren bekommt, und die letzte Generation, die etwas dagegen machen kann.« Allerdings blieb es bei Spektakel-Handlungen, was nicht wenige, die dem Ansinnen an sich zustimmend gegenüberstanden, in Harnisch versetzte.

Zunächst bei Aktionen, die sich gegen Kunstwerke richteten. 2022 klebten sich Aktivisten in der Gemäldegalerie Alte Meister in Dresden mit jeweils einer Hand an den Rahmen der Sixtinischen Madonna, bewarfen im Museum Barberini in Potsdam ein verglastes Gemälde von Claude Monet mit Kartoffelbrei, hefteten sich an die Haltestangen eines Dinosaurierskeletts im Berliner Museum für Naturkunde und beschmierten öffentliche Gebäude wie den Reichstag. Etwas unglücklich für sie selbst verlief eine Tat vor einem Konzert in der Hamburger Elbphilharmonie, als sich zwei Akteure am Geländer des Dirigentenpults fixierten. Ein Ordner hob das nicht fest montierte Geländer hoch und zog unter dem Applaus des Publikums die festhängenden Kleber – patenter Beweis für die Wirksamkeit des Stoffs – aus dem Saal.

Überhaupt nicht mehr lustig fanden die im Stau Stehenden blockierte Straßen wie im Januar 2022 erstmals die Autobahn-Anschlussstellen rund um Berlin. Die Polizei nahm 180 Menschen vorläufig fest. Die Blockaden breiteten sich im gesamten Bundesgebiet aus; im November 2022 war das Gelände des Flughafens Berlin Brandenburg an der Reihe.

Die Klagen von Menschen, die zur Arbeit mussten, von Müttern, die ihre Kinder in den Kindergarten bringen wollten oder von Kranken auf dem Weg zu einer Behandlung riefen maximal ein Schulterzucken der Blockierer hervor. Die Stimmung gegen diese Form der Nötigung kippte noch mehr, als wegen einer Behinderung im Oktober 2022 in Berlin ein Rettungsfahrzeug der Feuerwehr verspätet am Unfallort eintraf und das Unfallopfer wenige Tage später starb. Zumindest teilte die Gruppe mit, man sei bestürzt. 2023 war das Kleben beinahe Dauerthema in den Medien. Noch mehr verschärften sich die Vorwürfe, als Mitglieder der Letzten Generation im März 2024 nachts mehrere Landstraßen in Brandenburg blockierten und damit Autounfälle provozierten; mehrere Insassen mussten verletzt ins Krankenhaus gebracht werden.

Dem Co-Vorsitzenden von Bündnis90/Die Grünen, Omid Nouripour, fehlte jegliches Verständnis für diese Methoden; das Angehen gegen kritische Infrastruktur, die Bedrohung von Menschen und das Aussprechen von Ultimaten habe nichts mit Demokratie zu tun. Bundesminister Cem Özdemir von derselben Partei bezeichnete Straßenblockaden als schädlich für das gemeinsame Ziel, Alexander Dobrindt (CSU) fürchtete gar, durch die »Klimachaoten« entstünde eine »Klima-RAF«. Der Theologe und Sozialethiker Andreas Lob-Hüdepohl, Mitglied des Deutschen Ethikrates, hielt hinwiederum das »Störelement« solcher Aktionen »als solches nicht für verwerflich«, es müsse nur verhältnismäßig sein. Viel zu wenige seien »bereit, das eigene Handeln im Alltag zu ändern oder entsprechende politische Vorgaben zu unterstützen«.

Wegen Nötigung wurden Aktivisten in zahlreichen Verfahren meist zu Geld-, seltener zu Freiheitstrafen verurteilt, andere kamen ungeschoren davon. Harsch kritisiert wurde im Mai 2023 die Generalstaatsanwaltschaft München, die Razzien bei Mitgliedern der Letzten Generation veranlasste und Konten beschlagnahmte.

In der Regel ging die Polizei behutsam gegen die Asphaltkleber vor, die sie zudem nicht selten vor aufgebrachten Verkehrsteilnehmern schützen musste. Zwischen 15 und 45 Minuten dauerte die Entklebung einer Person. Nach einem standardisierten Verfahren rieben die Polizisten mittels eines Spatels, eines Pinsels, einer Einwegspritze ohne Kanüle oder einer Mullbinde Öl auf die sekundenverklebte Hand. Ein Sprecher der Berliner Polizei: »Dann werden die angeklebten Körperteile mittels leichter Walkbewegungen langsam und nach entsprechender Lösung von der Klebefläche gelöst.«

2024 war zunächst einmal Schluss mit dem Kleben. Nicht etwa, weil der Sekundenkleber ausverkauft gewesen wäre, sondern weil die Letzte Generationen einen »Strategiewechsel« ankündigte. Dafür rollte eine neue Zorneswelle heran: Landwirte brachen in kilometerlangen Kolonnen auf, den Verkehr zu blockieren, um von der Bundesregierung eine Verbesserung ihrer Lage zu erreichen. Nie schien bei so vielen Menschen die Zündschnur so kurz wie in diesen Zeiten. Pünktlich zur Sommerzeit ging es aber dann wieder los: Mit Klebeaktionen auf Flughäfen.

2024

WAHLZETTEL

Über dem Jahr 2024 hängt ein Fragezeichen. Da dieses Buch Mitte des Jahres beendet und gedruckt wurde, hatte sich noch kein Objekt herausgeschält, das stellvertretend etwas über dieses Jahr hätte aussagen können. Gut, einige Favoriten zeichneten sich ab. Der Traktor für wütende, vorher nie gekannte Proteste von Landwirten. Der Taurus, ein Marschflugkörper, verkörpert die Zerrissenheit, in welchem Maße die Ukraine nach dem Überfall Russlands weiter unterstützt werden solle. Der Joint als Symbol für einen – wenn auch kleinen – Kurswechsel in der Drogenpolitik. Roboter Emma, der mit seinen Kulleraugen Einzug in Altersheimen hält. Oder Saharastaub, der sich morgens auf unseren Autos fand. Eine Chance auf eine Aufnahme in dieses Kapitel hätte gewiss auch der Wahlzettel, da in diesem Jahr doch einige – wieder einmal – richtungsweisende Wahlen anstanden: die Europawahl, Urnengänge in drei ostdeutschen Bundesländern und die Entscheidung über den neuen Präsidenten der USA, die sicherlich Folgen für Deutschland haben wird.

Es fällt auf: Einige dieser Objekte und einige der Dinge aus den Vorjahren sind eher Gegenstände, die mit Problemen behaftet sind. Aber: Dinge in ihrer Aufreihung erzählen eben immer auch etwas über den Zustand, die Gefühlslage, die Mentalität des Landes in der jeweiligen Zeit. Mögen die 1950er-Jahre für Aufbruch und Aufbau stehen, die 1960er für den Ausbau des Wohlstandes, zum Ende übergehend in die 1970er mit Neuerungen und einem Durchlüften der Gesellschaft, die 1980er, die auf die Wende zustrebten, und die 1990er eher für Stillstand.

Die Gegenwart wiederum ist geprägt von unsicheren Zeiten, ausgehend von den 9/11-Attentaten über die Finanzkrise bis hin zu ersten spürbaren Auswirkungen des Klimawandels, von Corona, einer sich polarisierenden Gesellschaft, dem von Russland angezettelten Krieg in der Ukraine.

Deshalb ein kurzer Blick zurück auf das erste Objekt dieses Buches, die Schellackplatte mit dem Lied der Capri-Fischer. Sie traf auf ein völlig zerstörtes Land, in dem kaum ein Mensch in seinen kühnsten Träumen davon ausging, dass es in den kommenden Jahren sehr erfolgreich aufwärtsgehen würde. Vor dieser Erinnerung mag es umso nachdenklicher stimmen, wenn das Forschungsinstitut Allensbach im Frühjahr 2024 ermittelt hat, dass nur noch 28 Prozent der Deutschen den kommenden zwölf Monaten hoffnungsvoll entgegenblicken. So wenig Optimismus war nicht mehr seit 1950.

Aber: Natürlich wird in den kommenden Jahren auch wieder über Dinge zu berichten sein, die von einem zuversichtlichen, einem guten Leben in diesem Land berichten. Hoffentlich. Denn wie heißt es so treffend in einem Gedicht:

Die Straßen stumm, die Herzen schwer,
Ein jeder sucht nach Licht umher.
Die Zeiten düster, ohne Glanz,
Verloren scheint der Lebenskranz.

Doch lauscht! Es murmelt leis im Wind,
Ein Hauch, der Hoffnung neu beginnt.
Es flüstert leise, sanft und klar,
Die Zukunft ruft, sie ist schon da.

Ein Funken Glanz im Dunkelgrau,
Der zeigt den Weg zum Morgenblau.
Ein neuer Tag, ein neuer Sinn,
Wo einst der Zweifel hatt' Gewinn.

Wo Frieden kehrt und Wohlstand lacht,
Wo Zufriedenheit die Seelen umfacht.
So glaub, o Herz, in dunkler Nacht,
Dass jede Krise endlich lacht.
Die Zukunft trägt ein neues Lied,
Von Hoffnung, die im Herzen blüht.

Von wem dieses Gedicht stammt? Natürlich von einem Objekt der Gegenwart und vor allem der Zukunft: der künstlichen Intelligenz.

BILDNACHWEIS

1949 – Schellackplatte »Capri-Fischer«: picture-alliance / akg-images

1950 – Henkelmann: picture alliance / United Archives | Kindermann
1951 – Lebertran: picture alliance / United Archives | Kindermann
1952 – Nierentisch: picture alliance / ullstein bild
1953 – Jukebox: picture alliance / ullstein bild | RDB
1954 – Parkuhr: picture alliance / Heinz-Jürgen Göttert
1955 – Toast Hawaii: picture alliance / Andre Bonn / Shotshop | Andre Bonn
1956 – Höhensonne: INTERFOTO / TV-Yesterday
1957 – Transistor 1: P & G / Braun Archiv
1958 – Hula-Hoop-Reifen: picture-alliance / dpa | Karl Schnörrer
1959 – T-Shirt: picture-alliance / picture-alliance / dpa | Manfred Rehm

1960 – Pelikano-Schreiblernfüller: Dominic Rothemel / pelikan-ollectibles.de
1961 – Flamenco-Püppchen: picture alliance / © GTRESONLINE | R4795
1962 – Die Pille: picture alliance / ullstein bild | Blick
1963 – Fettecke: picture alliance / dpa | Rolf Vennenbernd
1964 – Karnevalskostüm: picture alliance / United Archives | Werner Otto
1965 – Bungalow: picture alliance / ullstein bild
1966 – Super-8-Film: picture alliance / CHROMORANGE © Michelangelo Oprandi
1967 – Kinderladen: picture-alliance / dpa | Wilhem Leuschner
1968 – Flokati-Teppich: picture alliance / Westend61
1969 – Mädchen-Berufe-Quartett: ASS Spielkartenverlags GmbH / Klaus Dünker

1970 – Trimmy: picture alliance / Eibner-Pressefoto | Walther/Eibner-Pressefoto
1971 – Mainzelmännchen: picture alliance / United Archives | Siegfried Pilz
1972 – Prilblume: picture alliance / akg-images
1973 – Brokathaube: picture alliance / Thurana-Design / Shotshop | Thurana-Design
1974 – Kassettenrekorder: picture alliance / Caro | Westermann
1975 – Handgelenktasche: INTERFOTO / TV-Yesterday
1976 – Fototapete: Muzhik / Shutterstock.com
1977 – RAF-Fahndungsplakat: picture-alliance / akg-images
1978 – Plaste und Elaste: picture alliance / akg-images
1979 – Billy-Regal: Imago / PantherMedia / Heiko Küverling

1980 – »Atomkraft? Nein Danke«-Button: picture-alliance / Romain Fellens
1981 – Videorekorder: picture alliance / dpa | Carl Staedele
1982 – Stirnband: picture alliance / United Archives / Helmut Reiss
1983 – Trabant: picture alliance / akg-images
1984 – Trivial Pursuit: Joni Hanebutt / Shutterstock.com
1985 – Nike-Sportschuh: picture alliance / Heritage Images | Nike
1986 – Geigerzähler: picture-alliance / AFP
1987 – Kratzstamm: picture alliance / imageBROKER | P. Wegner
1988 – Selbstladepistole Colt Modell Government: INTERFOTO / HERMANN HISTORICA GmbH
1989 – Mauerstein: picture alliance / zb | Reinhard Kaufhold

1990 – Ampelmännchen: picture alliance / Robert Schlesinger
1991 – Gelber Sack: picture-alliance / ZB | Stefan Sauer
1992 – Stolperstein: picture alliance / dpa-Zentralbild / our-planet.ber | Heinz Krimmer
1993 – Rollator: picture alliance / Birgit Reitz-Hofmann/Shotshop
1994 – ICE 3: picture-alliance / dpa | Kalaene Jens
1995 – Reichstag, verhüllt: Wolfgang Volz / laif
1996 – Latte macchiato: New Africa / Shutterstock.com
1997 – Tamagotchi: picture-alliance / dpa
1998 – Viagra: picture-alliance / dpa | Uli Deck
1999 – Euro: picture alliance / SZ Photo / Hans-Günther Oed

2000 – Telefonsäule: picture alliance / zb | Hans Wiedl
2001 – Dirndl: picture alliance / Westend61 | Westend61 / Ulrich Matuschowitz
2002 – Arschgeweih: picture alliance / blickwinkel/C. Leithold | C. Leithold
2003 – Rotes Herz: picture alliance / Ingo Drumm / Shotshop | Ingo Drumm
2004 – TomTom-Navigationssystem: picture-alliance / dpa | PA Barry Batchelor
2005 – Poledance: picture alliance / imageBROKER | Andrey Guryanov
2006 – Deutschlandfahne: picture alliance / SvenSimon | FrankHoermann / SVEN SIMON
2007 – iPhone: picture-alliance / dpa | Apple_Handout
2008 – Brief »DIN lang«: picture alliance / RelaXimages | STUDD
2009 – Traumfänger: picture alliance / Birgit Reitz-Hofmann / Shotshop

2010 – Nordic-Walking-Stöcke: picture alliance / schenkArt / Shotshop | schenkArt
2011 – Lastenfahrrad: picture alliance / dpa | Martin Schutt
2012 – Weber-Grill: IMAGO / Apress
2013 – Birkenstocksandale: picture alliance / ROPI | IOS
2014 – Selfiestick : picture alliance / Panther Media | Varin Rattanaburi
2015 – Doppelstockbett: picture alliance / SZ Photo | Florian Peljak
2016 – Schockbilder: picture alliance / Caro | Teich
2017 – Drohne: picture alliance / PHOTOPQR / LE TELEGRAMME / MAXPPP | David Brunet
2018 – Thermometer: picture alliance / Kirchner-Media | David Inderlied
2019 – E-Scooter: picture alliance / Zoonar | Cigdem Simsek

2020 – Corona-Maske: picture alliance / SULUPRESS.DE | Torsten Sukrow / SULUPRESS.DE
2021 – Regenbogenfahne: picture alliance / Wolfgang Maria Weber | Wolfgang Maria Weber
2022 – Waschlappen: picture alliance / Westend61 | Westend61 / Frank Muckenheim
2023 – Sekundenkleber: picture alliance / dpa | Paul Zinken
2024 – Wahlzettel: picture alliance / ABBfoto